国家出版基金资助项目

中国刑事法制建设丛书·刑法系列　总主编　陈国庆　孙茂利

刑事管辖制度适用

时延安　著

中国人民公安大学出版社
·北　京·

图书在版编目（CIP）数据

刑事管辖制度适用／时延安著．—北京：中国人民公安大学出版社，2012.4
（中国刑事法制建设丛书／陈国庆，孙茂利主编．刑法系列）
国家出版基金资助项目

ISBN 978－7－5653－0825－3

Ⅰ.①刑…　Ⅱ.①时…　Ⅲ.①刑法－管辖权－研究－中国　Ⅳ.①D924.04

中国版本图书馆 CIP 数据核字（2012）第 063353 号

中国刑事法制建设丛书·刑法系列　总主编　陈国庆　孙茂利

刑事管辖制度适用

时延安　著

出版发行：中国人民公安大学出版社
地　　址：北京市西城区木樨地南里
邮政编码：100038
经　　销：新华书店
印　　刷：北京兴华昌盛印刷有限公司

版　　次：2012 年 4 月第 1 版
印　　次：2012 年 4 月第 1 次
印　　张：15.25
开　　本：787 毫米×1092 毫米　1/16
字　　数：300 千字

书　　号：ISBN 978－7－5653－0825－3
定　　价：36.00 元

网　　址：www.cppsup.com.cn　　www.porclub.com.cn
电子邮箱：zbs@cppsup.com　　zbs@cppsu.edu.cn

营销中心电话：010－83903254
读者服务部电话（门市）：010－83903257
警官读者俱乐部电话（网购、邮购）：010－83903253
公安业务分社电话：010－83905641

本书咨询电话：（010）63485228　63453145

中国刑事法制建设丛书·刑法系列
编　委　会

前　言

我国第一部刑法典诞生至今已三十余年，1997 年进行了全面修正，尤其最近对刑法又进行了较为全面的修改，刑事法网日渐严密。刑法为惩罚犯罪，保护人民，维护社会和谐稳定发挥了重要作用。与之相应，刑法学可谓是我国法学领域里起步最早的学科之一，也是研究相对成熟的学科，涌现了大量的研究成果。随着我国市场经济的发展，各种社会关系愈加错综复杂，刑法学的研究日渐深入，但包括刑法学的基础理论问题仍需要进行深入研究，大量实践中出现的复杂疑难案件亟待从理论上加以解决。这就要求刑法学研究在积极吸取国外优秀成果的同时努力实现与本国刑事立法和司法实践的对接，在致力于对现行刑法规范进行注释解读的同时综合运用哲学、社会学、政治学、经济学等手段，从刑事政策、犯罪学、国际刑法学等多角度拓展刑法学研究视野，并最终服务于刑法目的的实现。

受国家出版基金的资助，中国人民公安大学出版社启动了《中国刑事法制建设丛书》出版项目，将“刑法系列”作为丛书的重要组成部分。为了给广大从事刑法学研究的专家学者提供一个高层次的交流平台，也使广大读者系统和全面地了解刑法理论和实践研究的成果，本丛书力求兼顾以下几方面特点：

第一，本丛书入选书目的内容全面覆盖我国现行刑法中各项重要制度和刑法学中若干重大理论问题。本丛书对刑法理论研究和司法实践中的热点问题予以充分关注，着力推荐针对刑法学中某一具体制度或理论进行系统深入研究的作品。近年来，我国刑法学者对德日刑法理论进行了更为细致的研究，引起了对犯罪论体系进行改造等诸多关于刑法基础理论问题的争鸣，这些争论有助于进一步深化刑法学研究的根基和深层次解决当前司法实践中遇到的重大疑难问题。因此，本丛书吸纳了一批介绍国外刑法理论，并能对我国司法实践作出积极回应的具有开创性的作品。

第二，本丛书的出发点是在现行刑法典的基础上，深入研究刑法学的基本原理、刑法的基本制度和刑法解释方法，以期对刑法立法的完善起到积极作用，帮助广大司法工作者正确理解法律精神，在办案中准确解释法律。为此，本丛书选择了一批对我国现行刑法及其相关司法解释的制定背景、具体内容进行解读或者阐释的作品。希望这些成果能直接服务于刑事立法和司法工作，尤其是对公检法机关的司法工作人员规范执法、提高办案质量发挥指导作用。

第三，本丛书由最高人民检察院、公安部等长期从事刑事业务指导工作的专家担任总主编，选择了具有前瞻性、创新性、实用性和建设性的刑法领域的优秀研究成果收入本丛书。

希望在国家出版基金的资助下，《中国刑事法制建设丛书》为我国的刑事法制建设发挥积极的推动作用。

欢迎广大读者批评指正。

中国刑事法制建设丛书·刑法系列编委会

2011 年 5 月

目　录

第一章　刑事管辖制度概述 …… (1)
第一节　刑事管辖权的基本特征和原则 …… (1)
一、刑事管辖权的基本特征 …… (2)
二、刑事管辖权的原则 …… (8)
第二节　刑事管辖权与刑法的空间效力 …… (10)
一、刑法的空间效力概述 …… (10)
二、刑法的空间效力与刑事管辖权的联系与区别 …… (12)
第三节　刑事实体法中的管辖与刑事程序法中的管辖 …… (15)
一、刑事程序法中的管辖的含义 …… (15)
二、刑事实体法中的管辖与刑事程序法中的管辖的联系与区分 …… (15)
第二章　属地管辖原则的适用 …… (18)
第一节　属地管辖原则的一般理论 …… (18)
一、属地管辖原则理论与实践的发展历程 …… (18)
二、属地管辖原则的法理根据 …… (19)
三、有关属地管辖原则的立法例 …… (20)
四、国际条约中有关属地管辖原则的规定 …… (23)
第二节　《刑法》第6条的理解与适用 …… (26)
一、对“中华人民共和国领域”的理解 …… (26)
二、对“法律有特别规定”的理解 …… (32)
三、对“凡在中华人民共和国船舶或者航空器内犯罪”的理解 …… (44)

四、犯罪地的确定——《刑法》第6条第3款规定的理解与适用 ……（54）
第三节 与属地管辖相关的其他问题 ……（63）
一、在我国驻外使馆内实施的犯罪应适用我国刑法 ……（63）
二、在我国的外国使馆内犯罪的，在特定情形下，我国亦可行使刑事管辖权 ……（66）
三、在处于我国领域的外国船舶、航空器内犯罪的，在某些情况下，我国司法机关有权调查和追诉 ……（67）
四、外国公司、企业、事业单位在我国领域内犯罪的法律适用 ……（69）
五、网络犯罪的犯罪地确定 ……（70）
六、跨国危害行为的刑事违法性判断 ……（73）
七、根据《刑法》第6条确定适用我国刑法后的刑事诉讼管辖 ……（83）
第三章 属人管辖原则的适用 ……（84）
第一节 属人管辖原则的一般理论 ……（84）
一、属人管辖原则理论与实践的发展历程 ……（84）
二、属人管辖原则的法理根据 ……（85）
三、有关属人管辖原则的立法例 ……（89）
四、国际条约中有关属人管辖原则的规定 ……（94）
第二节 《刑法》第7条的理解与适用 ……（95）
一、“中华人民共和国公民”的内涵 ……（96）
二、“中华人民共和国领域外”的界定 ……（102）
三、对“本法”的理解 ……（103）
四、对“按本法规定的最高刑为三年以下有期徒刑的，可以不予追究”的理解 ……（106）
五、“国家工作人员”和“军人”的界定 ……（107）
第三节 与属人管辖相关的其他问题 ……（109）
一、行使属人管辖权是否以该行为被行为地国规定为犯罪为必要条件 ……（109）

二、在中国登记的单位在中国领域外实施的危害行为，应否适用我国刑法 …………………………………………… (114)

第四章 保护管辖原则的适用 …………………………………… (116)

第一节 保护管辖原则的一般理论 ………………………… (116)

一、保护管辖原则理论与实践的发展历程 …………………… (116)

二、保护管辖原则的法理根据 ……………………………… (117)

三、有关保护管辖原则的立法例 …………………………… (118)

四、国际条约中有关保护管辖原则的规定 …………………… (122)

第二节 《刑法》第 8 条的理解与适用 …………………… (123)

一、对“外国人”的理解与界定 …………………………… (123)

二、“对中华人民共和国国家或者公民犯罪”的界定 ……… (124)

三、对“按本法规定的最低刑为三年以上有期徒刑”的理解 ……… (127)

四、对“按照犯罪地的法律不受处罚”的理解 …………… (127)

第三节 与保护管辖相关的其他问题……………………… (128)

一、外国籍单位在中国领域外针对中国国家或公民犯罪的情形 …… (128)

二、外国人在中国领域外针对中国籍单位的犯罪 ………… (129)

三、合理区分《刑法》第 8 条与《刑法》第 6 条第 3 款的适用范围 …………………………………………… (130)

第五章 普遍管辖原则的适用 …………………………………… (131)

第一节 普遍管辖原则的一般理论 ………………………… (131)

一、普遍管辖原则理论与实践的发展历程 …………………… (132)

二、普遍管辖原则的法理根据 ……………………………… (134)

三、有关普遍管辖原则的立法例 …………………………… (136)

四、国际条约中有关普遍管辖原则的规定 …………………… (140)

第二节 《刑法》第 9 条的理解与适用 …………………… (142)

一、《刑法》第 9 条的适用范围 …………………………… (142)

二、对“中华人民共和国缔结或者参加的国际条约”和“中华人民共和国在所承担条约义务的范围内”的理解 ……… (143)

第三节　与普遍管辖相关的法律问题 …………………………… (144)
一、如何处理适用我国刑法与履行国际条约义务的关系 ……… (144)
二、行使普遍管辖权是否受到双重犯罪的限制 ………………… (146)
三、行使普遍管辖权之事实条件限制 …………………………… (147)
四、与行使普遍管辖权相关的刑法溯及力问题 ………………… (148)
五、我国行使普遍管辖权时的量刑问题 ………………………… (149)
第六章　外国刑事裁判的承认 ………………………………………… (150)
第一节　外国刑事裁判的承认的一般理论 ……………………… (150)
一、外国刑事裁判的承认的理论及发展过程 …………………… (150)
二、外国刑事裁判的承认的立法例 ……………………………… (152)
三、外国刑事裁判的承认的国际条约 …………………………… (154)
第二节　《刑法》第10条的理解与适用 ………………………… (155)
一、对“在中华人民共和国领域外犯罪”的理解 ………………… (155)
二、对“依照本法应当负刑事责任”的理解 ……………………… (156)
三、对“经过外国审判”的理解 …………………………………… (157)
四、对“可以依照本法追究”的理解 ……………………………… (157)
五、对“在外国已经受过刑罚处罚”的理解 ……………………… (158)
六、对“可以免除或者减轻处罚”的理解 ………………………… (159)
第三节　与适用《刑法》第10条相关的法律问题 ……………… (160)
一、外国刑事裁判之效果能否构成我国刑法规定的累犯 ……… (160)
二、被判刑人移管与外国刑事裁判的承认 ……………………… (160)
第七章　中国领域内四法域间刑事管辖权冲突问题 ……………… (161)
第一节　中国区际刑事管辖权冲突的形成原因和类型………… (161)
一、中国区际刑事管辖权冲突的形成原因 ……………………… (161)
二、中国区际刑事管辖权冲突的类型 …………………………… (165)
第二节　解决中国区际刑事管辖权冲突的原则 ………………… (170)
一、一般原则：地域管辖权优先行使 …………………………… (172)

二、对于一法域居民在他法域侵犯本法域或同一法域居民的刑事案件，可采居民管辖权优先行使的原则 …………（177）
三、特定情形下本法域保护管辖权优先行使的原则 …………（178）
四、补充原则——先理为优原则 …………（178）
第八章　刑事管辖权与国际刑事司法合作 …………（180）
第一节　引　渡 …………（180）
一、引渡的概念 …………（180）
二、引渡的要件 …………（182）
三、引渡的种类 …………（194）
四、引渡的基本原则 …………（199）
五、引渡的程序 …………（201）
第二节　刑事司法协助 …………（207）
一、刑事司法协助的概念 …………（207）
二、刑事司法协助的法律要件 …………（208）
三、刑事司法协助的原则 …………（212）
四、刑事司法协助的一般程序 …………（213）
五、刑事司法协助的具体形式 …………（218）
第三节　被判刑人移管 …………（224）
一、被判刑人移管概述 …………（224）
二、被判刑人移管的基本原则 …………（226）
三、被判刑人移管的条件 …………（228）
四、被判刑人移管的程序 …………（229）

第一章　刑事管辖制度概述

刑事管辖制度，是一个主权国家、具有独立司法权之地区或者特定国际机构依照本国或本地区刑事实体法、国际条约或者其他特定国际法律文件而对一定范围的刑事案件进行追诉、审判的法律制度。《中华人民共和国刑法》（以下简称《刑法》）第6~11条对我国刑事管辖制度作出了规定，其中第6条是有关属地管辖的规定，第7条是有关属人管辖的规定，第8条是有关保护管辖的规定，第9条是有关普遍管辖的规定，这四条又可概称为有关刑法空间效力的规定。《刑法》第10条并非有关刑事管辖权的直接规定，而是对外国刑事裁判的消极承认问题的规定。不过，该规定一方面表明对外国刑事裁判的基本态度，另一方面，实质性地兼顾了对于出现刑事管辖权重叠的案件的行为人的利益。《刑法》第11条是关于在中国领域内犯罪但具有外交特权和豁免权的外国人处理的规定，对于这类犯罪，我国仍具有刑事管辖权，只是基于有关国际条约的特别要求，而放弃了对这类刑事案件的管辖。本书论述的重点是围绕我国刑法典（即《刑法》）有关刑事管辖制度的规定予以分析、论述，聚焦于其解释与适用问题，并对与刑事管辖制度紧密相关的国际刑事司法合作问题，就我国的法律实践进行介述。

本章论述的主要内容是有关刑事管辖权的基本问题。

第一节　刑事管辖权的基本特征和原则

刑事管辖制度的核心是刑事管辖权（Criminal Jurisdiction）。管辖权通常被称为主权国家的一般法律权限的特定方面。①

对于一个主权国家而言，刑事管辖权是国家基于国家主权而派生的一项基本权力；② 对于一个不为国际社会所承认的、非主权国家的地区而言，其对所实际

① ［英］伊恩·布朗利著，曾令良等译：《国际公法原理》，法律出版社2003年版，第330页。

② 赵秉志主编：《刑法基础理论探索（第一卷）》，法律出版社2003年版，第481页。

控制的区域的刑事案件的管辖，可视为其治权的组成部分，在不违反基本人权规则的情况下，对这种刑事管辖权应予以认可；依据国际条约（规约）等国际法律文件而设立的国际刑事审判机构，如国际刑事法院、前南斯拉夫问题国际法庭、卢旺达问题国际法庭等，对特定的国际罪行具有刑事管辖权。不同国际法主体因行使的刑事管辖权的法理依据不同，相应地，在制度设计、具体运作以及法律效果上存在一定的差异。

一、刑事管辖权的基本特征

一个主权国家的刑事管辖权具有以下六个特征：

（一）刑事管辖权是一国司法权的重要内容

司法是一国司法机关对一定范围的、因各种类型纠纷而形成的案件予以处理并形成具有权威性和强制性的裁判的权力行为；而司法权即指，一个主权国家为实现并保障其主权，由其专职机关具体行使，对一定范围的案件予以处理的权力。作为整体意义上的司法权，是国家主权的一个组成部分，国家基于统治的需要和现实的考虑，根据地域和案件重要性的差异，在其内部对司法权所及管辖事项进行了划分，同时，又根据司法权的具体权能的差异，出于分工与效率的考虑，而将司法权的不同权能交由不同的专职机关行使。以我国为例，按照通常的理解，我国的司法权由最高人民检察院和各级人民检察院、最高人民法院和各级人民法院行使，进言之，按照我国现行法律体制和司法体制，司法权一般包括审判权和检察权，审判权由人民法院行使，检察权由人民检察院行使，因此，人民法院和人民检察院即为我国的司法机关。① 刑事管辖权，对于一个主权国家而言，是对一定范围的刑事案件主张由该国司法机关处理的权力，是一国事实上对一定范围的刑事案件予以处理的前提和基础。换言之，刑事管辖权是一国司法权在刑事领域得以实现的先决条件，因而属于一国司法权的重要内容。

一个主权国家对其刑事管辖权的规定属于国内法的权力事项。对此，德国刑法理论也认为，对本国刑罚权范围的决定是每一个主权国家自己的事情（国家裁判权，Eigene Strafgewalt）。“国家在刑罚权范围方面虽然要考虑有关的国际法规定，但国际法对刑法的进一步解释权留给了各主权国家。如果案件事实与本国的司法利益无关，则没有哪一个国家会对该案件适用本国刑法；如果适用，即违反了国际法的‘禁止权利滥用’原则。”需要提及的是，德国刑法理论将涉及外国法秩序的犯罪事实是否属于其刑罚权调整的问题称之为“国际刑法”，其调整的问题就是，“鉴于行为人或被害人的国籍或行为地在国外，犯罪事实具有国际

① 参见张文显主编：《法理学（第三版）》，法律出版社2007年版，第237页。

特征，是否仍适用本国刑罚权。”① 这里的“国际刑法”实际上即对应着刑事管辖权的规定。② “国际刑法属于国内法范畴，而不属于国际法范畴，尽管它涉及将国家的刑罚权适用于外国人、对外国人实施的犯罪和对外国法益进行刑法保护的法规范。”③

（二）刑事管辖权具有对内、对外双重属性

对于一个主权国家而言，其对内主权即表现为对处于其领域内的事务具有排他的管理权，对其领域内发生的各种纠纷具有优先的司法管辖权。就刑事管辖权来说，其对内属性即表现为，国家对发生在其领域内的各种刑事案件具有绝对优先予以处理的权力。

一般而言，主权国家对发生在其领域外的事务并无管理权限，换言之，一国应主要限定于其在领域范围内行使各项管理权力，但是在一些特殊情况下，其管理权力会延伸至其领域外。这些特殊情况主要包括三个方面：（1）对其公民的管理。“个人都是从属于一个以领土为基础的政治共同体，由此产生某些法律后果。自封建社会以来，尽管用以描述或解释二者关系的理论有所变化，但是这些法律后果本身并没有多少改变。个人效忠于一国，拥有一国的公民资格，或者拥有一国国籍，这些都构成国家的法律共同体的基础。”④ 国家与其公民个人具有的这种纽带关系，在法律上即形成国家与其公民个人之间的权利义务关系。一国公民依据其国籍国宪法和法律享有权利并履行其义务，当一国公民违反其法律义务时，一国依据其法律即有权强制其承担法律责任，即便该公民处于其领域之外。（2）为维护其国家和公民的利益。无论出于自卫还是报复的考虑，国家为维护其自身和公民的利益，对侵犯这些利益的行为在一定范围和程度上作出回

---

① 参见［德］汉斯·海因里希·耶赛克、托马斯·魏根特著，徐久生译：《德国刑法教科书》，中国法制出版社 2001 年版，第 202、200 页。

② 关于国际刑法的概念，有诸多观点。详见张旭著：《国际刑法论要》，吉林大学出版社 2000 年版，第 4～6 页。实际上在德语中，Internationales Strafrecht 虽可翻译为国际刑法，但是当特指国际习惯和国际条约中的刑法规范时，则用 Voelkerstrafrecht。参见［德］沃尔夫冈·格拉夫·魏智通主编，吴越等译：《国际法》，法律出版社 2002 年版。我国一些学者即从国际公约中刑事法规范来界定国际刑法，如张智辉博士认为：国际刑法是国际公约中旨在制裁国际犯罪、维护各国共同利益的各种刑事法规范的总称。参见张智辉著：《国际刑法纲要》，中国政法大学出版社 1999 年版，第 1 页。我国理论界往往是在后一种用法上理解国际刑法的。

③ 参见［德］汉斯·海因里希·耶赛克、托马斯·魏根特著，徐久生译：《德国刑法教科书》，中国法制出版社 2001 年版，第 203 页。

④ ［英］伊恩·布朗利著，曾令良等译：《国际公法原理》，法律出版社 2003 年版，第 577 页。

应，并在可能的情形下对行为人（个人、组织乃至其他国家）予以制裁。对侵犯其本国公民的利益而言，从某种意义上说，国家负有义务为本国公民提供保护，并在可能的情况下惩罚侵犯其公民的行为人。“一国公民都代表着本国一定的合法利益，如果有加害公民的行为发生，加害人可能就必须对保护受害公民的国家承担责任。追究这种责任可以采取一种特定方式，即，将国内刑法域外适用于加害其公民的行为。不过，更为重要的是一国行使对其公民的外交保护。”[①]（3）为维护国际社会的共同利益。当某些行为危及国际社会的共同安全和利益时，一国基于国际条约而负有义务对特定事项进行管辖，即便这些行为并未在其领域内发生，也未直接侵害其国家及公民的利益。一国刑事管辖权的域外性，即是一国主权项下之管理权的重要内容，与上述三种情况相适应，一国刑事管辖权的域外性也主要表现为三个方面：（1）对其公民犯罪的刑事管辖权，即属人管辖权（又称国籍管辖）。即一国司法机关依据其法律，对其公民在其领域外犯罪予以管辖。（2）对在其领域外针对其国家和公民的犯罪行使管辖权，即保护管辖权。（3）依据国际条约行使刑事管辖权，即普遍管辖权。

与刑事管辖权的对内、对外属性相联系，有学者提出，刑事管辖权就其国际法中的性质而言，可分为两类：一类是国际法承认的、根据国内法行使的刑事管辖权，其对象是发生在其国内的犯罪行为。国际法明确承认，每个主权国家除了受到国际法的限制外，有权采取其认为是最好的、最合适的原则来行使刑事管辖权。另一类是根据国际法行使的刑事管辖权，其对象是国际犯罪行为，规定这类犯罪行为的定义以及对它们的起诉和惩罚，是国际刑法的组成部分。[②] 这一分类，对于理解刑事管辖权在国际法上的意义具有一定的理论价值。当然，该分类也存在不足，即忽略了一国根据其国内法对域外犯罪刑事管辖权的情形，进言之，一国对于在其领域外发生的本国公民犯罪和针对其国家与公民犯罪行使刑事管辖权，即主张属人管辖权和保护管辖权，系根据其国内法，而非国际法，当然如此不应与国际法所确立的基本准则相冲突。

（三）对特定刑事案件行使刑事管辖权的根据在于一国司法权与特定案件之间存在连接点

一国只能对一定范围的刑事案件行使刑事管辖权。这一范围的确定根据在于，刑事案件中的事实要素能够与一国司法权之间建立连接点。德国刑法理论认为，“对与外国有关之案件行使本国刑罚权，必须有一个‘有意义的连接点’

① ［英］伊恩·布朗利著，曾令良等译：《国际公法原理》，法律出版社 2003 年版，第 578 页。

② 参见林欣著：《国际法中的刑事管辖权》，法律出版社 1988 年版，第 2 页。

(Sinnvoller Anknuepfungspunkt)，此等连接点将事实与行使本国刑罚权联系在一起。”[①] 作为能够构成如此连接点的依据，可以考虑的因素首先是行为人实施地(Begehungsort = 属地原则)、行为人或受害人国籍（Staatsangehoerigkeit = 积极或消极的属人原则)、要保护一定的本国法益（Inlaendische Rechtsgueter = 保护原则)，或者要保护具有共同性质的利益（Interessen Universalen Charakters = 普遍原则或世界法原则)，以及代为行使刑事管辖权原则。[②]

受上述观点启发，结合我国《刑法》规定，一国司法权与特定案件之间的连接点包括：(1) 地的要素，即刑事案件发生在一国领域或者其他可视为其领域的空间范围之内。除了一国之领域（包括领陆、领水、领空）之外，一国驻他国外交机构所在地的空间范围之内、一国之航空器、船舶的空间范围之内都属于地的要素。进言之，在这些空间内的行为与在该国领域内同类的行为，在法律效果上基本相同。此外，当一个犯罪的行为虽不在本国，但犯罪结果对本国具有影响时，同样视该行为发生在本国领域内。换言之，这类案件因具有地的要素而使本国具有刑事管辖权。(2) 人的要素，即刑事案件的行为人或者被害人为本国公民。当刑事案件的行为人为本国公民时，尽管该人处于本国领域之外，但本国仍可基于属人管辖权处理该案件。而当刑事案件的被害人为本国公民时，尽管对其侵害的行为发生在本国领域外，本国仍可基于保护管辖权处理该案件。(3) 事的要素，即除地的要素和人的要素外，因案件本身的特征而使本国具有刑事管辖权。这一连接点的建立，主要包括两种情形：一是在本国领域外的行为危害本国的国家利益，本国为维护其利益而将该行为规定为犯罪并行使刑事管辖权。二是特定危害行为被国际条约规定为国际罪行，本国作为国际条约的缔约国或者参加国而对这类罪行负有义务行使刑事管辖权。不过，本国在行使这一管辖权时，以该行为人处于本国控制下为限。

（四）刑事管辖权具有法律性和事实性

对于主权国家而言，对一定范围的刑事案件予以处理是其固有权力。不过，现代国家行使任何权力都要受到限制。就刑事管辖权而言，其确认和行使要有国内法的根据，即由其立法机关以法律的形式予以确认，同时要符合国际社会所公认的法律准则。换言之，不能违反国际法所确认的基本规则。这就是刑事管辖权的法律性一面。而就刑事管辖权的事实性而言，即表现为一国行使其刑事管辖权应以事实上存在与该国司法权具有连接点的刑事案件为前提。易言之，只有当特

---

① 参见［德］汉斯·海因里希·耶赛克、托马斯·魏根特著，徐久生译：《德国刑法教科书》，中国法制出版社 2001 年版，第 205 ~ 206 页。

② ［德］约翰内斯·韦塞尔斯著，李昌珂译：《德国刑法总论》，法律出版社 2008 年版，第 29 页。

定刑事案件出现时，一国才能根据其法律对该案件主张刑事管辖权，进而启动刑事司法程序予以处理。

有学者对刑事管辖权的动态性和静态性进行了论述：从动态角度看，刑事管辖权是指根据主权原则，国家所享有的对其主权权力范围内所发生的一切刑事犯罪进行起诉、审判和处罚的权力；从静态角度看，刑事管辖权是指国家刑事实体法律运用的地域和主体的法定范围。① 在笔者看来，刑事管辖权的静态性即对应着刑事管辖权的法律性，而刑事管辖权的动态性则对应着刑事管辖权的事实性。

对刑事管辖权法律性和事实性所涉及的问题，还可以运用抽象和具体这对范畴予以描述：刑事管辖权的抽象性，即一国基于其固有主权，在不违背国际法所确立基本准则的前提下，在国内法中确立一般的刑事管辖原则来确定刑事管辖权行使的条件和范围；刑事管辖权的具体性，即当出现符合一国有关行使刑事管辖权条件的案件时，一国根据其法律主张对案件行使管辖权，并根据现实情况，由本国专职司法机关启动刑事程序予以追究。

（五）刑事管辖权为一国之固有权力，但在特定情形下可予以放弃或者转移

一国对一定范围的刑事案件主张并行使刑事管辖权是其主权的具体表现。不过，在特定情形下，一国为实现更高利益而放弃或者转移其刑事管辖权，依据现代国际法理念，如此而为并不损害国家主权。对此，德国刑法理论提出，要将国内刑罚权的界限问题与国内的刑事裁判权加以区分。前者属于实体国际刑法领域，后者则属于国际刑事诉讼领域。“一般而言，刑罚权与刑事裁判权是一致的，因为每一个国家都愿意并追求以自己的法院来行使本国的刑罚权，这是因为它对其主权范围内的社会秩序具有国际责任。但如果国家间在原则上维护其实体刑罚权的情况下，就各自的行使裁判权以国际条约加以限制，则是该原则的例外。”② 从这个意义上讲，对于依据国际条约而限制或放弃其刑事裁判权，并非对本国刑罚权的放弃，也无损国家主权。

一国放弃行使刑事管辖权的情形，是指对具有外交特权和豁免权的人员在其国内实施的、依照其刑法已经构成犯罪的刑事案件放弃刑事追诉的权力，而转由通过外交途径予以解决。一国放弃行使刑事管辖权，是基于国际条约的遵守。这一条约即是1961年《维也纳外交关系公约》。外交特权与豁免是指外交代表机构及其人员在接受国所享有特殊权利和优惠待遇的总称，其中即包括刑事管辖豁

① 参见李海东：《论刑事管辖权》，载赵秉志主编：《刑法新探索》，群众出版社1993年版，第137页。

② 参见［德］汉斯·海因里希·耶赛克、托马斯·魏根特著，徐久生译：《德国刑法教科书》，中国法制出版社2001年版，第203页。

免。如果外交人员触犯了接受国的刑法，接受国不得对其传讯、起诉和审判。

一国转移刑事管辖权的情形，是指通过刑事诉讼移管的方式将其具有刑事管辖权的案件转交其他具有刑事管辖权的国家予以处理。刑事诉讼的移管，又称刑事诉讼程序的移管（Transfer of Criminal Proceedings），是指本来对犯罪享有管辖权的一国由于特定原因而不能顺利行使其管辖权，根据国际条约和国内法的有关规定，将案件移交给另一国进行管辖的刑事司法协助行为。① 刑事诉讼移管产生的基础：一是两个以上国家对特定刑事案件都具有刑事管辖权，二是一国难以实施管辖权或者由另一国实施管辖权更有利于惩罚犯罪的实际需要。② 在刑事诉讼移管的情形下，一国将已经启动的刑事程序转移他国，相应地，即事实上转移了其刑事管辖权。不过，值得注意的是，在这种情形下，一国转移的仅是其刑事管辖权的事实性或具体性一面，其法律性或抽象性一面并未转移，也不可能转移。进言之，一国向他国转移的，只是对特定案件予以实际处理的权力，并不因此而否定对该案件具有抽象的管辖权，也不因此而否定对同类案件依据其法律而具有的刑事管辖权。③

（六）刑事管辖权的确定是开展国际刑事司法协助的基础

国际刑事司法协助主要表现为国家之间在刑事事务方面的合作，而这一合作则是以刑事管辖权为前提的。进言之，要么是请求国有管辖权，要么是请求国与被请求国都有管辖权。而在一定意义上说，国际刑事司法协助也是围绕由哪一国行使事实上的刑事管辖权，以及如何行使这一刑事管辖权而展开的。具体而言，可以包括四个方面：④（1）刑事管辖权是当事国请求引渡的必备条件。在涉及引渡的问题上，请求国应当首先参照国际法和本国国内法的规定，确定其是否享有管辖权；而如果被请求国具有刑事管辖权，则一般不会将该人引渡给请求国。（2）刑事管辖权是国际侦查协助中请求国侦查协助的必要前提。一国是否承诺

---

① 参见赵秉志主编：《新编国际刑法学》，中国人民大学出版社 2004 年版，第 419 页。这里的刑事司法协助，是在广义上使用的。

② 参见王秀梅主编：《国际刑法学研究述评》，北京师范大学出版社 2009 年版，第 235 页。

③ 在我国与外国缔结的刑事司法协助条约（协定）中，关于刑事诉讼移管的规定并不多见。在《中华人民共和国与土耳其共和国关于民事、商事和刑事司法协助的协定》第 39 条（诉讼的转移）中规定："一、缔约一方有义务根据请求，按照其本国法律，对于在提出请求的缔约一方境内犯罪的本国国民提起刑事诉讼。二、移交诉讼的请求应附有关于事实调查结果的现有文件。三、被请求的缔约一方应将刑事诉讼的结果通告提出请求的缔约一方，并在已作出判决的情况下附送一份最终判决副本。"《中华人民共和国和希腊共和国关于民事和刑事司法协助的协定》第 41 条（刑事诉讼的转移）也作出相似的规定。

④ 参见张景著：《国际刑法综述》，人民法院出版社 2004 年版，第 215 ~ 216 页。

给予另一国调查取证、采取强制措施等方面的侦查协助，一个必要的前提就是要求请求国对被调查事项、被采取强制措施的人有刑事管辖权。（3）刑事管辖权是进行刑事诉讼移管的先决条件。刑事诉讼移管首先要求委托国享有对犯罪的刑事管辖权，而后被委托国才能基于源自委托国的管辖权对该犯罪提起刑事诉讼。（4）刑事管辖权是国家间进行刑事判决的承认、执行的基本前提。承认外国刑事判决和执行外国刑事判决都要求判决国必须享有刑事管辖权，否则便无法要求他国承认和执行其判决。

二、刑事管辖权的原则

关于刑事管辖权的原则，有多种学说[①]：（1）四原则说。其中又有不同提法。第一种观点认为，刑事管辖权的原则包括属地原则、属人原则、保护原则和普遍原则；第二种观点则将折中原则代替上述普遍原则；第三种观点认为，其原则包括属地原则（包括船舶和航空器管辖原则）、属人原则（包括行为人国籍国原则和被害人国籍国原则）、保护原则（不包括侵害本国公民的管辖）和普遍原则（包括代理原则和普遍原则）。（2）五原则说。其中又有两种观点。第一种观点认为，刑事管辖原则包括属地原则、属人原则、保护原则、普遍原则和折中原则；第二种观点则提出，用永久居所或营业地原则代替上述折中原则。（3）六原则说。该观点认为，刑事管辖权的原则包括属地原则、属人原则、保护原则、普遍原则、永久居所或营业地原则和代理原则。（4）七原则说。该观点认为，刑事管辖权的原则包括属地原则、船舶、航空器原则、行为人国籍国原则、被害人国籍国原则、保护原则、代理原则、普遍原则。（5）八原则说。该观点认为，刑事管辖权的原则包括属地原则、船舶、航空器原则、行为人国籍国原则、被害人国籍国原则、保护原则、代理原则、行为人所在地国原则和被告人缺席的普遍原则。

国际公法中一般承认以下刑事管辖权原则:[②]（1）属地原则（the Territorial Principle）。即犯罪行为发生地的法院可以行使管辖权的原则。目前在国际法上被广泛承认的是客观属地原则，即只要在本国领土内存在构成犯罪行为的任何必要要素，就可以对其行使管辖权。（2）国籍原则（the Nationality Principle）。即犯罪人国籍原则。国籍，作为主张的标记和主权的一个方面，通常被认为是对域外行为行使管辖权的基础。一方面，通过住所地及外国人所拥有的作为证据的其

① 引自赵秉志主编：《刑法学总论研究述评（1978－2008）》，北京师范大学出版社2009年版，143～144页。

② ［英］伊恩·布朗利著，曾令良等译：《国际公法原理》，法律出版社2003年版，第331～334页。

他联系或不顾国籍的变更均可以使这项原则的适用得以扩展。另一方面，因为属地原则和属人原则以及双重国籍原则可以产生平行的管辖权，或可能是双重的危险境地，因此许多国家都对属人原则加以限制。（3）消极人格原则（the Passive Personality Principle）。即被害人国籍原则、国民保护原则，是指在外国对法院管辖地国家的国民实施了违法行为的外国人要受到惩罚。（4）保护性或安全原则（the Protective or Security Principle）。即国家保护原则，是指对影响本国安全的外国人在国外的行为都推定行使管辖权。（5）普遍性原则（the Universality Prinple）。即世界主义原则，是指在具有犯罪性质的情况下，为国际公共政策目的，制止某些犯罪行为而对非本国国民所行使的管辖权。

德国刑法理论认为，国际刑法的原则（对应刑事管辖权的原则）包括：（1）属地原则（Territorialitaetsprinzip），即在其领土上实施的所有犯罪行为，即使行为人是外国人，均适用本国之刑罚权。（2）国旗原则（Flaggenprinzip），根据该原则，在悬挂有该国国旗的海洋船舶或内河船舶或飞机上实施的犯罪行为，即使其由外国人实施，或在外国领土范围、领空或公海实施，均适用本国刑罚权。（3）积极的属人原则（Aktives Personalitaetsprinzip），即一国国家对其国民在国外实施的犯罪行为同样可适用本国的刑罚权。（4）保护原则（Schutzpinzip），即只有当本国的法益受到危害或实际侵害时，国家方能对在外国实施的犯罪适用本国刑罚权。（5）普遍原则（Universalitaetsprinzip），也称世界法原则（Weltrechtsprinzip），即为保护所有国家利益而行使本国刑罚权。（6）代理原则，即作为他国刑罚权的补充，如果根据属地原则不得适用本国刑罚权，因为被告人是在国内被逮捕，但由于事实上或法律上的原因不能被引渡给该外国，就得适用该原则。国内的法官虽然“代理”外国进行裁判，但适用的仍然是本国的刑罚权。[①] 例如，《芬兰刑法典》第8条（在芬兰以外实施的其他犯罪）规定：“如果犯罪实施地国请求在芬兰法院进行指控或者请求就该项犯罪引渡行为人，但引渡请求未被准许，芬兰刑法适用于在芬兰以外实施的根据芬兰刑法可以判处六个月以上监禁刑期的犯罪。”此外，欧洲议会在有关协调国际刑事司法协助的条约中还发明了权限分配原则。在对外国刑事判决的国际效力方面，则存在“算入原则”和“终结原则”。前者是指，如果同一犯罪行为再次在国内被审判，那

---

① 《德国刑法典》第7条规定：“（1）德国刑法适用于在国外针对德国人所实施的行为，如果行为在行为地被用刑罚加以威吓或者行为地处于非刑罚权之下。（2）德国刑法适用于在国外所实施的其他行为，如果该行为在行为地被用刑罚加以威吓或者行为地处于非刑罚权之下，并且如果行为人 ①在行为时是德国人或者在行为后成为德国人②在行为时是外国人，但是在国内被捕获，虽然根据该行为的性质引渡法允许对他的引渡，却因为没有提出引渡请求或者该请求被拒绝或者不可能实行引渡而没有被引渡。”对于该种情形的处理，即依据代理原则。

么，出于公平的理由，在外国判处并已经全部或部分执行的刑罚应算入新的刑罚；后者是指，如果外国法院已就行为人的同一行为宣告无效，或已经判处其刑罚，则该刑罚已经执行完毕、时效期间已经经过或被赦免，本国对该行为的追诉即告排除。[①]根据我国《刑法》第6~9条规定，我国《刑法》所确认的刑事管辖权的原则包括属地原则、属人原则、保护原则和普遍原则。《刑法》第10条有关外国刑事裁判消极承认的原则，即对应上述德国刑法理论中所称之“算入原则”。我国《刑法》以及《引渡法》并未确定代理原则。依据我国《引渡法》以及有关双边引渡条约的规定[②]，对因系我国公民而拒绝引渡的情形，我国司法机关对该人应予以刑事追究，但对这种情形直接依据属人原则行使管辖权即可；而对于外国人在外国领域内犯罪并处于我国领域内，当外国请求引渡时，我国依《引渡法》第8条第3、4、5、7、8款或者第9条第2款而拒绝引渡的，《引渡法》并未规定可予以追诉。

第二节　刑事管辖权与刑法的空间效力

一、刑法的空间效力概述

刑法的空间效力，是指刑法对特定空间和对人的效力，也就是要解决刑事管辖权的范围问题。[③]

一般法理学认为，对于一个主权国家而言，法的空间效力就是其制定的法律生效的空间范围，包括域内效力和域外效力两个方面：域内效力是基于国家主权而产生的，它意味着一国法律的效力及于该国之全部领域；域外效力是指法律在其制定国管辖领域以外的效力。随着国际交往的日益频繁，为了保护本国国家和公民的利益，许多国家在相互平等的基础上也规定本国某些法律具有域外效力。[④] 法的空间效力是根据法的制定主体、适用范围等的不同来区分的，并表现

---

① 参见［德］汉斯·海因里希·耶赛克、托马斯·魏根特著，徐久生译：《德国刑法教科书》，中国法制出版社2001年版，第205~211页。

② 例如，《中华人民共和国和俄罗斯联邦引渡条约》第5条规定：“在根据本条约第三条第1项拒绝引渡的情况下，被请求的缔约一方应根据请求的缔约一方的请求，依照本国法律对该人提起刑事诉讼。为此目的，请求的缔约一方应向被请求的缔约一方移交其所掌握的材料和证据。”

③ 参见高铭暄、马克昌主编：《刑法学》，北京大学出版社、高等教育出版社2011年版，第35页。

④ 参见孙国华、朱景文主编：《法理学》，中国人民大学出版社1999年版，第288~289页。

为四种情况：（1）全国性法律的空间效力范围，即国家主权及主权所及的范围，包括陆地、水域及其底土和上空，还包括驻外使馆和在领域外的本国的船舶和航空器。（2）地区性法律的空间效力范围。地区性法律的空间效力范围是指地区性法律的管辖空间，如特别行政区基本法和法律，只适用于特别行政区空间范围内；民族自治条例，只适用于该民族自治地区空间范围内。（3）有的法律不但在国内有效，在特定条件下其效力还可越出国境。（4）国际条约的空间效力范围及于该条约的缔结国和参加国，但缔结国和参加国声明保留的条款除外。[①]

上述根据法的制定主体、适用范围而对法的空间效力的区分具有一定的启示意义。在这一区分中，实际上体现了两类不同类型的主体，即主权国家、主权国家内部的特殊地区，而法的空间效力之实际范围，区分为法的域内效力和域外效力，其法律根据要么来自于本国法，要么来自于国际条约。对于主权国家内的特别地区，如我国的香港特别行政区、澳门特别行政区和民族自治区，依据宪法和特别行政区基本法，这些地区拥有一定的立法权，尤其是两个特别行政区的立法权范围非常宽泛，并具有相对独立的司法权，这些地区所制定的法律（广义上的）施行于其本地区，在该地区内具有空间上的效力。不过，这一区分还有相当的不足：（1）未将非主权国家的地区涵盖其中。例如，尚未被联合国接纳为会员国的巴勒斯坦，虽然一些国家承认其为国家，[②] 但从严格意义上讲，其还只是一个地区，而目前其对所辖区域内具有相对独立的治权，其制定法律在其所辖区域内有效。（2）一般而言，国际条约的空间效力及于该条约的缔结国和参加国，而且一些国际条约还设立国际审判组织来行使特定的刑事管辖权，不过，有时国际条约的效力也可能及于非缔约国。例如，《国际刑事法院规约》第 12 条（行使管辖权的先决条件）规定："（一）一国成为本规约缔约国，即接受本法院对第五条所述犯罪的管辖权。（二）对于第十三条第 1 项或第 3 项的情况，如果下列一个或多个国家是本规约缔约国或依照第三款接受了本法院管辖权，本法院即可以行使管辖权：1. 有关行为在其境内发生的国家；如果犯罪发生在船舶或飞行器上，该船舶或飞行器的注册国；2. 犯罪被告人的国籍国。（三）如果根据第二款的规定，需要得到一个非本规约缔约国的国家接受本法院的管辖权，该国可以向书记官长提交声明，接受本法院对有关犯罪行使管辖权。该接受国应依照本规约第九编规定，不拖延并无例外地与本法院合作。"该规约第 13 条（行使管辖权）规定："在下列情况下，本法院可以依照本规约的规定，就第五条所述犯罪行使管辖权：1. 缔约国依照第十四条规定，向检察官提交显示一项或多项

---

① 参见张文显主编：《法理学（第三版）》，法律出版社 2007 年版，第 146 页。

② 从一定意义上说，巴勒斯坦已经具备了国家的资格。参见司平平：《巴勒斯坦入联具备国际法资格》，载《法制日报》2011 年 9 月 27 日，第 10 版。

犯罪已经发生的情势；2. 安全理事会根据《联合国宪章》第七章行事，向检察官提交显示一项或多项犯罪已经发生的情势；3. 检察官依照第十五条开始调查一项犯罪。”从上引条文可以看出，在特定情形下，国际刑事法院可以对发生在非缔约国的罪行行使刑事管辖权。①

就刑法的空间效力而言，一个主权国家通过制定法律而明确其刑法适用的具体空间范围，并根据这些规定而行使刑事管辖权。刑法的空间效力，包括域内效力和域外效力：域内效力即指刑法当然施行于一国领域内，换言之，除特别情形外，对发生在一国领域内的全部刑事案件，得依刑法予以追诉和惩罚，刑法的域内效力对应着属地管辖权；域外效力，则指一国刑法适用于发生在其领域外的特定刑事案件的情形，对应着属人管辖权、保护管辖权和普遍管辖权。

二、刑法的空间效力与刑事管辖权的联系与区别

在概念的使用和理解上，刑事管辖权与刑法的空间效力是既有联系又有一定区别的。在概念的使用上，有论者将刑法的效力范围等同于实体法意义上的刑事管辖权，② 或以“广义的刑事管辖权”意指刑法的效力范围。③ 有论者则将实体法意义上的刑事管辖权与刑法的空间效力相等同。④ 还有论者认为，刑事管辖权可以从动态和静态两个层面上加以理解，而静态的刑事管辖权的内涵和外延与刑事法律适用的空间效力是相同的。⑤ 李海东博士认为，刑事管辖权和刑法的空间效力是既相互联系，又相互区别的概念：刑事管辖权是国家确定刑法空间效力的主权依据；刑法的空间效力是刑事管辖权的具体的、法定的行使方式和范围。⑥

---

① 例如，联合国安理会于 2011 年 2 月 26 日所通过的 1970 号决议，为国际刑事法院对利比亚这个非缔约国情势具有管辖权的国际法律依据。第 1970 号决议的制裁内容包括四个方面，其中第四点规定，以涉嫌“危害人类罪”将利比亚当局镇压平民的行动提交国际刑事法院进行处理。这实质上就是联合国安理会根据《罗马规约》第 13 条，向国际刑事法院行使自己的情势提交权。2011 年 5 月 16 日，国际刑事法院首席检察官路易斯·奥坎波向国际刑事法院预审分庭正式提出申请，要求国际刑事法院对利比亚领导人卡扎菲、其子赛义夫和情报部门负责人塞努西等签发逮捕令。参见张磊：《国际刑事法院对卡扎菲签发逮捕令有权无权?》，载《中国社会科学报》2011 年 5 月 27 日。此前，国际刑事法院还对苏丹总统巴希尔发出逮捕令。

② 参见马克昌等主编：《刑法学全书》，上海科学技术文献出版社 1993 年版，第 24 页。

③ 参见王晨光：《内地与香港刑事管辖权冲突及其解决》，载《刑法论丛》第 3 卷，法律出版社 1999 年版，第 575 页。

④ 参见赵秉志主编：《刑法新教程》，中国人民大学出版社 2001 年版，第 58 页。

⑤ 参见马进保主编：《跨境犯罪研究》，群众出版社 2002 年版，第 466 页。

⑥ 参见李海东：《论刑事管辖权》，载赵秉志主编：《刑法新探索》，群众出版社 1993 年版，第 137 页。

还有论者认为，刑事管辖权是国家主权的一部分，是一种国家权力；从产生的时间看，刑事管辖权的产生先于刑法空间效力；刑事管辖权的实际行使是刑法实际适用的前提；刑事管辖权通常出现在国家主权的国际条约中，或以国际条约为根据的国内立法中，而刑法的空间效力则是刑法学的研究对象。[①] 日本学者大塚仁教授也指出："必须将刑法的场所适用范围与裁判权区别开来。除了根据特别条约等被扩张的情形外，原则上限于在一国的统治权所及的领域内才承认裁判权。因此，在刑法的适用范围也包括国外犯的情形下，为了能够对在国外的犯罪人行使自国的裁判权，必须从其所在国得到犯罪人的引渡。"[②]

笔者同意关于刑事管辖权与刑法的空间效力是一对联系密切但是内涵不同的概念。二者的关系应从两方面认识：（1）刑事管辖权作为国家主权中司法权的一部分，是随着特定国家的建立而产生的，[③] 是立法者确定刑法的适用空间范围的权力根据；（2）规定刑法的空间效力，即以法律形式明确了刑事管辖权的行使范围，从这个意义上讲，刑法关于空间效力的规定是一国司法机构行使刑事管辖权的法律根据。正如美国国际刑法学家巴西奥尼所说，刑法的适用范围与法院的刑事管辖范围是相同的：如果一个国家的刑法适用于某犯罪行为，一个必然的结果便是该国法院对该行为享有管辖权。[④]

需要特别论及的是，与一些观点将刑法的空间效力和刑事管辖权不当混淆相反，有学者则将刑法的空间效力和刑事管辖权的对应关系予以一定的分离，虽然如此能够看出两者的不同，却由此不当地扭曲了两者的对应关系。例如，陈忠林教授认为，《刑法》第 6 条中的"适用"一词有广义、狭义之分：广义是指司法机关的执法和公民的守法；狭义是指司法机关将法律规定运用于具体案件的过程。就刑法而言，广义是指法律对执法机关和公民有无约束力，这才是"真正

---

① 参见赵秉志主编：《刑法争议问题研究》，河南人民出版社 1996 年版，第 93 ~ 95 页。

② ［日］大塚仁著，冯军译：《刑法概说》，中国人民大学出版社 2003 年版，第 81 页。这里的"裁判权"，笔者理解为一国的刑事管辖权。刑事管辖权应从两个层面去理解：（1）应然的刑事管辖权。即从观念上分析，一国或地区应当具有的刑事管辖权，其以本国或地区的刑法规定的空间效力范围为限。（2）实然的刑事管辖权。即一国或地区根据本国或地区的刑法实际可能行使的刑事管辖权。简言之，前者解决的是"有没有管辖权"，后者解决的是"能否行使管辖权"；刑法上空间效力的规定是判断一国或地区对特定刑事案件有否刑事管辖权的根据，而能否实际行使则涉及更多的因素。

③ 参见周柏均、林秉文著：《中港移交逃犯协定研究》，香港立法会秘书处编 2001 年，第 36 页。

④ M. C. Bassiouni and V. P. Nanda, A Treatise on International Criminal Law (Springfield: Thomas, 1973), vol. 2, p. 9. 转引自陈弘毅：《中国内地与香港的法律冲突问题》，香港中文大学"宪法与基本法"研讨会论文，1986 年 12 月 1 日。

意义的刑法的效力问题"；狭义则是指存在违法行为时，司法机关有无权力对其提起诉讼，进行审判的问题。而这实际上"是我国刑法教科书常用来偷换'刑法效力'这一概念的'刑事管辖权问题'。""适用"一词这两种含义，或者说我国《刑法》的效力范围与我国的刑事管辖权范围在大多数情况下并无矛盾之处，但二者也有不完全吻合的地方。享有外交特权与豁免权的人员，具有遵守我国《刑法》的义务，如果触犯我国《刑法》构成犯罪，也应当负刑事责任，这显然并非广义的不"适用"我国《刑法》的情况。但是，同样根据有关国际法和我国法律的规定，享有外交特权和豁免权的人员"享有刑事管辖豁免"。①

不可否认，上述观点具有相当的启发性，然而，通过对《刑法》第 6 条"适用"一词的理解来区分刑法的空间效力和刑事管辖权，其切入点并不妥当，如此论述也缺少说服力。第一，刑法空间效力和刑事管辖权内涵不一致，所使用的语境也不相同，两者并非广义和狭义的关系，因而对"适用"进行解释，进而区分出广义、狭义的适用来对应两个内涵不同、使用语境不同的概念，是不妥当的。第二，"适用"一词，从一般法理学理解，并无守法的意思。法律规范的适用（或法的适用）是指一切国家机关和国家授权单位按照法律的规定运用国家权力，将法律规范运用于具体人或组织，用来解决具体问题的专门活动，它使具体的当事人之间发生一定的权利义务关系或对其适用法律制裁。② 在中国之外国人确有遵守中国法律之义务，然而这还不属于法律适用。只有国家有权机关对外国人的行为依法予以规制乃至处罚时，才出现法律适用问题。就刑法适用而言，只有外国人犯罪才有所谓刑法适用问题。第三，刑法空间效力的规定，是一国立法机关以法律形式宣告其刑法所调整和保护社会关系（和利益）的空间范围，并为其司法机关适用刑法提供基本的权力正当性的根据，而司法机关依此规定行使管辖权，也是其职责所在，是法律所赋予的权力。因而两者必然是对应关系，不存在不吻合之处。第四，对于享有外交特权和豁免权的人，依照刑法和其他法律、国际公约通过"外交途径"，并不意味着我国《刑法》对这些人不具有约束力，也并非我国司法机关对这些人没有刑事管辖权，而是基于国际礼让、互惠等原则，在一定意义上放弃了刑事管辖权，而只有拥有管辖权才可能予以放弃。

① 高铭暄、马克昌主编：《中国刑法解释（上卷）》，中国社会文献出版社 2005 年版，第 92 ~ 93 页。

② 孙国华、朱景文主编：《法理学》，中国人民大学出版社 1999 年版，第 313 ~ 314 页。

第三节 刑事实体法中的管辖与刑事程序法中的管辖

一、刑事程序法中的管辖的含义

刑事诉讼法（刑事程序法）意义上的管辖，是指侦查机关、检控机关与审判机关在立案受理刑事案件以及法院审理第一审刑事案件的权限划分。就我国刑事诉讼制度而言，即指公安机关、人民检察院、人民法院立案受理刑事案件以及人民法院审判第一审刑事案件的分工制度。① 在进行刑事诉讼时，管辖是首先要解决的问题。在发现犯罪事实或者犯罪嫌疑人，需要追究刑事责任时，首先面临的程序问题就是由哪一职能部门立案受理，以及哪一级别、哪一地区法院具有一审管辖权。就我国刑事诉讼管辖制度而言，一般是根据刑事案件的性质、社会危害程度、发生地点等事实特征和公安、司法机关在刑事诉讼中的职责确定的。②

刑事诉讼中的管辖具体包括两种：第一，职能管辖，即公安机关、人民检察院、人民法院之间在立案受理刑事案件上的权限划分；第二，审判管辖，指人民法院系统内在审判第一审案件上的职权划分，具体包括级别管辖、地区管辖、专门管辖。一些国家的刑事诉讼中的管辖通常是指审判管辖，而没有类似我国的立案管辖。为此，国外立法普遍规定了合并管辖、移送管辖和指定管辖。③

二、刑事实体法中的管辖与刑事程序法中的管辖的联系与区分

在刑事实体法和刑事程序法中，管辖的含义是不同的。刑法（刑事实体法）意义上的管辖，实际上是一国或者地区根据其刑法关于空间效力的规定对一定范围的刑事案件进行追诉的权力运行机制。不同法律部门体系中同一语词具有不同的内涵，因而应视为两个完全独立的范畴；同时，两个范畴仍具有共通之处，即：两者的功能都表现为对某一事项是否有权处理。

两者的差别主要表现在两个方面：（1）被规范的权力性质不同。刑法上的管辖是一个国家或者地区确立刑事司法管辖权的制度，从本质上讲，是以该国家或者地区立法来划定刑事司法权所主张的范围，其很大程度上是从主权层面来设定的；刑事诉讼上的管辖，是在一个国家或者地区内部划分对具体刑事案件进行

① 参见徐静村主编：《刑事诉讼法（下）》，法律出版社 1997 年版，第 1 页。

② 参见宋英辉主编：《刑事诉讼法学》，中国人民大学出版社 2007 年版，第 114 页。

③ 参见宋英辉主编：《刑事诉讼法学》，中国人民大学出版社 2007 年版，第 115 页。

处理的权力分配制度，它实质上是一个国家或者地区内对刑事司法权[①]进行分配的一种形式。概言之，前者是对外的权力主张，后者是对内的权力划分。（2）范畴的功能不同。当某一特定刑事案件发生后，刑法上的管辖所解决的是对其可否适用该国家或者地区刑法；而刑事诉讼上的管辖所要解决的是由哪一机关来处理。

两个范畴之间也具有密切的联系：确定刑事诉讼上的管辖必须首先根据刑法的规定明确一个国家或者地区是否有管辖权。换言之，只有根据刑法关于空间效力的规定进行判断应当适用本国或者本地区刑法的，才进一步确定哪一机关有权予以立案，以及由哪一级法院予以审理。从这一意义上讲，刑法上的刑事管辖是确定某一个国家或者地区是否有权进行刑事诉讼的前提，只有首先确定应当适用该国家或者地区刑法，才能进一步根据刑事诉讼法的规定确定立案管辖与审判管辖。换言之，刑法意义上的刑事管辖权的内涵为，国家对特定的行为有权进行刑事处罚，否则国家就无权对一被告人进行刑事诉讼，只有确认对特定的犯罪案件可适用本国的刑罚权后，方可进一步查明是否适用本国刑法的具体规定予以处罚，并根据本国刑事诉讼法进行刑事追究。[②]

基于以上考虑，刑事诉讼上的管辖不能直接用以解决国家间刑事管辖冲突问题，因而“刑事管辖权冲突”之“刑事管辖”仅指刑法意义上的刑事管辖。同样，引用刑事诉讼法作为解决区际刑事法律冲突的适用性法律规范是不恰当的，理由在于：（1）如上所述，适用刑事诉讼上的管辖制度应首先以具有刑法上的管辖权为前提，即应当首先确定是否适用该国家或者地区的刑法；刑事诉讼上的管辖不具有确定该国家或者地区是否具有司法管辖权的功能。（2）刑事诉讼上的管辖是在司法权同一的前提下，在不同机关之间进行的职能、权限划分；而一旦涉及另一司法权的实施时，则刑事诉讼法无法给出直接的答案。

有学者对刑事管辖作了“刑事立法管辖”和“刑事司法管辖”的区分：前者是指刑法的效力范围问题；后者是指刑事司法系统在管辖刑事犯罪案件上的分工与协作的问题。[③] 按照该学者的界定，“刑事立法管辖”就是本书中使用的刑

---

① 这里的刑事司法，涵盖了对犯罪进行追诉的权力。

② 参见［德］汉斯·海因里希·耶赛克、托马斯·魏根特著，徐久生译：《德国刑法教科书》，中国法制出版社 2001 年版，第 200～201 页。

③ 参见张智辉著：《国际刑法通论》，中国政法大学出版社 1999 年版，第 61 页。

法意义上的管辖；“刑事司法管辖”就是本书中使用的刑事诉讼法意义上的管辖。[①] 赵秉志教授区分了刑事管辖权和刑事管辖分工两个概念，并认为刑事管辖权涉及的是实体问题，而刑事管辖分工则属于程序性的问题。[②] 这与笔者区分实体法意义上的管辖和程序法意义上的管辖的出发点是相通的。

需要提及的是，在国际法理论中，刑事管辖权可分为两类：[③]（1）国际法承认的，根据国内法行使的刑事管辖权。这类刑事管辖权的行使与一国主权直接相关，并由一国之国内法予以确认和规定，以上谈及刑事实体法中管辖与刑事程序法中管辖都是在这个层面论述的。（2）根据国际条约所规定的，由特定国际组织行使的刑事管辖权。在这类刑事管辖权中，也包含着国际刑事实体管辖权和国际刑事诉讼管辖权。前者表现为，在国际条约或国际刑事法院规约中明确规定哪些行为属于国际性犯罪，应适用国际条约或国际刑事法院规约进行调整。例如，《国际刑事法院规约》第5条（法院管辖权内的犯罪）第1款即明确规定：“本法院的管辖权限于整个国际社会关注的最严重犯罪。本法院根据本规约，对下列犯罪具有管辖权：1. 灭绝种族罪；2. 危害人类罪；3. 战争罪；4. 侵略罪。”[④] 后者表现为，根据国际条约规定，国际审判组织在具有实体管辖权的前提下，通过诉讼程序实现对国际犯罪人的制裁。

---

① 笔者认为，“刑事立法管辖”的提法，容易使人产生误解：究竟是刑事立法规定的管辖，还是刑事立法机关或者立法权所进行的管辖？如果是前者，那么刑事诉讼上的管辖可以称为“刑事立法管辖”；如果是后者，立法机关对犯罪无法进行管辖的，在没有立法前，是没有犯罪的（法无明文规定不为罪）；在立法后，立法者没有权力追诉犯罪。刑法意义上的管辖，如前所述，是立法者以人的要素、地的要素和事的要素划定一国司法权管辖犯罪案件的范围，因而从这个角度也可以说是刑事司法管辖。所以，“刑事立法管辖”这一提法，在概念的区分功能上先天不足，应予以抛弃。

② 参见赵秉志、田宏杰：《中国内地与香港刑事管辖权冲突研究》，载《法学家》1999年第6期。

③ 赵秉志主编：《刑法基础理论探索（第一卷）》，法律出版社2003年版，第484～485页。

④ 该规约第6条规定了灭绝种族罪，第7条规定了危害人类罪，第8条规定了战争罪。至于侵略罪的问题，第5条第2款规定：“在依照第一百二十一条和第一百二十三条制定条款，界定侵略罪的定义，及规定本法院对这一犯罪行使管辖权的条件后，本法院即对侵略罪行使管辖权。这一条款应符合《联合国宪章》有关规定。”

第二章 属地管辖原则的适用

我国《刑法》第6条是有关属地管辖原则的规定，该条规定："凡在中华人民共和国领域内犯罪的，除法律有特别规定的以外，都适用本法。凡在中华人民共和国船舶或者航空器内犯罪的，也适用本法。犯罪的行为或者结果有一项发生在中华人民共和国领域内的，就认为是在中华人民共和国领域内犯罪。"本章将集中论述属地管辖原则的一般理论以及该条的解释与适用问题。

第一节 属地管辖原则的一般理论

属地管辖权，是指凡在本国领域内实施的犯罪，无论犯罪人是本国人还是外国人或无国籍人，本国依据其刑法而行使的刑事管辖权。在一国领土上实施的所有犯罪行为，即使行为人是外国人，均适用本国之刑罚权，即为属地管辖权的具体体现。相应地，根据本国刑法对本国领域内实施的犯罪行为予以刑事追究，即为属地管辖原则。近代以来，各国刑法有关刑事管辖的规定，均以属地管辖为主，以其他原则为辅，我国《刑法》亦是如此。明晰属地管辖权的一般法理，并参照外国刑法立法例和国际条约有关规定，对于理解和妥当行使属地管辖权具有重要意义。

一、属地管辖原则理论与实践的发展历程

研读中国法制史，会发现古代王朝很早即以属地管辖原则作为法律适用基本原则。《唐律·名例》中规定："诸化外人，同类自相犯者，各依本俗法；异类相犯者，以法律论。"① 该条实际上就是有关"化外人"在大唐领域内犯罪的规定。化外人，"谓蕃夷之国，别立君长者，各有风俗，制法不同"，相当于今日所言之外国人。依据该规定，如果发生于同属一国之"化外人"之间，则依照

① ［清］薛允升撰，怀效锋、李鸣点校：《唐明律合编》，法律出版社1999年版，第77页。

其本国法予以处理；如果发生于不属于同一国之“化外人”，则依照唐律规定予以处理。该规定实际兼顾了犯罪人的特殊性。及至明律则发生了改变，《大明律·名例》规定：“凡化外人犯罪者，并依律拟断。”[①] 从该规定可以看出，对于“化外人”犯罪，应一律适用明律规定予以处罚。在今天看来，其与属地管辖原则的内涵是一致的。《大清律》亦沿袭明律规定，其“化外人有犯”一条规定：“凡化外（降来）人犯罪者，并依律拟断。”其理由是：“化外人既来归附，即是王民，有罪并依律断，所以示无外也。”[②]

在西方国家，属地管辖原则起源何时何处难以考证，但在古希腊，犯罪地的城市毫无例外地承担审判的义务。5世纪后，古希腊根据城邦之间的条约，废除了以私人复仇为目的而进行的诉讼，确立具有公诉性质的管辖权，而确定管辖权一般即根据犯罪地确认。进入封建制时期后，属地管辖原则的含义得到进一步明确。因为封建制确立的土地所有权显然是建立在属地管辖原则基础上的。属地管辖原则在确立犯罪地享有刑罚权方面发挥着重要的作用，而这种意义上的现代属地管辖原则，是中世纪的意大利注释法学派提出之后，进而迅速传播开来的。[③]

二、属地管辖原则的法理根据

属地管辖原则是各国国内刑法中普遍采用的、最基本的刑事管辖原则。关于属地管辖原则的法理根据，英国学者布朗利认为，“犯罪行为发生地的法院可以行使管辖权的这一原则得到普遍承认，它仅为一国主权，即法律权能的总和，必要的领土性的单一适用。就犯罪而言，这一原则具有若干实践上的优势，包括方便管辖地法院以及考虑犯罪行为发生地国家的利益。”[④] 这段话即包含了属地管辖原则的三个法理根据，即国家主权原则、维护犯罪行为地利益原则和诉讼经济原则。对这三个原则，具体分析如下：

一是国家主权原则。属地管辖原则“是刑法的最基本的连接点，因为地域界限是与主权国家领土主权原则、独立原则、平等原则相适应的。”[⑤] 对此，国

---

① ［清］薛允升撰，怀效锋、李鸣点校：《唐明律合编》，法律出版社1999年版，第87页。

② ［清］沈之奇撰，怀效锋、李俊点校：《大清律辑注（上）》，法律出版社1999年版，第102页。

③ ［日］森下忠著，阮齐林译：《国际刑法入门》，中国人民公安大学出版社2004年版，第33～34页。

④ ［英］伊恩·布朗利著，曾令良等译：《国际公法原理》，法律出版社2003年版，第331页。

⑤ 参见［德］汉斯·海因里希·耶赛克、托马斯·魏根特著，徐久生译：《德国刑法教科书》，中国法制出版社2001年版，第206页。

际法理论认为："由于国家领土内一切人和物都属于国家属地权威的支配，因而每个国家对他们都有管辖权——立法、司法和行政。属地性是管辖的首要根据；即使另一个国家同时有行使管辖权的根据，如果它行使管辖权的权力是与具有属地管辖权的国家的权力相冲突的，该另一个国家行使管辖权的权力就受到了限制。例如，即使一个国家对它的国外国民有属人管辖权，只要他们是在另一个国家的领土内的，该国行使属人管辖权的能力就受到限制，正如国际常设法院1927年在'荷花号案'中所说的，'一个国家……不得以任何方式在另一个国家的领土上行使它的权力'；管辖权'不能由一个国家在它的领土外行使，除非依据来自国际习惯或一项公约的允许型规则。'"①

二是维护犯罪行为地利益原则。一般而言，犯罪行为对犯罪地造成的客观危害和社会影响最大，而由犯罪行为发生地国家行使管辖权，对于保护本国人民、社会以及国家利益，具有积极意义，这也是一国维护其法秩序的基本要求。在有被害人的刑事案件中，被害人往往也在犯罪行为发生地，对他们而言，由该国行使刑事管辖权，有利于确认和弥补其被损害的利益，同时也有利于其社会正义的实现。

三是诉讼经济原则。出于诉讼经济的考虑。"一般而言，属地原则最能有助于具体案件的公正性和诉讼经济性原则，因为在犯罪地取证将会得到最可信赖的结果。正因为如此，该原则得到国际法的完全承认，而且大多数国家在制定本国的国际刑法时，均是以该原则为出发点的。"② 显而易见，就刑事案件的侦查和处理而言，犯罪行为发生地具有最多的案件信息，由犯罪行为发生地国家来行使刑事管辖权，有利于其相关职能机关及时而全面地收集证据并及时处理刑事案件。

三、有关属地管辖原则的立法例

综合各国立法例，在刑法空间效力方面都首先明确规定，其刑法适用于发生在其领域内的一切犯罪。有些国家刑法还明确强调，无论这些犯罪是由本国人实施，还是外国人实施。如此，各国有关刑法空间效力的规定，也就为其司法机关具体地实施其属地管辖权提供了法律依据。英美法系国家将属地管辖原则作为根本原则。在大陆法系国家，属地管辖原则也是主要的刑法适用原则。例如，《德国刑法典》第3条（域内效力）规定："德国刑法适用于本国内的一切犯罪行

① ［英］詹宁斯·瓦茨修订，王铁崖等译：《奥本海国际法》（第1卷，第1分册），中国大百科全书出版社1995年版，第328～329页。

② ［德］汉斯·海因里希·耶赛克、托马斯·魏根特著，徐久生译：《德国刑法教科书》，中国法制出版社2001年版，第206页。

为。"《韩国刑法典》第2条（国内犯）规定："本法适用于在大韩民国领域内犯罪的本国公民和外国人。"《瑞士刑法典》第3条（在国内实施的重罪或轻罪）第1款规定："在瑞士实施的重罪或轻罪，适用本法。"《奥地利联邦共和国刑法典》第62条（国内应受刑罚处罚的行为）规定："奥地利刑法适用于所有在国内实施的应受刑罚处罚的行为"。

一些国家刑法中对行为地范围作出了明确规定，即将行为实施地与结果发生地都一概地归入到行为地当中。例如，《瑞士刑法典》第7条（行为地）第1款规定："行为人实施重罪或轻罪之地和行为结果发生之地，均为行为地。"对于这一问题，有的国家或者地区的刑法则明确规定，只要犯罪事实的一部分发生在其领域内，即可适用其刑法。例如，《巴西刑法典》第6条规定："作为或者不作为的全部或者部分实施地，以及犯罪结果实际发生地或者希望发生地，视为犯罪地。"《法国刑法典》第113－2条规定："在共和国领域内实行的犯罪，适用法国刑法。构成犯罪之事实有一项发生在共和国领域内，视为在共和国领域内犯罪。"此外，有的国家和地区在行为地的规定上，还特别对有关共犯、未遂犯和不作为犯的行为地作出规定。例如，《德国刑法典》第9条（行为地）规定："（1）正犯实施行为的地点，在不作为犯罪情况下正犯应当有所作为的地点、属于构成要件的结果发生地、根据正犯的想象应当发生结果的地点，皆为行为地。（2）正犯实施行为的地点、共犯采取行动的地点，在不作为犯罪情况下应当有所作为的地点，或共犯希望结果发生地，皆为共犯的行为地。共犯在国内参与国外犯罪的，即使依照行为地法律不处罚，仍适用德国刑法。"《瑞士刑法典》第7条（行为地）第2款规定："在犯罪未遂情况下，行为人实施该犯罪之地和行为人希望结果发生之地，同样为行为地。"① 美国《犹他州刑法典》第76－1－201

---

① 我国澳门特别行政区刑法典第7条（作出事实之地）规定："行为人作出全部或部分行为之地，即使系以共同犯罪之任一方式作出行为者，或如属不作为之情况，行为人应作出行为之地，均视为作出事实之地；产生符合罪状之结果之地，亦视为作出事实之地。"我国香港特别行政区《刑事司法管辖权条例》以及相关判例亦确定：（1）香港法院只对已被香港法律规定为罪行并在香港领域内发生或完成或在香港以外由香港人管理的飞机内发生的犯罪案件拥有地域司法管辖权；（2）如果在香港共谋并在香港实施犯罪的，或如果共谋在国外策划，但参与各方或者不知情的人在香港实施，不论在犯罪之前共谋者是否在香港，香港法院拥有司法管辖权；（3）如果该共谋与香港有任何关联，并且共谋意图实施的犯罪是在香港应受惩罚的，香港法院有司法管辖权；（4）法庭对在香港策划并在国外实施的犯罪共谋并无司法管辖权；（5）法院对于意图犯实际上对香港"有影响"的罪行而未遂的"被告人，或在香港以外的地区与他人共谋，教唆他人，或企图在香港犯刑事罪行的被告人拥有司法管辖权。"（6）如果一个人由于在香港造成的损伤而死于香港境外，法院拥有司法管辖权。《刑事司法管辖权条例》还对特定罪行的司法管辖权作出明确规定。参见赵秉志主编：《香港刑事诉讼程序法纲要》，北京大学出版社1997年版，第1～3页。

条规定：“一个人在本州或本州以外，通过他的行为或在法律上他要为之负责的人的行为犯了罪行，应在本州被起诉，如果该罪行是全部或部分在本州所犯，或者该罪行是基于本州法律规定的应履行义务的不行为，而该不行为发生在本州，不管当时犯罪人在何处，应在本州被起诉。”《加利福尼亚州刑法典》第27节规定：“任何人在本州全部或部分地犯罪，应按本州的法律受到处罚。”加利福尼亚州法院还有一个适用该原则的判例：行为人从加利福尼亚州邮寄有毒的糖果给特拉华州的受害人，受害人接到糖果食用后死亡，加利福尼亚州法院对该犯罪人行使管辖权，并判定其犯了谋杀罪。[①]

在本国的船舶、航空器内发生犯罪的情形，各国也都规定应适用其本国刑法。这种实施刑事管辖权的情形，我国刑法理论认为其属于属地管辖的一种具体情况。不过，德国刑法学说将这种情形下行使刑事管辖权所适用的原则称之为“国旗原则”，并与属地原则相区分。[②] 例如，《德国刑法典》第4条（对德国船舶、航空器内犯罪的效力）规定：“在悬挂德意志联邦共和国国旗或国徽的船舶、航空器内发生的犯罪行为，无论行为地法律如何规定，均适用德国刑法。”《日本刑法典》第1条（国内犯）规定：“对在处于日本国外的日本船舶或者日本航空器内犯罪的人，亦适用本法。”《奥地利刑法典》第63条（奥地利船舶或飞机上应受刑罚处罚的行为）规定：“在奥地利船舶或飞机上实施的应受刑罚处罚的行为，适用奥地利刑法，船舶或飞机位于何地无关紧要。”《法国刑法典》第113－3条规定：“在悬挂法国国旗的船只上实行的犯罪，或者无论其处于何地，针对此种船只实行的犯罪，适用法国刑法。在法国海军舰船上实行的犯罪，或者无论其处于何地，针对此种船舶实行的犯罪，惟一适用法国刑法。”其第113－4条规定：“在法国注册之航空器上实行的犯罪，或者无论其处于何地，针对此种航空器实行的犯罪，适用法国刑法。在法国军用航空器上实行的犯罪，或者无论其处于何地，针对此种航空器实行的犯罪，惟一适用法国刑法。”《韩国刑法典》第4条（外国人在外国的本国船舶等上犯罪）规定：“本法适用于在大韩民国领域外的大韩民国船舶或者飞机内犯罪的外国人。”《丹麦刑法典》第6条规定：“下列行为应当服从丹麦之刑事司法管辖：（1）在丹麦领域内实施之行为；（2）国际法认为属于任一国家领域外之丹麦船只、航空器上实施之行为；（3）国际法认为属于外国领域之丹麦船只或者航空器上实施之行为，且行为人受雇于该船只或者航空器，或者行为人乃该船只或者航空器上之乘客。”《巴西

① 引自林欣、李琼英著：《国际刑法新论》，中国人民公安大学出版社2005年版，第47页。

② ［德］汉斯·海因里希·耶赛克、托马斯·魏根特著，徐久生译：《德国刑法教科书》，中国法制出版社2001年版，第206页。

刑法典》第5条规定："实施于巴西境内的犯罪，除非国际公约、条约和国际法准则另有规定，否则均适用巴西法律。1. 出于惩罚犯罪的目的，对于巴西的船舶和航空器，如果是公用的或者为巴西政府服务的，无论位于何地；如果是商用的或者属于私有财产的，分别位于任何地方的空中或者位于公海上的，视为国家领土的延伸。2. 在外国的民用航空器或者船舶上实施犯罪，而当时该航空器正降落于巴西领土或者飞行于巴西领空或者该船舶正航行于巴西领海或者停泊于巴西港口的，也可以适用巴西法律。"《俄罗斯联邦刑法典》第11条（刑事法律对在俄罗斯联邦境内实施犯罪的人的效力）第3款规定："当在俄罗斯联邦港口注册的船舶、飞机处在公海或俄罗斯境外的空中时，在该船舶或飞机上实施犯罪的人，应依照本法典承担刑事责任，但俄罗斯联邦签订的国际条约有不同规定的除外。在俄罗斯联邦的军舰和军用航空器上实施犯罪的人，不论军舰或军用航空器处在何处，均应依照本法典承担刑事责任。"我国台湾地区和澳门特区也有相同规定。①

从国际法上讲，一国领土包括领陆、领水和领空，对于一国领土内的刑事案件，该国可基于属地管辖予以追究。而与领土、领海相连接的部分，即大陆架、毗连区、专属经济区部分，也存在相关国家是否具有刑事管辖权的问题。《俄罗斯联邦刑法典》第11条第2款规定："在俄罗斯联邦领水或领空内实施的犯罪，是在俄罗斯联邦境内实施的犯罪。本法典的效力亦及于在俄罗斯联邦的大陆架和专属经济区内实施的犯罪。"

四、国际条约中有关属地管辖原则的规定

属地管辖原则是各国国内刑法中普遍采用的、最基本的刑事管辖原则，也是有关刑事问题的国际公约中确立的基本管辖原则。② 例如，联合国《关于侦察、逮捕、引渡和惩治战争罪犯和危害人类罪犯的国际合作原则》（1973年12月3日）第5条有关战争罪和危害人类罪行使管辖权的一般原则即为："有证据证明犯战争罪和危害人类罪的人应在犯罪地国家受审，如经判定有罪，由犯罪地国家加以惩治。为此，各国应在引渡此类犯罪的问题上合作。"联合国《防止及惩办灭绝种族罪公约》（1948年12月9日联合国大会通过，1951年1月12日生效）规定："凡被诉灭绝种族罪或有第三条所列行为之一者，应交由行为发生地国家之主管法院或缔约国接受其管辖权之国际刑事法庭审理。"《核材料实物保护公

---

① 我国澳门特别行政区刑法典第4条（在空间上之适用之一般原则）规定："澳门刑法适用于下列空间作出之事实，但适用于澳门之国际协约或属司法协助领域之协定另有规定者，不在此限：（a）在澳门内，不论行为人属何国籍；（b）在澳门注册之船舶或航空器内。"

② 参见张智辉著：《国际刑法通论》，中国政法大学出版社1999年版，第74页。

约》（1979年10月26日在维也纳通过，1987年2月8日生效）[①] 第8条规定："1. 每一缔约国应采取必要的措施，以便在下列情况下对第七条所称罪行[②]确立其管辖权：（a）罪行发生于该国领土内或该国注册的船舶或飞机上……"。联合国《反对劫持人质国际公约》（1979年12月18日订于纽约）第5条规定："1. 每一缔约国应采取必要的措施来确立该国对第一条所称任何罪行的管辖权，如果犯罪行为是：（a）发生在该国领土内或在该国登记的船只或飞机上……"。《禁止酷刑和其他残忍、不人道或有辱人格的待遇或处罚公约》（1984年12月10日联合国大会通过，1987年6月26日生效）第5条规定："1. 每一缔约国应采取各种必要措施，确定在下列情况下该国对第4条所述的罪行[③]有管辖权：（a）这种罪行发生在其管辖的任何领土内，或在该国注册的船舶或飞机上……"。《制止恐怖主义爆炸事件的国际公约》（1997年12月15日订于纽约，2001年5月23日生效）第6条第1款规定："1. 在下列情况下，每一缔约国应酌情采取必

① 中国于1989年1月加入了该公约。国际原子能机构于1999年启动了该公约的修订工作，并于2005年7月8日在维也纳通过，中国常驻联合国维也纳办事处及其他国际组织代表、特命全权大使吴海龙代表中国政府签署了外交大会"最后文件"。十一届全国人大常委会第五次会议于2008年10月28日举行闭幕会，表决通过了关于批准《核材料实物保护公约》修订案的决定。

② 该公约第7条规定的罪行指："a. 未经合法授权，收受、拥有、使用、转移、变更、处理或散布核材料，引起或可能引起任何人死亡或重伤或重大财产损害；b. 偷窃或抢劫核材料；c. 盗取或以欺骗手段取得核材料；d. 以武力威胁或使用武力或任何其他恐吓手段勒索核材料；e. 威胁：（一）使用核材料引起任何人死亡或重伤或重大财产损害，（二）犯（b）项所称罪行以迫使一个自然人或法人、国际组织或国家作或不作某种行为；f. 图谋犯（a）、（b）或（c）项所称任何罪行；g. 参与（a）至（f）项所称任何罪行。"

③ 该公约第1条规定，酷刑是指"为了向某人或第三者取得情报或供状，为了他或第三者所作或涉嫌的行为对他加以处罚，或为了恐吓或威胁他或第三者，或为了基于任何一种歧视的任何理由，蓄意使某人在肉体或精神上遭受剧烈疼痛或痛苦的任何行为，而这种疼痛或痛苦是由公职人员或以官方身份行使职权的其他人所造成或在其唆使、同意或默许下造成的。纯因法律制裁而引起或法律制裁所固有或附带的疼痛或痛苦不包括在内。"其第4条第1款规定："每一缔约国应保证将一切酷刑行为定为刑事罪行。该项规定也适用于施行酷刑的企图以及任何人合谋或参与酷刑的行为。"

要法律措施，对第 2 条所述罪行[①]确定管辖权：(a) 罪行在该国领土内实施……”。《联合国打击跨国有组织犯罪公约》（2000 年 11 月 15 日联合国大会通过，2003 年 9 月 29 日生效）第 15 条第 1 款规定：“一、各缔约国在下列情况下应采取必要措施，以确立对根据本公约第五条、第六条、第八条和第二十三条[②]确立犯罪的管辖权：(一) 犯罪发生在该缔约国领域内……”。

关于航空器与船舶内犯罪由航空器和船舶国籍国管辖，为国际公约所确认。《关于在航空器内的犯罪和犯有某些其他行为的公约》（又称“东京公约”，国际民航组织于 1963 年 9 月 14 日在东京国际航空法会议上签订，同年 12 月 4 日生效）第 3 条第 1 款规定：“航空器登记国有权对在该航空器内的犯罪和所犯行为行使管辖权。”《关于制止非法劫持航空器的公约》（又称“海牙公约”，1970 年 12 月 16 日国际民航组织在荷兰海牙召开的国际航空法会议上签订，1971 年 10 月 4 日生效）第 4 条规定：“一、在下列情况下，各缔约国应采取必要措施，对罪行和对被指称的罪犯对旅客或机组所犯的同该罪行有关的任何其他暴力行为实施管辖权：（甲）罪行是在该国登记的航空器内发生的……”。《关于制止危害民用航空安全的非法行为的公约》（又称“蒙特利尔公约”，1971 年 9 月在加拿大蒙特利尔召开的航空法外交会议上签订，1973 年 1 月 26 日生效）第 5 条规定：“一、在下列情况下，各缔约国应采取必要措施，对罪行实施管辖权：（甲）罪行是在该国领土内发生的……”。《制止危及海上航行安全非法行为公约》（国际海事组织于 1988 年 3 月 10 日通过，1992 年 3 月 1 日生效）第 6 条规定：“1. 在下列情况下，每一缔约国应采取必要措施，对第三条所述的罪行确定管辖权：(a) 罪行发生时是针对悬挂其国旗的船舶或发生在该船上……”。《制止恐怖主义爆炸事件的国际公约》第 6 条第 1 款 (b) 也规定，如果“罪行的实施场所为在罪行实施时悬挂该国国旗的船舶或按该国法律登记的航空器”，则船旗国和航空器登记国具有刑事管辖权。《联合国打击跨国有组织犯罪公约》第 15 条第 1

---

① 该公约第 2 条规定：“1. 本公约所称的犯罪，是指任何人非法和故意在公用场所、国家或政府设施、公共交通系统或基础设施，或是针对公用场所、国家或政府设施、公共交通系统或基础设施投掷、放置、发射或引爆爆炸性或其他致死装置：(a) 故意致人死亡或重伤；或 (b) 故意对这类场所、设施或系统造成巨大毁损，从而带来或可能带来重大经济损失。2. 任何人如意图实施本条第 1 款所述罪行，也构成犯罪。3. 任何人如有以下行为，也构成犯罪：(a) 以共犯身份参加本条第 1 款或第 2 款所述罪行；(b) 组织或指使他人实施本条第 1 款或第 2 款所述罪行；(c) 以任何其他方式，出力协助为共同目的行事的一群人实施本条第 1 款或第 2 款所列的一种或多种罪行；这种出力应是蓄意而为，或是目的在于促进该群人的一般犯罪活动或意图，或是在出力时知道该群人实施所涉的一种或多种罪行的意图。”

② 该公约第 5 条是关于参加有组织犯罪集团行为的刑事定罪，第 6 条是关于洗钱行为的刑事定罪，第 8 条是关于腐败行为的刑事定罪，第 23 条是关于妨害司法的刑事定罪。

款规定，如果“犯罪发生在犯罪时悬挂该缔约国国旗的船只或已根据该缔约国法律注册的航空器内”，则船旗国和航空器登记国具有刑事管辖权。

第二节 《刑法》第6条的理解与适用

我国《刑法》第6条是关于属地管辖原则的规定，共包括3款：第1款是关于属地管辖原则的概括性规定；第2款是关于在我国船舶或航空器内犯罪的管辖问题；第3款是有关隔地犯的规定。就该条规定的理解与适用，主要包括以下五个问题。

一、对“中华人民共和国领域”的理解

领域，是国家主权行使的空间范围，包括领陆、领水、领空等一国主权管辖下的国境以内的全部地域。

1. 领陆

领陆，即一国之陆地领土，是人民生活和生产的基本物质基础。根据《中华人民共和国领海及毗连区法》（以下简称《领海及毗连区法》）第2条第2款规定：“中华人民共和国的陆地领土包括中华人民共和国大陆及其沿海岛屿、台湾及其包括钓鱼岛在内的附属各岛、澎湖列岛、东沙群岛、西沙群岛、中沙群岛、南沙群岛以及其他一切属于中华人民共和国的岛屿。”

依照国际惯例，陆地领土的界线由边界线表示，边界线表示各国行使领土管辖权的范围。我国同14个国家接壤，陆地边界总长22000多公里，是世界上陆地边界线最长和邻国最多的国家，也是边界情况最复杂的国家之一。新中国成立之际，我国与陆上邻国的12条边界有的没有划定，有的虽划定但由于自然和人为的原因而形成一些争议。50多年来，我国在和平共处五项原则及睦邻友好外交方针的指引下，经过不懈努力，逐步、稳妥地解决了与大多数邻国间历史遗留下来的边界问题。截至2004年年底，我国已与12个邻国签订了边界条约或协定，划定的边界约占中国陆地边界线总长度的90%。[①] 中国与周边国家陆地划界的协定主要有：（1）中华人民共和国和苏维埃社会主义共和国联盟关于中苏国界东段的协定（1991年5月16日）；（2）中华人民共和国和俄罗斯联邦关于中俄国界西段的协定（1994年9月3日）；（3）中华人民共和国和俄罗斯联邦关于中俄国界东段的补充协定（2004年10月14日）；（4）中华人民共和国和哈萨克

---

① 瞭望东方周刊：《中国边界谈判策略及中国与邻国边界问题现状——专访外交部条约法律司司长刘振民》，载中国网，http://www.china.com.cn/aboutchina/zhuanti/hxi/2008-10/21/content_16644926.htm，2011年12月13日访问。

斯坦共和国关于中哈国界的协定（1994 年 4 月 26 日）；（5）中华人民共和国和哈萨克斯坦共和国关于中哈国界的补充协定（1997 年 7 月 4 日）；（6）中华人民共和国和哈萨克斯坦共和国关于中哈国界的补充协定（1998 年 9 月 24 日）；（7）中华人民共和国和吉尔吉斯共和国关于中吉国界的协定（1996 年 7 月 4 日）；（8）中华人民共和国和吉尔吉斯共和国关于中吉国界的补充协定（1999 年 8 月 26 日）；（9）中华人民共和国和塔吉克斯坦共和国关于中塔国界的协定（1999 年 8 月 13 日）；（10）中华人民共和国和塔吉克斯坦共和国关于中塔国界的补充协定（2002 年 5 月 17 日）；（11）中华人民共和国和阿富汗王国边界条约（1963 年 11 月 22 日）；（12）中华人民共和国政府和巴基斯坦政府关于中国新疆和由巴基斯坦实际控制其防务的各个地区相接壤的边界的协定（1963 年 3 月 2 日）；（13）中华人民共和国和尼泊尔王国边界条约（1961 年 10 月 5 日）；（14）中华人民共和国和缅甸联邦边界条约（1960 年 4 月 26 日）；（15）中华人民共和国和老挝人民民主共和国边界条约（1991 年 10 月 24 日）；（16）中华人民共和国和越南社会主义共和国陆地边界条约（1999 年 12 月 30 日）；（17）中华人民共和国政府、朝鲜民主主义人民共和国政府和俄罗斯联邦政府关于确定图们江三国国界水域分界线的协定（1998 年 11 月 3 日）；（18）中华人民共和国、俄罗斯联邦和哈萨克斯坦共和国关于确定三国国界交界点的协定（1999 年 5 月 5 日）；（19）中华人民共和国、吉尔吉斯共和国和哈萨克斯坦共和国关于三国国界交界点的协定（1999 年 8 月 25 日）；（20）中华人民共和国、塔吉克斯坦共和国和吉尔吉斯共和国关于三国国界交界点的协定（2000 年 7 月 5 日）；（21）中华人民共和国、越南社会主义共和国和老挝人民民主共和国关于确定三国国界交界点的条约（2006 年 10 月 10 日）。①

例如，被告人阿里克谢·波坡高夫系俄罗斯公民。2007 年 1 月 12 日凌晨 1 时许，被告人阿里克谢·波坡高夫与俄罗斯籍船员安得列·莫伊谢耶夫至上海市崇明县城桥镇上海华润大东船务工程有限公司 3 号门附近的某酒吧消费，因菲律宾籍船员斯塔尼萨·拉佰沙与戴亚哥·让·达利瓦站在酒吧门口，安得列·莫伊谢耶夫推开斯塔尼萨·拉佰沙后进入酒吧，阿里克谢·波坡高夫随后进入酒吧时，被人从身后用酒瓶砸中头部。阿里克谢·波坡高夫、安得列·莫伊谢耶夫即与戴亚哥·让·达利瓦、斯塔尼萨·拉佰沙等菲律宾籍船员发生争执。被告人阿里克谢·波坡高夫因被多名菲律宾籍船员追赶，而逃至附近的堤坝。安得列·莫伊谢耶夫则至附近的另一酒吧告诉叶夫盖涅·季莫什科夫与菲律宾籍船员发生争执等情况。后安得列·莫伊谢耶夫、叶夫盖涅·季莫什科夫与同在该酒吧的俄罗

① 引自外交部网站，载 http：//www. fmprc. gov. cn/chn/pds/ziliao/tytj/tyfg/t556660. htm，2011 年 12 月 13 日访问。

斯籍船员沙士罗・伊格里・阿列克谢耶维奇先后走出酒吧，与已聚集在酒吧门口的多名手持酒瓶、石块等物的菲律宾籍船员对峙。当菲律宾籍船员向俄罗斯籍船员叫骂并投掷酒瓶等后，双方随即发生打斗。阿里克谢・波坡高夫亦从堤坝赶至现场参与斗殴，并持砖块击打斯塔尼萨・拉佰沙头部，致斯塔尼萨・拉佰沙倒地昏迷。之后，被告人阿里克谢・波坡高夫等人逃离现场。被害人斯塔尼萨・拉佰沙被送入上海交通大学医学院附属仁济医院崇明分院救治。同月 19 日 17 时许，斯塔尼萨・拉佰沙因救治无效而死亡。经鉴定，斯塔尼萨・拉佰沙系因头面部遭受钝性外力作用致颅脑损伤而死亡。一审法院以被告人阿里克谢・波坡高夫犯故意伤害罪，判处有期徒刑 14 年，并处驱逐出境。二审法院以被害人在事件起因上存在过错，其死亡结果也存在多因一果的可能性，上诉人到案后认罪态度较好且有悔罪表现等因素，认为应根据《刑法》第 63 条第 2 款对其减轻处罚，改判有期徒刑 7 年，并处驱逐出境。最高人民法院对二审判决予以核准。[①] 在该案中，一、二审法院即适用《刑法》第 6 条第 1 款作为行使刑事管辖权的根据。

2. 领水

领水，包括内水（内河、内湖和领海基线向内陆一侧的所有海域[②]以及同外国之间界水的一部分）和领海及其地下层。内河、内湖和领海基线向内陆一侧的所有海域处于一国边界线之内，因而不会在管辖权方面发生争议。容易引发争议的主要是领海和界河、界湖。

中国有漫长的海岸线。1958 年 9 月 4 日中国政府宣布，中华人民共和国领海宽度为 12 海里及其以下的地层。《领海及毗连区法》第 2 条第 1 款规定："中华人民共和国领海为邻接中华人民共和国陆地领土和内水的一带海域。"该法第 3 条规定："中华人民共和国领海的宽度从领海基线量起为 12 海里。中华人民共和国领海基线采用直线基线法划定，由各相邻基点之间的直线连线组成。中华人民共和国领海的外部界限为一条其每一点与领海基线的最近点距离等于 12 海里的线。"该法第 5 条规定："中华人民共和国对领海的主权及于领海上空、领海的海床及底土。"中国法律的上述规定完全符合国际条约的规定。《联合国海洋法公约》第 2 条（领海及其上空、海床和底土的法律地位）第 1、2 款规定："1. 沿海国的主权及于其陆地领土及其内水以外邻接的一带海域，在群岛国的情

① 引自上海市第二中级人民法院刑事判决书［（2007）沪二中刑初字第 63 号］；上海市高级人民法院［（2007）沪高刑终字第 134 号］。

② 《中华人民共和国领海及毗连区法》第 2 条第 3 款规定，中华人民共和国领海基线向陆地一侧的水域为中华人民共和国的内水。《中华人民共和国海洋环境保护法》第 95 条也规定，内水是指我国领海基线向内陆一侧的所有海域。这里的"内水"专指海域范围，是在狭义上使用的内水。

形下则及于群岛水域以外邻接的一带海域，称为领海。2. 此项主权及于领海的上空及其海床和底土。”该公约第3条（领海的宽度）规定：“每一国家有权确定其领海的宽度，直至从按照本公约确定的基线量起不超过12海里的界限为止。”

根据国际惯例，在领海中，外国船舶可以无害通过。《联合国海洋法公约》第17条（无害通过权）规定：“在本公约的限制下，所有国家，不论为沿海国或内陆国，其船舶均享有无害通过领海的权利。”有关“通过”的含义，该公约第18条规定：“1. 通过是指为了下列目的通过领海的航行：（a）穿过领海但不进入内水或停靠内水以外的泊船处或港口设施；（b）驶往或驶出内水或停靠这种泊船处或港口设施。2. 通过应继续不停和迅速进行。通过包括停船和下锚在内，但以通常航行所附带发生的或由于不可抗力或遇难所必要的或为救助遇险或遭难的人员、船舶或飞机的目的为限。”有关“无害通过”的含义，该公约第19条规定：“1. 通过只要不损害沿海国的和平、良好秩序或安全，就是无害的。这种通过的进行应符合本公约和其他国际法规则。2. 如果外国船舶在领海内进行下列任何一种活动，其通过即应视为损害沿海国的和平、良好秩序或安全：（a）对沿海国的主权、领土完整或政治独立进行任何武力威胁或使用武力，或以任何其他违反《联合国宪章》所体现的国际法原则的方式进行武力威胁或使用武力；（b）以任何种类的武器进行任何操练或演习；（c）任何目的在于搜集情报使沿海国的防务或安全受损害的行为；（d）任何目的在于影响沿海国防务或安全的宣传行为；（e）在船上起落或接载任何飞机；（f）在船上发射、降落或接载任何军事装置；（g）违反沿海国海关、财政、移民或卫生的法律和规章，上下任何商品、货币或人员；（h）违反本公约规定的任何故意和严重的污染行为；（i）任何捕鱼活动；（j）进行研究或测量活动；（k）任何目的在于干扰沿海国任何通信系统或任何其他设施或设备的行为；（l）与通过没有直接关系的任何其他活动。”该公约第20条还规定，在领海内，潜水艇和其他潜水器须在海面上航行并展示其旗帜。对于有关无害通过的问题，《领海及毗连区法》也作出与该公约相一致的规定。该法第6条规定：“外国非军用船舶，享有依法无害通过中华人民共和国领海的权利。外国军用船舶进入中华人民共和国领海，须经中华人民共和国政府批准。”第7条规定：“外国潜水艇和其他潜水器通过中华人民共和国领海，必须在海面航行，并展示其旗帜。”第8条规定：“外国船舶通过中华人民共和国领海，必须遵守中华人民共和国法律、法规，不得损害中华人民共和国的和平、安全和良好秩序。外国核动力船舶和载运核物质、有毒物质或者其他危险物质的船舶通过中华人民共和国领海，必须持有有关证书，并采取特别预防措施。中华人民共和国政府有权采取一切必要措施，以防止和制止对领海的非无害通过。外国船舶违反中华人民共和国法律、法规的，由中华人民共和国有关机关依法处理。”

当外国籍船舶无害通过领海时，在这些船舶上发生的犯罪一般由船籍国予以管辖。不过，在特定情况下，沿海国也能够行使刑事管辖权。对此，《联合国海洋法公约》第27条（外国船舶上的刑事管辖权）规定：“1. 沿海国不应在通过领海的外国船舶上行使刑事管辖权，以逮捕与在该船舶通过期间船上所犯任何罪行有关的任何人或进行与该罪行有关的任何调查，但下列情形除外：（a）罪行的后果及于沿海国；（b）罪行属于扰乱当地安宁或领海的良好秩序的性质；（c）经船长或船旗国外交代表或领事官员请求地方当局予以协助；（d）这些措施是取缔违法贩运麻醉药品或精神调理物质所必要的。2. 上述规定不影响沿海国为在驶离内水后通过领海的外国船舶上进行逮捕或调查的目的而采取其法律所授权的任何步骤的权利。3. 在第1款和第2款规定的情形下，如经船长请求，沿海国在采取任何步骤前应通知船旗国的外交代表或领事官员，并应便利外交代表或领事官员和船上乘务人员之间的接触。遇有紧急情况，发出此项通知可与采取措施同时进行。4. 地方当局在考虑是否逮捕或如何逮捕时，应适当顾及航行的利益。5. 除第Ⅻ部分有所规定外或有违犯按照第Ⅴ部分制定的法律和规章的情形，如果来自外国港口的外国船舶仅通过领海而不驶入内水，沿海国不得在通过领海的该船舶上采取任何步骤，以逮捕与该船舶驶进领海前所犯任何罪行有关的任何人或进行与该罪行有关的调查。”

由于在我国领海内发生的犯罪除由船舶国籍国管辖的情形外，我国均应依照《刑法》第6条第1款规定行使管辖权。为此，《领海及毗连区法》第14条还对紧追权作出规定。该条规定：“中华人民共和国有关主管机关有充分理由认为外国船舶违反中华人民共和国法律、法规时，可以对该外国船舶行使紧追权。追逐须在外国船舶或者其小艇之一或者以被追逐的船舶为母船进行活动的其他船艇在中华人民共和国的内水、领海或者毗连区内时开始。如果外国船舶是在中华人民共和国毗连区内，追逐只有在本法第十三条所列有关法律、法规规定的权利受到侵犯时方可进行。追逐只要没有中断，可以在中华人民共和国领海或者毗连区外继续进行。在被追逐的船舶进入其本国领海或者第三国领海时，追逐终止。本条规定的紧追权由中华人民共和国军用船舶、军用航空器或者中华人民共和国政府授权的执行政府公务的船舶、航空器行使。”

3. 领空

领空，是指一国领陆和领水之上的空域。根据1919年《巴黎公约》第1条规定，国家对其领土上空具有排他的刑事管辖权。《国际民用航空公约》（1944年12月7日订于芝加哥）第1条规定：“缔约各国承认每一国对其领土之上的空气空间具有完全的和排他的主权。”对此，我国法律也作出同样的规定。《中华人民共和国民用航空法》第2条规定：“中华人民共和国的领陆和领水之上的空域为中华人民共和国领空。中华人民共和国对领空享有完全的、排他的主权。”

4. 关于毗连区与专属经济区内犯罪的管辖问题

毗连区，是指沿海国领海以外邻接领海的一带海域。毗连区虽不属一国领域，但沿海国可根据国际条约行使一定的管辖权，包括刑事管辖权。《联合国海洋法公约》第33条规定：“1. 沿海国可在毗连其领海称为毗连区的区域内，行使为下列事项所必要的管制：（a）防止在其领土或领海内违犯其海关、财政、移民或卫生的法律和规章；（b）惩治在其领土或领海内违犯上述法律和规章的行为。2. 毗连区从测算领海宽度的基线量起，不得超过二十四海里。”与这一公约相适应，我国《领海及毗连区法》第4条规定：“中华人民共和国毗连区为领海以外邻接领海的一带海域。毗连区的宽度为12海里。中华人民共和国毗连区的外部界限为一条其每一点与领海基线的最近点距离等于24海里的线。”该法第13条规定：“中华人民共和国有权在毗连区内，为防止和惩处在其陆地领土、内水或者领海内违反有关安全、海关、财政、卫生或者入境出境管理的法律、法规的行为行使管制权。”对于外国船舶在毗连区内违反该条所指法律、法规的行为，根据该法第14条规定，我国有关主管机关可以对该外国船舶行使紧追权。

根据《联合国海洋法公约》第55条（专属经济区的特定法律制度）规定，专属经济区是领海以外并邻接领海的一个区域。根据该公约第56条（沿海国在专属经济区内的权利、管辖权和义务）规定：“1. 沿海国在专属经济区内有：（a）以勘探和开发、养护和管理海床覆水域和海床及其底土的自然资源（不论为生物或非生物资源）为目的的主权权利，以及关于在该区内从事经济性开发和勘探，如利用海水、海流和风力生产能等其他活动的主权权利；（b）本公约有关条款规定的对下列事项的管辖权：①人工岛屿、设施和结构的建造和使用；②海洋科学研究；③海洋环境的保护和保全；（c）本公约规定的其他权利和义务。”与该公约规定相适应，我国法律也作出与此精神相一致的规定。《中华人民共和国专属经济区和大陆架法》第2条第1款规定：“中华人民共和国的专属经济区，为中华人民共和国领海以外并邻接领海的区域，从测算领海宽度的基线量起延至200海里。”第3条第1、2款规定：“中华人民共和国在专属经济区为勘查、开发、养护和管理海床上覆水域、海床及其底土的自然资源，以及进行其他经济性开发和勘查，如利用海水、海流和风力生产能等活动，行使主权权利。中华人民共和国对专属经济区的人工岛屿、设施和结构的建造、使用和海洋科学研究、海洋环境的保护和保全，行使管辖权。”为确保这些权利得以实现，该法第12条规定：“中华人民共和国在行使勘查、开发、养护和管理专属经济区的生物资源的主权权利时，为确保中华人民共和国的法律、法规得到遵守，可以采取登临、检查、逮捕、扣留和进行司法程序等必要的措施。中华人民共和国对在专属经济区和大陆架违反中华人民共和国法律、法规的行为，有权采取必要措施，依法追究法律责任，并可以行使紧追权。”

二、对“法律有特别规定”的理解

对于《刑法》第6条第1款中“法律有特别规定”的理解，高铭暄教授在《中华人民共和国刑法的孕育和诞生》一书中指出，“主要是指第8条（即现行刑法典第11条）关于享有外交特权和豁免权的外国人的刑事责任问题的规定，第80条（即现行刑法典第90条）对民族自治地方制定的变通或者补充的规定，以及国家在刑法施行以后可能制定的其他刑事法律的特别规定（如有关军人违反职责罪的规定等）。在有这些特别规定的情况下，当然要适用特别规定进行处理。”[①] 这一对立法资料的归纳和理解至今影响着通说对该问题的理解。通说认为，《刑法》第6条第1款中的“法律有特别规定”，主要包括四种情形：[②]（1）《刑法》第11条关于“享有外交特权和豁免权的外国人的刑事责任，通过外交途径解决”；（2）《刑法》第90条关于民族自治地方制定的变通或者补充的规定；（3）修订的《刑法》施行后国家立法机关所制定的特别刑法的特别规定；（4）我国香港特别行政区和澳门特别行政区基本法作出的规定。对此，张明楷教授进一步归纳为三种情形：[③]（1）不适用我国刑法（广义刑法，包括刑法典和特别刑法）的情况。即《刑法》第11条规定的情形。（2）不适用我国大陆刑法（包括刑法典及其他仅在大陆适用的特别刑法）的情况。（3）不适用我国刑法典部分条文的情况。具体又分为两种情形：一是当刑法典颁布后国家立法机关制定了特别刑法，与刑法典的部分条文出现法条竞合的情况下，根据特别法优于普通法的原则，不适用刑法典，而适用特别刑法。二是根据《刑法》第90条的规定，少数民族地区对于不能适用刑法典的部分情况制定变通或者补充规定，因而刑法典在总体上仍然对少数民族地区具有适用效力；少数民族地区的人民代表大会制定的变通或者补充规定，必须与当地的政治、经济、文化的特点相适应，并符合刑法典的基本原则；变通或者补充规定必须报请全国人大常委会批准后施行。通说的理解和归纳具有相当强的说服力，只是将两个特别行政区基本法规定而形成的例外归入其中，尚缺乏法理支持。

与通说理解和归纳不同，陈忠林教授认为，我国刑法属地原则的例外分为根据国内法规定对我国公民不进行刑事法律追究和根据国际法我国对外国人不行使

---

① 高铭暄编著：《中华人民共和国刑法的孕育和诞生》，法律出版社1981年版，第28页。

② 参见高铭暄、马克昌主编：《刑法学》，高等教育出版社、北京大学出版社2011年版，第33页。

③ 张明楷著：《刑法学》，法律出版社2011年版，第74页。

管辖权两种情况。根据国内法规定对本国公民不“适用”本国刑法的情况，在我国只有人大代表在会议期间的言论豁免权，即“全国人民代表大会代表、全国人民代表大会常务委员会的组成人员，在全国人民代表大会和全国人民代表大会常务委员会各种会议上的发言和表决，不受法律追究。”（《全国人民代表大会组织法》）。对在我国领域内的外国公民不“适用”我国刑法，除《中华人民共和国外交特权与豁免条例》（以下简称《外交特权与豁免条例》）和《中华人民共和国领事特权与豁免条例》（以下简称《领事特权与豁免条例》）规定的情况外，还包括我国参加的国际条约和应遵循的国际惯例所规定的情况。例如，根据《联合国海洋法公约》的规定，对无害通过我国领海的外国船舶，合法停留在我国港口的外国军舰和非商用政府船舶上发生的犯罪案件，只要没有影响我国的良好秩序，就享有一般不受所在国属地管辖的豁免权；而根据国际惯例，对航行于我国内水、停留在我国港口的外国民（商）用船舶中发生的刑事案件，只要没有干扰我国的“良好”秩序，我国也一般不行使属地管辖权。[①] 该观点具有相当大的启发意义。其出发点在于：首先，对《刑法》第 6 条中“适用”的理解包括守法，因而在中国领域的任何人，无论国籍和身份，都无例外地适用《刑法》。其次，将《刑法》第 6 条第 1 款中的“法律”理解为刑法以外的法律，而且还包括国际条约。该观点的第一个出发点是不成立的，因为“适用”无论从法律用语的含义还是从法理进行分析，并不包含守法的意思。因此，即便有外交特权和豁免权的外国人在中国领域内应遵守中国的法律，但并不意味着中国法律的绝对对其适用。不过，第二个出发点确实具有很强的参考意义，值得细究。

对于上述“法律有特别规定”，首先要澄清一个基本问题，就是这里的“法律”是什么意思。在通说看来，这里的“法律”既包括刑法中的具体条文，又包括刑法典之外的特别刑法和其他法律。从张明楷教授的归纳中即能清晰地看到这一点。而在陈忠林教授看来，这里的“法律”是指刑法（包括刑法典和特别刑法）以外的法律，以及国际条约，这一观点应该说是受到意大利等国家刑法中有关豁免规定的影响。在笔者看来，对于《刑法》第 6 条“法律有特别规定”的解释，还是应从我国刑法乃至我国法制的实际出发进行解释。进言之，为妥当适用刑法，应当依据现有法律规定，将各种能够排除于刑法典适用之外的情形予以归纳。这里的“法律”实际上指的是法律规范，其表现形式就是法条，既包括刑法典中规定的法条，也包括其他法律（包括特别刑法）中规定的法条。如此，明确“法律有特别规定”的具体内涵和外延，就需要明确刑法法条之间的关系，刑法典与特别刑法的关系，刑法法律与其他法律的关系，以及刑法法律与

① 高铭暄、马克昌主编：《中国刑法解释（上卷）》，中国社会文献出版社 2005 年版，第 93 页。

国际条约的关系。如此可能形成的疑问就是，第 6 条第 1 款中“法律”和“本法”在语义上究竟呈现何种关系，“本法”当然应指刑法，而如果将“法律”的范围也包括刑法法条，则未免发生理解上的冲突。换言之，从文义的角度看，“法律”与“本法”应不相包含，“法律”是“本法”（即刑法典）以外的法律或者法律规范。对此疑问的解决，实际上是要注意《刑法》第 11 条和第 90 条的性质，这些条文虽然规定于刑法之中，但是其更主要的作用实际上是指示性的，即由这些条文指向其他法律规定，进而依照其他法律解决相应的问题。如此看来，虽然表面上看是适用刑法法条，实际上是因为其他法律的存在，而使刑法典的适用得以排除。具体而言，第 11 条指示《外交特权与豁免条例》和《领事特权与豁免条例》的适用，因而该条实际上解决刑法典与两个条例之间的适用关系；第 90 条则指示《宪法》第 116 条以及相关宪法性法律文件的适用，因而解决的是刑法典与宪法有关民族自治地方制度之间的适用关系。所以，《刑法》第 11 条、第 90 条的规定纳入“法律有特别规定”的具体情形，从体系解释上看，是可以说得通的。

如果从妥当适用刑法法律规定看，对于《刑法》第 6 条“法律有特别规定”的具体情形应作如下归纳：（1）因刑法中有特定法条的规定，指示适用其他法律，而不适用刑法典的情形。就现行刑法而言，就是《刑法》第 11 条和第 90 条的规定；（2）存在特别刑法和单行刑法规定的情形；（3）因其他法律规定，而不适用刑法典的情形。具体分析如下：

（一）因刑法中特定法条而指示适用其他法律的情形

《刑法》第 11 条、第 90 条的存在，如上文所述，实际上是指示性地适用其他法律，从某种意义上讲，也是刑法对其他法律规定的重申。换言之，即便刑法中没有这些规定，也应排除这些法律所规定具体情形的刑法适用。

1. 享有外交特权和豁免权的外国人的刑事责任，通过外交途径解决（《刑法》第 11 条）

如果分析该条的表述，可以发现，该条并非说但凡享有外交特权和豁免权的外国人在中国领域内的任何行为或者针对中国国家和公民实施的，符合某一刑法分则法条罪状的行为不是犯罪，而是说其应承担的法律后果（即刑事责任）不根据刑法予以解决，而是通过外交途径解决。从这个意义上说，享有外交特权和豁免权的外国人，其行为如果符合某一刑法分则法条的罪状要求，仍依照中国刑法成立犯罪，且因此具有刑事管辖权，只是出于国际法和国家间友好交往的考虑，而放弃了对这类人实施犯罪的刑事管辖权。

如上所述，在刑法中规定对享有外交特权和豁免权的外国人刑事责任的处理问题，是一个指示适用其他法律的法条。该法条实际上是指向了有关外交人员的地位、权利等的国内法律。如此主张的理由在于：（1）刑法并无解决国家外交关系的功能，因而判断哪些人员享有外交特权和豁免权，以及如何通过外交途径加以解决，不可能根据刑法规定来加以判断。（2）作为国内法，刑法实际上只解决在何种范围内行使国家刑罚权的问题，而因处理国家关系而导致国家刑罚权行使上的例外，是由宪法以及根据宪法而制定的其他法律而形成的。换言之，刑法其本身不会形成例外，例外是由宪法和其他法律造成的。

《刑法》第11条即指向了《外交特权与豁免条例》和《领事特权与豁免条例》，两个法律文件虽然名为“条例”，但是由全国人大常委会通过，因而都属于国家法律，而非行政法规。根据《外交特权与豁免条例》规定，享有刑事管辖豁免的人员包括：（1）外交代表。根据该条例第14条第1款规定，“外交代表享有刑事管辖豁免。”根据第28条的规定，“外交代表”包括使馆馆长或者使馆外交人员。不过，根据该条第21条规定，外交代表如果是中国公民或者获得在中国永久居留资格的外国人，仅就其执行公务的行为享有管辖豁免和不受侵犯。（2）与外交代表共同生活的、非中国国籍的配偶及其未成年子女。该条例第20条第1款规定：“与外交代表共同生活的配偶及未成年子女，如果不是中国公民，享有第十二条至第十八条所规定的特权与豁免。”根据该条款规定，这类人员亦享有刑事管辖豁免。（3）非中国国籍且不在中国永久居留的使馆行政技术人员和与其共同生活的配偶及未成年子女。该条例第20条第2款规定：“使馆行政技术人员和与其共同生活的配偶及未成年子女，如果不是中国公民并且不是在中国永久居留的，享有第十二条至第十七条所规定的特权与豁免，但民事管辖豁免和行政管辖豁免，仅限于执行公务的行为。”根据该条款规定，这类人员享有刑事管辖豁免。根据第28条的规定，使馆行政技术人员是指从事行政和技术工作的使馆工作人员。（4）非中国国籍且不在中国永久居留的使馆服务人员。该条例第20条第3款规定：“使馆服务人员如果不是中国公民并且不是在中国永久居留的，其执行公务的行为享有豁免”。从该条规定看，这类人员只有在执行公务时才享有刑事管辖豁免。根据第28条的规定，“使馆服务人员”是指从事服务工作的使馆工作人员。（5）在中国过境或者逗留的外交代表和与其共同生活的配偶及未成年子女、持有中国外交签证或者持有外交护照来中国的外国官员、经中国政府同意给予豁免的其他来中国访问的外国人士。该条例第22条第1款规定：“下列人员享有在中国过境或者逗留期间所必需的豁免和不受侵犯：（一）途经中国的外国驻第三国的外交代表和与其共同生活的配偶及未成年子女；（二）持有中国外交签证或者持有外交护照（仅限互免签证的国家）来中国的外国官员；（三）经中国政府同意给予本条所规定的特权与豁免的其他来中国访问的外国人士。”根据该条款规定，上述三类人员在中国过境或者逗留的，给予刑事管辖豁免。（6）来中国访问的外国国家元首、政府首脑、外交部长及其他具有同等身份的官员。根据该条例第23条规定，对于来中国访问的外国国家元首、政府首脑、外交部长及其他具有同等身份的官员，享有该条例所规定的特权与豁免。除上述六类人员之外，根据该条例第 24 条规定，来中国参加联合国及其专门机构召开的国际会议的外国代表、临时来中国的联合国及其专门机构的官员和专家、联合国及其专门机构驻中国的代表机构和人员的待遇，按中国已加入的有关国际公约和中国与有关国际组织签订的协议办理。不过，根据该条例第 15 条规定，外交代表和与外交代表共同生活的、非中国国籍的配偶及未成年子女，非中国国籍且不在中国永久居留的使馆行政技术人员和与其共同生活的配偶及未成年子女，非中国国籍且不在中国永久居留的使馆服务人员的派遣国政府可以明确表示放弃刑事管辖豁免；对于派遣国政府放弃对这些人员的刑事管辖豁免的，当然应当根据我国《刑法》和《刑事诉讼法》追究其刑事责任。[①]

从 1961 年《维也纳外交关系公约》看，只承认一国之外交代表及使馆工作人员具有外交特权和豁免，而领事特权与豁免则与外交特权与豁免并不相同。不过，从国际法的发展看，在现时，领馆也代表本国，而各国在某些方面的实践，较之《维也纳领事关系公约》的规定，已有所发展，趋向于接近外交特权与豁免。[②] 就我国《刑法》第 11 条看，从字面上看，其指示适用有关外交特权和豁免的法律，即《外交特权与豁免条例》。不过，考虑到领事制度亦有关于领事特权与豁免的规定，而且领事制度也与国家关系问题相联系，因而对于《刑法》第 11 条所指示的法律，在理解上，应将《领事特权与豁免条例》纳入进来。根据《领事特权与豁免条例》的规定，享有刑事管辖豁免的人员包括：（1）领事官员和领馆行政技术人员。根据该条例第 14 条第 1 款规定，“领事官员和领馆行政技术人员执行职务的行为享有司法和行政管辖豁免。领事官员执行职务以外的行为的管辖豁免，按照中国与外国签订的双边条约、协定或者根据对等原则办理。”从该规定看，这类人员的刑事管辖豁免，首先必须具有领事官员和领馆行政技术人员的身份，根据第 28 条规定，“领事官员”是指总领事、副总领事、领事、副领事、领事随员或者领事代理人，“领馆行政技术人员”是指从事领馆行政或者技术工作的人员。不过，根据第 22 条的规定，领事官员如果是中国公民或者在中国永久居留的外国人，仅就其执行职务的行为享有刑事管辖豁免；领

① 国外的相关案例如：1984 年，两名危地马拉驻美使馆人员绑架萨尔瓦多前驻美大使的夫人，危地马拉政府在该案中放弃豁免，结果该二人在美国受审后被驱逐出境。2002 年，哥伦比亚驻英使馆武官处秘书杰罗·索托·门多萨贝被指控谋杀了一名袭击他儿子的男子，英国首相布莱尔获悉后，以个人名义进行干预，要求哥伦比亚撤销包括门多萨贝在内的两名外交官的豁免权，使得此案在 2003 年被正式提交到法庭。引自黄风、徐吉童：《略论使馆不是派遣国领土的延伸》，载《政治与法律》2008 年第 5 期。

② 参见邵津主编：《国际法》，北京大学出版社、高等教育出版社 2011 年版，第 301 页。

馆行政技术人员或者领馆服务人员如果是中国公民或者在中国永久居留的外国人，不享有刑事管辖豁免。同时，如果这些人员的派遣国明确表示放弃豁免的，根据第 16 条第 1 款规定，则其犯罪行为触犯我国刑法的，我国司法机关应适用刑法追究其刑事责任。（2）在中国过境或者逗留期间的、途径中国的外国驻第三国的领事官员和与其生活的配偶及未成年子女，持有中国外交签证或者持有与中国互免签证国家外交护照的外国领事官员。根据该条例第 23 条规定，这些人员在中国过境或者逗留期间享有所必需的豁免和不受侵犯。

对于上述人员外交特权和豁免之开始与终止时间，有关国际条约都予以规定。根据 1961 年《维也纳外交关系公约》第 39 条规定："凡享有外交特权与豁免之人，自其进入接受国国境前往就任之时起享有此项特权与豁免，其已在该国境内者，自其委派通知外交部或另经商定之其他部之时开始享有。享有特权与豁免人员之职务如已终止，此项特权与豁免通常于该人员离境之时或听任其离境之合理期间终了之时停止，纵有武装冲突情事，亦应继续有效至该时为止。但关于其以使馆人员资格执行职务之行为，豁免应始终有效。遇使馆人员死亡，其家属应继续享有应享之特权与豁免，至听任其离境之合理期间终了之时停止。"根据 1963 年《维也纳领事关系公约》第 53 条规定："各领馆人员自进入接受国国境前往就任之时起享有本公约所规定之特权与豁免，其已在该国境内者，自其就领馆职务之时起开始享有。领馆人员之与其构成同一户口之家属及私人服务人员自领馆人员依本条第 1 项享受特权及豁免之日起，或自本人进入接受国国境之时起，或自其成为领馆人员之家属或私人服务人员之日期起，享有本公约所规定之特权与豁免，以在后之日期为准。领馆人员之职务如已终止，其本人之特权与豁免以及与其构成同一户口之家属或私人服务人员之特权与豁免通常应于各该人员离接受国国境时或其离境之合理期间终了之时停止，以在先之时间为准，纵有武装冲突情事，亦应继续有效至该时为止。就该条第 2 项所称之人员而言，其特权与豁免于其不复为领馆人员户内家属或不复为领馆人员雇用时终止，但如此等人员意欲于稍后合理期间内离接受国国境，其特权与豁免应继续有效，至其离境之时为止。惟关于领事官员或领馆雇员为执行职务所实施之行为，其管辖之豁免应继续有效，无时间限制。遇领馆人员死亡，与其构成同一户口之家属应继续享有应享之特权与豁免至其离接受国国境时或其离境之合理期间终了时停止，以在先之时间为准"。

在国际法上，关于外交特权与豁免的根据，有三种学说[①]：（1）治外法权说。它以使馆和外交代表处于接受国领域之外这种拟制来说明外交特权和豁免。这种学说现在已经被摒弃。（2）代表性说。这种学说把外交特权和豁免建立在

---

① 邵津主编：《国际法》，北京大学出版社、高等教育出版社 2011 年版，第 290 页。

使节的代表性上，认为使节是君主或国家的代表，根据平等者之间无管辖权的原则，其使节享有外交特权和豁免。这种学说有一定的道理，但不能充分和确切地说明问题。例如，它不能说明为什么对外交人员的非公务行为也给予豁免。(3)职务需要说。这种学说认为，外交特权和豁免，使使馆和外交官可以在不受驻在国的干扰和压力的条件下，自由地代表本国进行谈判，自由地同本国政府联系。该学说是现在被普遍接受的一种学说。《维也纳外交关系公约》即采取职务需要说与代表性说相结合的立场，否定治外法权说。该公约序言指出："此等特权与豁免之目的不在于给予个人以利益，而在于确保代表国家之使馆能有效执行职务。"从该表述可以看出，外交特权与豁免的根据有二：一是有效地执行职务所必需；二是对外交代表所代表的国家的尊重。①

就我国法制而言，在国内法中规定有关外交特权与豁免、领事特权与豁免的规定，可以从宪法中寻找根据。《宪法》序言中指出："中国坚持独立自主的对外政策，坚持互相尊重主权和领土完整、互不侵犯、互不干涉内政、平等互利、和平共处的五项原则，发展同各国的外交关系和经济、文化的交流。"从我国宪法的精神看，在给予外交特权与豁免、领事特权与豁免方面，实际上也是贯彻我国"和平共处五项基本原则"的体现，既是尊重外交代表派遣国的体现，也是发展国家间友好关系的体现。

对于享有外交特权与豁免的外国人不适用本国刑法，其法理根据为何，日本学者有两种不同认识：② 一种观点认为，对享有外交特权与豁免的外国人不适用本国刑法，属地管辖原则例外；另一种观点认为，对这些人不适用本国刑法，是因为存在诉讼障碍或犯罪阻却事由，如果这种障碍与事由消失，则仍可适用本国刑法。就这个问题，笔者认为，第一，还是应从国际法理论和实践来看待，即《刑法》第11条规定是体现了国际社会所共同认可的外交关系准则；第二，应从我国宪法来理解，这一制度是体现并实施我国宪法的基本精神的；第三，从刑法理论看，享有外交特权与豁免的人在我国领域内实施危害行为，如果符合我国刑法关于具体犯罪规定的，仍构成犯罪并承担刑事责任，只是基于前两点考虑，而放弃了刑事管辖权，因而具有享有外交特权与豁免这一身份，并不影响犯罪的成立，而只是影响国家刑罚权的发动，如此看来，其应属于诉讼阻却事由；而一旦这些人员的派遣国对外交特权与豁免明确表示放弃，则该诉讼阻却事由不复存在，我国即可以依据《刑法》和《刑事诉讼法》追究其刑事责任。

① 参见端木正主编：《国际法》，北京大学出版社1992年版，第299页。

② 引自张明楷著：《刑法学（第四版）》，法律出版社2011年版，第74页。[日]森下忠著，阮齐林译：《国际刑法入门》，中国人民公安大学出版社2004年版，第474页。

2. 民族自治地方对刑法的变通、补充规定，适用该规定（《刑法》第 90 条）

《刑法》第 90 条规定："民族自治地方不能全部适用本法规定的，可以由自治区或者省的人民代表大会根据当地民族的政治、经济、文化的特点和本法规定的基本原则，制定变通或者补充的规定，报请全国人民代表大会常务委员会批准施行。"该条规定实际上在刑法中重申《宪法》第 116 条的规定，即："民族自治地方的人民代表大会有权依照当地民族的政治、经济和文化的特点，制定自治条例和单行条例。自治区的自治条例和单行条例，报全国人民代表大会常务委员会批准后生效。自治州、自治县的自治条例和单行条例，报省或者自治区的人民代表大会常务委员会批准后生效，并报全国人民代表大会常务委员会备案。"就刑法性质而言，其不具有规定地方立法权的功能，因而刑法中有关民族自治地方的立法规定，实际上由该规定指向宪法相关制度，并提示司法工作人员如何解决刑法与民族自治地方制定的刑法规范的关系问题。民族自治地方在制定具有刑事责任内容的自治条例或单行条例方面，应根据《宪法》第 116 条制定，而不是以《刑法》第 90 条为根据。

对于该条的理解与适用，应着重考虑以下三个方面：[①]（1）不能全部适用刑法规定的少数民族地区，这是因为其政治、经济、文化与全国大多数的地区差别太大，适用刑法的统一规定明显有困难。（2）由民族自治地方所在的省、自治区根据民族自治地方的习俗、习惯的具体情况，决定是否有必要制定变通适用刑法的规定或刑法的补充规定。（3）省、自治区的人民代表大会只能根据辖区的民族自治地方的政治、经济、文化的特殊情况制定变通或者补充规定，并不得与刑法的基本原则相抵触。

（二）存在特别刑法和单行刑法的情形

《刑法》第 6 条第 1 款中的"本法"，应指刑法典本身，因而在《刑法》之外规定的刑法规范并不在"本法"之中。从这个角度看，《刑法》第 6 条第 1 款中"除法律有特别规定的以外"还解决刑法典与在刑法典之外规定的刑法规范的关系问题。刑法典之外的刑法规范，从其表现形式看，就是通说所说的特别刑法和单行刑法。

通说认为，特别刑法即指适用于特定的人、时、地、事的刑法规范。[②] 按照这一界定，单行刑法与附属刑法属于特别刑法。林山田教授即认为："特别刑法

① 高铭暄、马克昌主编：《中国刑法解释（上卷）》，中国社会文献出版社 2005 年版，第 871 页。

② 高铭暄、马克昌主编：《刑法学（第五版）》，北京大学出版社、高等教育出版社 2011 年版，第 7 页。

系指针对特定人、事、时、地的特别需要而制定的刑法，系仅适用于特定人、特定事、特定时、特定地，故属具有特殊性与短暂性的例外刑法。”[①] 张明楷教授也认为，我国香港、澳门特别行政区和台湾地区仅适用于我国的特别地，可谓我国的特别刑法。[②] 通说这一理解与一般法理学关于特别法的界定是相通的。一般法理学即认为，特别法是指针对特定人、特定事、特定地区、特定时间内适用的法。[③]

通说如上界定，是从法律规范载体之形式上的不同加以区分的。具体而言，由于单行刑法与附属刑法相对于刑法典而言具有特殊性，因而即认为两者皆为特别刑法。如此认识具有一定道理，不过，认真推敲其具体所指，并不妥当。特别刑法是指法律规定形式相对于刑法典具有特殊性，而且其规范性质相对于刑法典所规定的普通刑法规范具有特殊性。对于因调整人群的特殊性而形成的特别刑法，是因为主体具有特殊之处而制定特别刑法加以规制，如已废止的《中华人民共和国惩治军人违反职责罪暂行条例》，其就是针对军人这一特殊人群的犯罪问题作出特殊规定。对于因地域的特殊性而形成的特别刑法，则是因为特殊地域内政治、文化、社会等方面相对于其他地区具有特殊性，需要制定特别法律加以规定。从一定意义上说，民族自治地方根据《宪法》第116条制定的具有刑事责任内容的自治条例和单行条例，应视为因地区特殊性而制定的特别刑法。对于因时间的特殊性而制定的特别刑法，则是对于特殊时期的危害行为予以规定，这种特别刑法多出现在战争期间。对于通说所界定的因事的不同而制定的特别刑法，则存在较大问题。“特别”相对于“一般”而言，如果仅仅是因为以单行法的形式加以规定，尚不足以说明其具有特殊性，只有事先存在一般性的刑法规范的前提下，单行刑法作出更为具体的规定，才能认为这样的法条所对应的刑法规范相对于一般性的刑法规范具有特殊性而属于特别刑法规范，否则即不应视为特别刑法。进言之，特别刑法是指在刑法典之外的法律中规定的，相对于一般性的刑法规范而更为具体的特别刑法规范。例如，在现行刑法施行之前，1995年6月30日全国人大常委会《关于惩治破坏金融秩序犯罪的决定》中有关金融诈骗罪的规定即相对于1979年《刑法》第151条诈骗罪属于特别刑法。如是以观，单行刑法并不一定属于特别刑法，只有单行刑法中相对于一般性刑法规范具有特殊性的刑法规范才属于特别刑法。从这个角度看，1998年12月29日全国人大常委会《关于惩治骗购外汇、逃汇和非法买卖外汇犯罪的决定》就不属于特别刑法，理由在于其规定的骗购外汇罪是一个一般性的刑法规范。进言之，在刑法

---

① 林山田著：《刑法通论》，台湾个人自版2006年版，第46页。

② 张明楷著：《刑法学》，法律出版社2011年版，第22页。

③ 张文显主编：《法理学（第三版）》，法律出版社2007年版，第141页。

典中并不存在一个相应的一般性的刑法规范，因而该决定中规定的刑法规范也就不具有特殊性。

依据如上界定，特别刑法与单行刑法在概念使用上并非包含与被包含的关系，而呈现出一种交叉的关系，只有在刑法典中存在一般性的刑法规范的情况下，单行刑法中进一步作出具体规定的条文才属于特别刑法。由于特别刑法与单行刑法均在刑法典之外加以规定，因而根据《刑法》第 6 条第 1 款的规定，在存在特别刑法和单行刑法的情况下，应适用特别刑法和单行刑法，而不适用刑法典。

（三）因其他法律规定而不适用刑法典的情形

因其他法律规定而不适用刑法典的情形，在我国法律制度中并不多见。从外国立法例看，一些国家的宪法性法律规定给予国家元首、政府首脑等履行职务的活动在一定范围内不受刑事追究的权利。例如，意大利国际公法中即对总统、国会议员、宪法法院法官、各大区议会议员和最高司法委员会成员给予一定条件的豁免。具体而言，《意大利宪法》第 90 条第 1 款即规定：共和国总统“除严重叛国和侵犯宪法外，对履行职务中的行为不负责任”；其第 68 条规定了国会议员的豁免权，1953 年第 1 号宪法性法律第 5 条和 1948 年第 1 号宪法性法律第 3 条第 2 款给予宪法法院的法官享有与议会成员相同的功能性豁免和程序性豁免；其第 122 条第 4 款和 1981 年第 1 号宪法性法律第 5 条给予各大区议会议员和最高司法委员会成员在履行职务时的言论与投票的行为的功能性豁免。[①] 从目前我国的法律制度看，并没有对国家元首、政府首脑等人员以豁免，不过，对于全国人大代表和地方各级人大代表而言，他们在人民代表大会和常务委员会会议上的发言和表决不受法律追究，因而可以说，对于这些人员我国宪法性法律也在一定程度上赋予了其豁免权。我国《宪法》第 75 条规定：“全国人民代表大会代表在全国人民代表大会各种会议上的发言和表决，不受法律追究。”《全国人民代表大会组织法》第 43 条规定：“全国人民代表大会代表、全国人民代表大会常务委员会的组成人员，在全国人民代表大会和全国人民代表大会常务委员会各种会议上的发言和表决，不受法律追究。”[②]《地方各级人民代表大会和地方各级人

① 引自［意］杜里奥·帕多瓦尼著，陈忠林译评：《意大利刑法学原理》，中国人民大学出版社 2004 年版，第 63～64 页。

② 此外，该法还对全国人大代表给予了其他有关刑事追究方面的权利保障。即其第 44 条规定：“全国人民代表大会代表非经全国人民代表大会主席团许可，在全国人民代表大会闭会期间非经全国人民代表大会常务委员会许可，不受逮捕或者刑事审判。全国人民代表大会代表如果因为是现行犯被拘留，执行拘留的公安机关应当立即向全国人民代表大会主席团或者全国人民代表大会常务委员会报告。”

民政府组织法》第 34 条规定：“地方各级人民代表大会代表、常务委员会组成人员，在人民代表大会和常务委员会会议上的发言和表决，不受法律追究。”[①] 对于上述法律规定，应视为适用我国刑法的例外。

通说在有关这一问题的示例中，会将《香港特别行政区基本法》、《澳门特别行政区基本法》作为《刑法》第 6 条第 1 款规定的“除法律有特别规定”的一种情形。《香港特别行政区基本法》第 18 条规定：“在香港特别行政区实行的法律为本法以及本法第八条规定的香港原有法律和香港特别行政区立法机关制定的法律。全国性法律除列于本法附件三者外，不在香港特别行政区实施。凡列于本法附件三之法律，由香港特别行政区在当地公布或立法实施。全国人民代表大会常务委员会在征询其所属的香港特别行政区基本法委员会和香港特别行政区政府的意见后，可对列于本法附件三的法律作出增减，任何列入附件三的法律，限于有关国防、外交和其他按本法规定不属于香港特别行政区自治范围的法律。全国人民代表大会常务委员会决定宣布战争状态或因香港特别行政区内发生香港特别行政区政府不能控制的危及国家统一或安全的动乱而决定香港特别行政区进入紧急状态，中央人民政府可发布命令将有关全国性法律在香港特别行政区实施。”而附件三中并没有《刑法》和《刑事诉讼法》，因而在香港特别行政区《刑法》是不被适用的。同样，在《澳门特别行政区基本法》中也有规定。

对于上段通说的观点，在实务上予以贯彻实属权宜之计。从论理上讲，通说的这一观点存在说理上的不足，就是没有充分考虑到《刑法》第 6 条第 1 款与其他有关空间效力规定的关系，也没有充分考虑刑法与宪法的关系。如果认为《刑法》第 6 条第 1 款有关“法律有特别规定”的情形包括两个特别行政区基本法所规定的情况，则第 6 条第 2 款中有关“中华人民共和国船舶或者航空器内犯罪”的规定应否排除两个特别行政区的船舶或者航空器呢？就合理性而言，当然应予以排除，即在两个特别行政区登记的船舶或者航空器内的犯罪，应由特别行政区管辖，但如此一来，就与《刑法》第 6 条第 1 款的规定形成冲突。同样，对《刑法》第 6 条第 3 款的理解也会存在同样的问题，即：如果遵循通说的看法，第 6 条第 3 款所说的“犯罪的行为或者结果有一项发生在中华人民共和国领域内的”的情形应否包括香港特区和澳门特区。从合理性上讲，结论当然是否定的，但刑法并没有明确予以排除，如此与第 6 条第 1 款的解释就会存在冲突。

---

① 该法还对地方各级人大代表给予了其他有关刑事追究方面的权利保障。即其第 35 条规定：“县级以上的地方各级人民代表大会代表，非经本级人民代表大会主席团许可，在大会闭会期间，非经本级人民代表大会常务委员会许可，不受逮捕或者刑事审判。如果因为是现行犯被拘留，执行拘留的公安机关应当立即向该级人民代表大会主席团或者常务委员会报告。”

对《刑法》第7条“中华人民共和国公民”、第8条“中华人民共和国领域外”、第9条的理解，都存在同样的问题。总之，如果认为第6条第1款中包括两个特别行政区基本法规定情形，就无法合理解释第6条第2款、第3款，第7条、第8条乃至第9条未规定排除“法律有特别规定”以外的情形。因此，从法律的内在逻辑看，认为第6条第1款有关“法律有特别规定”中包括两个特别行政区的情形的观点，是缺少说服力的。

就刑法与宪法的关系看，也很难认为《刑法》第6条第1款“法律有特别规定”包括两个特别行政区基本法的情形。不容否认，两个特别行政区基本法属于宪法性法律，但与宪法相比，其仍具有从属性和派生性。两个基本法有关在特别行政区适用的全国性法律的规定，只是部分地解决了哪些法律在特别行政区适用的问题，并没有、也不能解决全国性法律与特别行政区法律之间的关系问题。具体说，就是两者适用发生冲突（包括积极冲突与消极冲突）时，如何解决其适用的问题。而目前无论是宪法本身还是宪法性法律都没有规定这一点。而在宪法和宪法性法律缺失的情况下，对刑法规定作出解释进而提出解决全国性刑法与特别行政区刑法关系的规则，实际上即缺少宪法上的根据。所以说，将两个特别行政区基本法规定的情形归入到《刑法》第6条第1款“法律有特别规定”的情形，是缺少说服力的。在笔者看来，对于《刑法》不在两个特别行政区适用的法律问题，与其引用刑法的规定，不如直接引用两个特别行政区基本法的规定更为合适。

需要特别说明的是，《刑法》与两个特别行政区基本法之间也非普通刑法与特别刑法的关系。[①] 如果对“一国两制”其宪法意义进行阐释，会发现《刑法》对外而言，是国家刑法，而对内而言，即相对于港、澳而言是内地刑法。按照特别行政区基本法的提法，《刑法》仍属于全国性法律（参见两个基本法的第18条），只是不在特别行政区内施行；尤其对于中国领域外的其他国家和地区，《刑法》具有“国家刑法”的地位，这主要表现在其立法机关为全国人民代表大会等方面。但是，在一国之内，由于该法实际适用的地域范围仅及于内地，相对于其他法域而言，其又具有了地区性，因而又可视为“内地刑法”。虽然是同一部刑法，由于其“参照系”不同，其具有了双重身份，而这又集中表现在空间效力的规定即刑法的适用范围上。从刑法立法看，《刑法》由全国人民代表大会制定，而香港、澳门特别行政区刑法则由各自的立法机构制定，可见立法主体不同，即无从区分普通与特别；从适用空间范围看，《刑法》只适用于内地，而香港、澳门特别行政区的刑法只适用于香港、澳门，两者从适用空间范围上看，在

① 例如，张明楷教授即认为，香港、澳门、台湾地区刑法仅适用于中国的特别地，“可谓中国的特别刑法”。张明楷著：《刑法学》，法律出版社2011年版，第22页。

很大程度上相互区隔，并不存在包含与被包含的关系，因而也无从论及普通与特别。当然，从立法权的关系看，两个特别行政区制定的刑法不得与特别行政区基本法相违背，而后者则是由全国人大制定的。但是，不能因此说，特别行政区制定的法律，相比较全国人大及其常委会制定的法律就是特别法律。

（四）“法律有特别规定”中的“法律”不包含我国缔结和参加的国际条约

《刑法》第6条第1款中“法律有特别规定”的“法律”不包括我国缔结和参加的国际条约，其根据在于：对我国“法律”的界定，应从现行宪法和立法法规定出发进行判断。而从我国现行宪法和立法法规定看，无论广义的法律概念还是狭义的法律概念，都不包含国际条约；而对于具有刑事内容的国际条约规定的适用，必须以国内法作出规定为条件。目前一般法理学认为，我国的法律渊源包括国际条约，其主要根据就是《民法通则》第142条规定的“中华人民共和国缔结或者参加的国际条约同中华人民共和国的民事法律有不同规定的，适用国际条约的规定，但中华人民共和国声明保留的条款除外。”[①] 对于民事法律中存在的这一解决国内法与国际条约规定存在冲突的情形，不能当然地引申到刑事法律中。《刑法》第6条第1款中“法律有特别规定”中的“法律”应与刑事责任问题相关，而从罪刑法定原则出发，这些具有刑事责任内容的规定仅限于国内法律，而不包括国际条约。

三、对“凡在中华人民共和国船舶或者航空器内犯罪”的理解

我国《刑法》第6条第2款规定：“凡在中华人民共和国船舶或者航空器内犯罪的，也适用本法。”这里所说的船舶或者航空器，包括各种军用和民用船舶或者航空器。根据该条款，凡在我国船舶或者航空器内犯罪的，不论该船舶或者航空器在何地点，我国均有刑事管辖权。[②]

（一）对在船舶或者航空器内犯罪行使刑事管辖权的根据

一国对悬挂其国旗的海洋船舶或内河船舶、航空器上实施的犯罪行使刑事管辖权的原则，在德国理论上被称为国旗原则（Flaggenprinzip），[③] 虽与属地原则相似，但还是存在一定的差别。而在我国占主流的观点认为，船旗国和航空器登记国（又称为“机籍国”）的刑事管辖权问题，通常将一国的船舶或者航空器视

---

① 张文显主编：《法理学（第三版）》，法律出版社2007年版，第137页。

② 高铭暄、马克昌主编：《刑法学（第五版）》，北京大学出版社、高等教育出版社2011年版，第33页。

③ 参见［德］汉斯·海因里希·耶赛克、托马斯·魏根特著，徐久生译：《德国刑法教科书》，中国法制出版社2001年版，第206页。

为该国法律意义上的领域，即“浮动领土”或“虚拟领土”的“想象领域”。[①]

对于在一国船舶或航空器内实施的犯罪，即使其由外国人实施，或者在外国领土、领空范围或公海实施，均适用本国刑罚权。这是因为在一般情况下每艘船只悬挂一面国旗，每架航空器同样只允许在一国登记。“国旗原则总是导致这样一个明确的结果，即在任何情况下均适用本国的刑罚权，而不管在犯罪时船舶或飞机处于什么位置。”[②] 对于船旗国和机籍国行使刑事管辖权的根据问题，理论上有三种观点：（1）船舶或航空器内的空间为临时空间，应视为本国的“浮动领土”或“虚拟领土”，因此，其管辖根据应为属地管辖原则。（2）机籍国和船旗国对航空器或船舶内发生的刑事案件行使管辖权，是因为其具有本国国籍，因此其管辖的根据是国籍管辖原则。（3）机籍国管辖和船旗国管辖不属于任何其他管辖原则，而单纯是一种管辖原则。[③] 比较而言，上述第三种观点较为可取，理由在于：船旗国和机籍国对船舶、航空器的管辖，是建立在对悬挂其国旗或者在其本国登记的船舶、航空器的专属管辖权的基础上。虽然船舶或者航空器内的空间通常被称为一国之“浮动领土”，但其与一国之领陆、领海或领空毫无联系，也不能等同视之。不过，目前我国刑法学通说持第一种观点。依照我国刑法学的通说，对于在我国船舶或者航空器内犯罪行使刑事管辖权的情形，也认为属于属地管辖的一种情形，其根据主要在于，《刑法》第 6 条作为一个整体规定了属地管辖原则，因而作为其组成部分的第 2 款亦应归属其中。考虑到通说的立场，本书对该问题的论述上遵循通说的观点，而没有将该情形从属地管辖原则中分立出来，作为一条单独的管辖原则看待。

（二）对在船舶或者航空器内犯罪行使刑事管辖权的国际法依据

对船舶的专属管辖权问题为国际公约所确认。《联合国海洋法公约》第 91 条（船舶的国籍）规定：每个国家应确定对船舶给予国籍、船舶在其领土内登记及船舶悬挂该国旗帜的条件。船舶具有其有权悬挂的旗帜所属国家的国籍。国家和船舶之间必须有真正联系；每个国家应向其给予悬挂该国旗帜权利的船舶颁发给予该权利的文件。该公约第 92 条（船舶的地位）规定：“1. 船舶航行应仅悬挂一国的旗帜，而且除国际条约或本公约明文规定的例外情形外，在公海上应受该国的专属管辖。除所有权确实转移或变更登记的情形外，船舶在航程中或在停泊港内不得更换其旗帜。2. 悬挂两国或两国以上旗帜航行并视方便而换用旗

---

① 赵秉志主编：《刑法基础理论探索（第一卷）》，法律出版社 2003 年版，第 490 页。

② 参见［德］汉斯·海因里希·耶赛克、托马斯·魏根特著，徐久生译：《德国刑法教科书》，中国法制出版社 2001 年版，第 206 ~ 207 页.

③ 赵秉志主编：《刑法基础理论探索（第一卷）》，法律出版社 2003 年版，第 491 页；另见高铭暄主编：《刑法学原理（第一卷）》，中国人民大学出版社 1993 年版，第 296 页。

帜的船舶，对任何其他国家不得主张其中的任一国籍，并可视同无国籍的船舶。”该公约第94条（船旗国的义务）规定：“1. 每个国家应对悬挂该国旗帜的船舶有效地行使行政、技术及社会事项上的管辖和控制。2. 每个国家特别应：（a）保持一本船舶登记册，载列悬挂该国旗帜的船舶的名称和详细情况，但因体积过小而不在一般接受的国际规章规定范围内的船舶除外；（b）根据其国内法，就有关每艘悬挂该国旗帜的船舶的行政、技术和社会事项，对该船及其船长、高级船员和船员行使管辖权……”。该公约上述规定是船旗国对悬挂其国旗的船舶进行专属管辖的法律根据。

对航空器内的犯罪行使管辖权，也有一系列国际公约予以规定。《国际民用航空公约》（1944年12月7日订于美国芝加哥）对航空器的国籍问题作出规定。该公约第17条（航空器的国籍）规定：“航空器具有其登记的国家的国籍。”第18条（双重登记）规定：“航空器在一个以上国家登记不得认为有效，但其登记可由一国转移至另一国。”第19条（管理登记的国家法律）规定：“航空器在任何缔约国登记或转移登记，应按该国的法律和规章办理。”第20条（标志的展示）规定：“从事国际空中航行的每一航空器应载有适当的国籍标志和登记标志。”《关于在航空器内的犯罪和犯有某些其他行为的公约》（即“东京公约”）第3条规定：“1. 航空器登记国有权对在该航空器内的犯罪和所犯行为行使管辖权。2. 缔约国应采取必要的措施，对在该国登记的航空器内的犯罪和行为，规定其作为登记国的管辖权。3. 本公约不排斥根据本国法行使刑事管辖权。”第4条则对非登记国的缔约国在特定情形下行使管辖权作出规定。该公约实际上即赋予航空器登记国对其航空器内的犯罪行使专属管辖权，存在特别情形时，非登记国也可以行使管辖权。《关于制止非法劫持航空器的公约》（即“海牙公约”）第4条再次确认航空器登记国的刑事管辖权，不过，在有关航空器的犯罪问题上，享有刑事管辖权的国家并不限于航空器登记国。与“海牙公约”相似，《关于制止危害民用航空安全的非法行为的公约》（即“蒙特利尔公约”）也将危害民用航空安全的非法行为的刑事管辖权加以扩张。其第5条第1款规定：“在下列情况下，各缔约国应采取必要措施，对罪行实施管辖权：（甲）罪行是在该国领土内发生的；（乙）罪行是针对在该国登记的航空器，或在该航空器内发生的；（丙）在其内发生犯罪行为的航空器在该国降落时被指称的罪犯仍在航空器内；（丁）罪行是针对租来时不带机组的航空器，或是在该航空器内发生的，而承租人的主要营业地，或如承租人没有这种营业地，则其永久居所，是在该国。”从上述公约的规定，能够看出航空器登记国对其航空器内犯罪行使刑事管辖权是为国际社会所认可的。

（三）有关“凡在中华人民共和国船舶或者航空器内犯罪”的具体问题

在理解和适用《刑法》第6条第2款规定中，有三个具体问题需要注意：

1. 如何判断船舶或者航空器具有中华人民共和国国籍

我国法律、法规对船舶或者航空器的登记及国籍问题作出规定。《海商法》(1992 年 11 月 7 日第七届全国人民代表大会常务委员会第二十八次会议通过)第 5 条规定:"船舶经依法登记取得中华人民共和国国籍，有权悬挂中华人民共和国国旗航行。船舶非法悬挂中华人民共和国国旗航行的，由有关机关予以制止，处以罚款。"根据该条，某一船舶应通过依法登记取得我国国籍，再悬挂我国国旗为标志航行。有关船舶登记问题，《船舶登记条例》(1994 年 6 月 2 日国务院发布)进一步作出详细规定。其第 2 条规定:"下列船舶应当依照本条例规定进行登记:(一)在中华人民共和国境内有住所或者主要营业所的中国公民的船舶。(二)依据中华人民共和国法律设立的主要营业所在中华人民共和国境内的企业法人的船舶。但是，在该法人的注册资本中有外商出资的，中方投资人的出资额不得低于 50%。(三)中华人民共和国政府公务船舶和事业法人的船舶。(四)中华人民共和国港务监督机构认为应当登记的其他船舶。军事船舶、渔业船舶和体育运动船艇的登记依照有关法规的规定办理。"该条例第 3 条规定:"船舶经依法登记，取得中华人民共和国国籍，方可悬挂中华人民共和国国旗航行;未经登记的，不得悬挂中华人民共和国国旗航行。"该条例第 4 条规定:"船舶不得具有双重国籍。凡在外国登记的船舶，未中止或者注销原登记国国籍的，不得取得中华人民共和国国籍。"

我国有关航空的法律、法规对航空器的登记及国籍问题作出了详细规定。《民用航空法》(1995 年 10 月 30 日第八届全国人民代表大会常务委员会第十六次会议通过)第 6 条规定:"经中华人民共和国国务院民用航空主管部门依法进行国籍登记的民用航空器，具有中华人民共和国国籍，由国务院民用航空主管部门发给国籍登记证书。国务院民用航空主管部门设立中华人民共和国民用航空器国籍登记簿，统一记载民用航空器的国籍登记事项。"第 7 条规定:"下列民用航空器应当进行中华人民共和国国籍登记:(一)中华人民共和国国家机构的民用航空器;(二)依照中华人民共和国法律设立的企业法人的民用航空器;企业法人的注册资本中有外商出资的，其机构设置、人员组成和中方投资人的出资比例，应当符合行政法规的规定;(三)国务院民用航空主管部门准予登记的其他民用航空器。自境外租赁的民用航空器，承租人符合前款规定，该民用航空器的机组人员由承租人配备的，可以申请登记中华人民共和国国籍，但是必须先予注销该民用航空器原国籍登记。"第 8 条规定:"依法取得中华人民共和国国籍的民用航空器，应当标明规定的国籍标志和登记标志。"第 9 条规定:"民用航空器不得具有双重国籍。未注销外国国籍的民用航空器不得在中华人民共和国申请国籍登记。"根据该法规定，《民用航空器国籍登记条例》对航空器国籍登记问题作出了进一步规范。

在实践中，判断某一船舶或者航空器是否具有中国国籍，即应根据上述法律、法规的规定进行判断。

2. 何为“船舶”、“航空器”

对《刑法》第6条第2款中的“船舶”、“航空器”的概念及范围的界定，应依据法理和经验作出判断。在一些法律、法规乃至国际条约中对船舶和航空器作出了界定，在实务中可以参考，但并不应完全以其规定作为适用《刑法》第6条第2款的根据。其理由在于：这些法律、法规乃至国际条约的规范目的与《刑法》第6条第2款的规范目的不同，前者是为了解决船舶或者航空器的行政管理以及民商事法律问题，而后者则是确定我国刑法能否适用的根据，是解决刑事管辖权的问题。

《刑法》第6条第2款中的“船舶”，是指任何具有内部空间的、用于运输的、水面航行交通工具，既包括军用的，也包括民用的。对于船舶的范围，1983年9月21日公布的《海上交通安全法》中将船舶定义为“各类排水或非排水船、筏、水上飞机、潜水器和移动平台”。《船舶登记条例》第56条规定：“‘船舶’系指各类机动、非机动船舶以及其他水上移动装置，但是船舶上装备的救生艇筏和长度小于5米的艇筏除外。”对于这两个有关船舶的规定，应当逐一分析。各类排水或非排水船属于“船舶”，自是题中应有之意，且应包括各种机动和非机动船舶。但对于其他船舶种类是否属于“船舶”，则应当进一步分析。所谓“筏”，俗称筏子，指水上行驶的竹排或木排，也有用牛羊皮、橡胶等制造的。目前，筏只在一些交通不发达地区或在发生洪涝灾害时使用，尽管其动力主要以人力为主，但其基本的功能仍是交通运输，且不排除在界河上使用的可能性，因而筏应归入到“船舶”之中，包括救生筏和长度较小的筏。当然，实务中“筏”并不存在登记的问题，因而判断其是否具有中国国籍即存在疑问，笔者认为只要其所有人或者合法占有人具有中国国籍即可。上述条例将水上飞机纳入船舶的范畴，是因为水上飞机的起飞与降落都是在水面，因而会占据航道或港口。但是，就其从事交通运输的特有功能还是在于飞行，因而归入航空器更为适宜。潜水器，主要用于水下打捞、水文探测、河道清理等用途，应属于船舶的范围。移动平台，主要用于水下钻探等，由于其承载大量的工作人员和生产资料乃至生活资料运行，也属于船舶。

《刑法》第6条第2款中的“航空器”，主要是指飞机，但不限于飞机。除飞机外，还包括其他可用于载人的航空器，如飞艇、热气球等。概言之，凡是用于空中飞行，能够从空气的反作用，而不是从空气对地面的反作用，在大气中获得支持的、可用于载人的任何器械，都属于该条款中的“航空器”。对于用于太空飞行的飞行器，即在大气层以外飞行的飞行器，亦应归入到该条款中的“航空器”中，理由在于：虽然通常所说的航空器是指在大气层以内飞行的航空器，但是在大气层以外飞行的飞行器，亦可归入广义的航空器当中，此外，这类航空器的国籍十分明确，亦会形成一个封闭的空间。当然，目前讨论在这类飞行器内犯罪的问题为时尚早，不过，可以想见，随着空间载人飞行技术的完善，这类问题迟早也会进入刑法考量的视野当中。

3. “在中华人民共和国船舶或者航空器内”的理解

《刑法》第6条第2款中对“在中华人民共和国船舶或者航空器内”的描述，也包括对特定空间的界定。对其理解，应着重考虑两个具体问题：

（1）船舶或者航空器的状态。进言之，是否只要是在悬挂中国国旗的船舶或者具有中国国籍的航空器内犯罪，即属于这种情形。一般而言，对处于正在使用状态的船舶、航空器，只要行为人在这类船舶、航空器内犯罪，即应适用我国刑法追究其刑事责任。问题是，如果我国的船舶在外国港口，或者我国的航空器在外国机场乃至其他地点，因为维修等原因而未进入使用状态，设若行为人在此种情形下的船舶或者航空器内犯罪，是否应适用我国刑法？对此，答案仍是肯定的，理由在于：就适用我国刑法而言，从文义上看，此种情况亦包含于《刑法》第6条第2款“在中华人民共和国船舶或者航空器内”的情形，没有理由将之排除在外；从法理上看，船舶、航空器内所形成内部空间，与所在地国形成相对隔离，这与船舶处于航行中，航空器处于飞行中，并没有不同；从国际法上看，对于这种情形的管辖权问题，国际条约也没有将之作为例外而归入船舶或者航空器所在地国的管辖权适用范围，当然如果这种情形下的犯罪对所在地国造成危害后果的，则该国亦具有管辖权。

（2）对船舶或者航空器“内”的界定。船舶或者航空器“内”，是就空间而言，因为船舶或者航空器作为运输载体，其自然会形成一定的内部空间，即由其外壳向内形成的空间。一般而言，在这一空间之内实施的犯罪，如果该船舶或者航空器属于我国的，即应适用我国刑法予以刑事追究。通常而言，航空器大多会形成一个全封闭的空间，因而航空器“内”即对应着这个空间。不过，对于船舶而言，乃至有些航空器（如载人热气球）而言，则由于其设计的特性，并不会形成全封闭的空间，因而船舶和这些航空器的“内”，应作“之上”的理解，即在船舶和这类航空器之上，就认为已经处于其“内”。详言之，对于船舶而言，除其封闭部分（如船舱、驾驶室等）之外，对于其开放部分（如甲板），只要在这部分之上实施犯罪行为，也认为是在船舶之内犯罪，应适用我国刑法。当然，对于在船舶开放部分的犯罪，应和犯罪行为在陆地上实施相同，即船舶开放部分是犯罪行为发生的空间，而非对象。对于如载人热气球的航空器而言，亦是如此，只要是能够认为犯罪行为是以航空器所形成的空间上犯罪的，即应认为其已属于在其“内”实施犯罪，由此适用我国刑法追究行为人的刑事责任。

（四）适用《刑法》第6条第2款的特殊情形

1. 处于外国领海范围内悬挂我国国旗的船舶内犯罪的特殊情形

从《刑法》第6条第2款规定看，对在悬挂我国国旗的船舶内犯罪，应当适用我国刑法追究犯罪人的刑事责任。不过，根据《联合国海洋法公约》第27条的规定，当我国船舶在其他国家领海航行时，存在下列情形时，沿海国可以行使刑事管辖权：（1）罪行的后果及于沿海国；（2）罪行属于扰乱当地安宁或领海的良好秩序的性质；（3）经船长或船旗国外交代表或领事官员请求地方当局予以协助；（4）这些措施是取缔违法贩运麻醉药品或精神调理物质所必要的。当出现上述情形时，沿海国可以行使刑事管辖权，不过，并不因此否定我国同时具有管辖权。换言之，对于上述情形所指的犯罪，我国仍可以根据《刑法》第6条第2款规定行使管辖权，而沿海国则根据上述条约规定及其国内刑法行使管辖权。当然，由此会形成刑事管辖权冲突的情况，从目前看，应采取“先理为优”的原则予以处理，即哪一国先行调查、处理，则由哪一国追究其刑事责任。

不过，以上所述“船舶”不包含军舰和其他用于非商业目的的政府船舶。根据《联合国海洋法公约》以及国际惯例，军舰和其他用于非商业目的的政府船舶相对于沿海国而言具有豁免权，由这类船舶给沿海国造成损失或损害，船旗国应负国际责任。进言之，从国际法上看，在航行于他国领海上的我国军舰和其他用于非商业目的的政府船舶内的犯罪，由于这些船舶相对于沿海国具有豁免权，因而我国对这类船舶内犯罪具有排他的刑事管辖权，而沿海国则不应适用其本国刑事法律进行追究。

2. 处于公海的悬挂我国国旗的船舶内犯罪的特殊情形

对于在公海航行的、悬挂我国国旗的船舶内犯罪的情形，根据《刑法》第6条第2款规定，应适用我国刑法追究其刑事责任。不过，根据《联合国海洋法公约》有关规定，以下几种情形应予以特别考虑：

（1）关于碰撞事项或任何其他航行事故的刑事管辖权

该公约第97条第1款规定：遇有船舶在公海上碰撞或任何其他航行事故涉及船长或任何其他为船舶服务的人员的刑事或纪律责任时，对此种人员的任何刑事诉讼或纪律程度，仅可向船旗国或此种人员所属国的司法或行政当局提出。不过，该条第3款规定，船旗国当局以外的任何当局，即使作为一种调查措施，也不应命令逮捕或扣留船舶。从该条规定看，在公海上发生碰撞或发生其他航行事故时，如果船旗国船长或其他为船舶服务的人员涉嫌犯罪，则受害方可以向船旗国或者此种人员的所属国的司法当局提出，由后者进行调查和追究；相关其他国家或者地区的当局可以进行调查，但不应命令逮捕涉嫌犯罪的人员或者扣留船舶。

（2）有关贩运奴隶的问题

该公约第99条（贩运奴隶的禁止）规定："每个国家应采取有效措施，防止和惩罚准予悬挂该国旗帜的船舶贩运奴隶，并防止为此目的而非法使用其旗帜。在任何船舶上避难的任何奴隶，不论该船悬挂何国旗帜，均当然获得自由。"而如某一船舶在公海航行时被"有合理根据"地怀疑贩运奴隶，则根据该公约第110条，他国军舰具有登临权，即登临该船舶进行检查。根据该条规定，军用飞机以及经正式授权并有清楚标志可以识别的为政府服务的任何其他船舶或飞机，也可以行使登临权。

（3）有关海盗行为的问题

该公约第100条（合作制止海盗行为的义务）规定："所有国家应尽最大可能进行合作，以制止在公海上或在任何国家管辖范围以外的任何其他地方的海盗行为。"何为"海盗行为"，该公约第101条规定："下列行为中的任何行为构成海盗行为：（a）私人船舶或私人飞机的船员、机组成员或乘客为私人目的，对下列对象所从事的任何非法的暴力或扣留行为，或任何掠夺行为：（i）在公海上对另一船舶或飞机，或对另一船舶或飞机上的人或财物；（ii）在任何国家管辖范围以外的地方对船舶、飞机、人或财物；（b）明知船舶或飞机成为海盗船舶或飞机的事实，而自愿参加其活动的任何行为；（c）教唆或故意便利（a）或（b）项所述行为的任何行为。"对于军舰、政府船舶或政府飞机由于其船员或机组成员发生叛变并控制该船舶或飞机而从事第101条所规定的海盗行为，根据该条约第102条（军舰、政府船舶或政府飞机由于其船员或机组成员发生叛变而从事的海盗行为）规定，亦视同私人船舶或飞机所从事的行为。有关海盗船舶或飞机的定义，该公约第103条规定，如果处于主要控制地位的人员意图利用船舶或飞机从事第101条所指的各项行为之一，该船舶或飞机视为海盗船舶或飞机。如果该船舶或飞机曾被用以从事任何这种行为，在该船舶或飞机仍在犯有该行为的人员的控制之下时，上述规定同样适用。对于海盗船舶或飞机国籍的保留或丧失，该公约第104条规定，船舶或飞机虽已成为海盗船舶或飞机，仍可保有其国籍；国籍的保留或丧失由原来给予国籍的国家的法律予以决定。

对于海盗船舶或飞机，根据该公约第105条（海盗船舶或飞机的扣押）规定："在公海上，或在任何国家管辖范围以外的任何其他地方，每个国家均可扣押海盗船舶或飞机或为海盗所夺取并在海盗控制下的船舶或飞机，和逮捕船上或机上人员并扣押船上或机上财物。扣押国的法院可判定应处的刑罚，并可决定对船舶、飞机或财产所应采取的行动，但受善意第三者的权利的限制。"而对由于发生海盗行为而进行的扣押，根据该公约第107条规定，只可由军舰、军用飞机或其他有清楚标志可以识别的为政府服务并经授权扣押的船舶或飞机实施。如某一船舶在公海航行时被"有合理根据"地怀疑从事海盗行为，则根据该公约第

110 条，军舰、军用飞机或者其他有清楚标志可以识别的为政府服务并经授权扣押的船舶或飞机可以登临检查。

（4）有关麻醉药品或精神调理物质的非法贩运问题

该公约第 108 条规定："1. 所有国家应进行合作，以制止船舶违反国际公约在海上从事非法贩运麻醉药品或精神调理物质。2. 任何国家如有合理根据认为一艘悬挂其旗帜的船舶从事非法贩运麻醉药品或精神调理物质，可要求其他国家合作，制止这种贩运。"如果在公海上航行的船舶，被"有合理根据"地怀疑从事非法贩运麻醉药品或精神调理物质的行为，根据该公约第 110 条，他国军舰具有登临权，即登临该船舶进行检查；军用飞机以及经正式授权并有清楚标志可以识别的为政府服务的任何其他船舶或飞机，也可以行使登临权。

（5）有关在公海从事未经许可的广播行为的问题

该公约第 109 条规定："1. 所有国家应进行合作，以制止在公海从事未经许可的广播。2. 按本公约的目的，"未经许可的广播"是指船舶或设施违反国际规章在公海上播送旨在使公众收听或收看的无线电传音或电视广播，但遇难信号的播送除外。3. 对于在公海从事未经许可的广播的任何人，均可向下列国家的法院起诉：（a）船旗国；（b）设施登记国；（c）广播人所属国；（d）可以收到这种广播的任何国家；（e）得到许可的无线电通信受到干扰的任何国家。4. 在公海上按照第 3 款有管辖权的国家，可依照第 110 条逮捕从事未经许可的广播的任何人或船舶，并扣押广播器材。"设若某一船舶在公海航行时被"有合理根据"地怀疑从事上述行为，则根据该公约第 110 条，军舰、军用飞机或者其他有清楚标志可以识别的为政府服务并经授权扣押的船舶或飞机可以登临检查。

不过，根据该公约第 95 条（公海上军舰的豁免权）的规定："军舰在公海上有不受船旗国以外任何其他国家管辖的完全豁免权。"其第 96 条（专用于政府非商业性服务的船舶的豁免权）规定："由一国所有或经营并专用于政府非商业性服务的船舶，在公海上应有不受船旗国以外任何其他国家管辖的完全豁免权。"

对处于公海的悬挂我国国旗的船舶内犯罪的特殊情形，举一例加以说明：被告人甲（非中国籍）为某外国航运公司工作人员。该外国航运公司租用我国某远洋运输公司一远洋货轮及部分船员，甲随货轮工作。当货轮行至公海区时，甲与我国某远洋运输公司乙产生矛盾，由于双方语言障碍，致使沟通中误解加深，甲为泄愤顺手拿起甲板上的斧子砍向乙，致使乙重伤。法院根据我国《刑法》第 6 条第 2 款和第 234 条规定，判处甲故意伤害罪有期徒刑 6 年。[①] 该案中，由于犯罪行为发生在具有我国国籍的船舶内，虽然行为时船舶航行于公海，但根据

---

① 引自赵秉志主编：《中国刑法案例与学理研究》，法律出版社 2004 年版，第 4 ~ 5 页。

我国《刑法》第 6 条第 2 款的规定，在我国船舶内发生的犯罪，应适用我国刑法对甲追究刑事责任。

3. 在航空器内犯罪的特殊情形

根据我国《刑法》第 6 条第 2 款的规定，在具有我国国籍的航空器内的犯罪应适用我国刑法予以追究。不过，根据国际公约，在某些情形下其他国家对这种犯罪也可能同时享有刑事管辖权。

《关于在航空器内的犯罪和犯有某些其他行为的公约》[①]（即“东京公约”）第 4 条规定：“非登记国的缔约国不得为对航空器内的犯罪行使刑事管辖权而干预飞行中的航空器，但下列情况除外：一、犯罪在该国领土上具有后果；二、犯罪人或受害人为该国国民或在该国有永久居所；三、犯罪危及该国的安全；四、犯罪违反了该国有关航空器飞行或运转的现行规则或规章；五、为确保该国遵守其在多边国际协定中所承担的任何义务，有必要行使管辖权。”根据该公约规定，在上述五种特殊情形下，航空器登记国以外的国家也具有刑事管辖权。

《关于制止非法劫持航空器的公约》（即“海牙公约”）第 4 条规定：“一、在下列情况下，各缔约国应采取必要措施，对罪行[②]和对被指称的罪犯对旅客或机组所犯的同该罪行有关的任何其他暴力行为实施管辖权：（一）罪行是在该国登记的航空器内发生的；（二）在其内发生罪行的航空器在该国降落时被指称的罪犯仍在该航空器内；（三）罪行是在租来时不带机组的航空器内发生的，而承租人的主要营业地，或如承租人没有这种营业地，则其永久居所，是在该国。二、当被指称的罪犯在缔约国领土内，而该国未按第八条的规定将此人引渡给本条第一款所指的任一国家时，该缔约国应同样采取必要措施，对这种罪行实施管辖权。三、本公约不排斥根据本国法行使任何刑事管辖权。”根据该条规定，对于非法劫持或控制航空器的各种行为，除航空器登记国具有管辖权外，航空器降落国、承租人的主要营业地国或者永久居所所在国，以及罪犯在其国内而未予以引渡的国家，都有刑事管辖权。

与海牙公约相似，《关于制止危害民用航空安全的非法行为的公约》（即

① 有关该公约的适用范围，其第 1 条规定：“一、本公约适用于：（甲）违反刑法的罪行；（乙）危害或可能危害航空器或其所载人员或财产的安全，或危害航空器上的良好秩序和纪律的行为，无论是否构成犯罪行为。二、除第三章规定者外，本公约适用于在缔约一国登记的航空器内的犯罪或犯有行为的人，无论该航空器是在飞行中，在公海上，或在不属于任何国家领土的其他地区上。三、在本公约中，航空器从其开动马力起飞到着陆冲程完毕这一时间，都应被认为是在飞行中。四、本公约不适用于供军事、海关或警察用的航空器。”

② 这里的“罪行”，根据该条约第 1 条规定，是指“（一）用暴力或用暴力威胁，或用任何其他恐吓方式，非法劫持或控制该航空器，或企图从事任何这种行为。（二）是从事或企图从事任何这种行为的人的同犯，即是犯有罪行。”

"蒙特利尔公约"）第4条也规定："一、在下列情况下，各缔约国应采取必要措施，对罪行实施管辖权：（甲）罪行是在该国领土内发生的；（乙）罪行是针对在该国登记的航空器，或在该航空器内发生的；（丙）在其内发生犯罪行为的航空器在该国降落时被指称的罪犯仍在航空器内；（丁）罪行是针对租来时不带机组的航空器，或是在该航空器内发生的，而承租人的主要营业地，或如承租人没有这种营业地，则其永久居所，是在该国。二、当被指称的罪犯在缔约国领土内，而该国未按第八条的规定将此人引渡给本条第一款所指的任一国家时，该缔约国应同样采取必要措施，对第一条[①]第一款（甲）、（乙）和（丙）项所指的罪行，以及对第一条第二款所列与这些款项有关的罪行实施管辖权。三、本公约不排斥根据本国法行使任何刑事管辖权。"根据该条规定，除航空器登记国外，犯罪行为发生地国、航空器降落地国承租人的主要营业地国或者永久居所所在国，以及罪犯在其国内但并未引渡的其他缔约国都有刑事管辖权。

对于上述公约所规定的情形，设若行为人在我国登记的航空器上实施以上公约所规定的罪行，则相关国家亦可根据公约规定行使刑事管辖权，当然并不因此否定我国对这类罪行的刑事管辖权，换言之，可适用我国刑法对这类罪行予以追究。

四、犯罪地的确定——《刑法》第6条第3款规定的理解与适用

（一）关于确定犯罪地的基础理论

在实践中，属地管辖权的行使首先要考虑的问题即是如何确定犯罪地。由于犯罪行为存在作为、不作为的差异，犯罪停止形态存在未遂与既遂的区分，共同犯罪行为亦可在多地实施，因而也就为确定犯罪地以及如何行使刑事管辖权提出诸多问题。关于犯罪地的确定，在世界范围内对此有不同的理论：[②] 主张对始于一国领土而终于别国领土的犯罪有刑事追诉权的做法是"主观领土管辖原则"，

---

① 该条规定："一、任何人如果非法地和故意地从事下述行为，即是犯有罪行：（甲）对飞行中的航空器内的人从事暴力行为，如该行为将会危及该航空器的安全；（乙）破坏使用中的航空器或对该航空器造成损坏，使其不能飞行或将会危及其飞行安全；（丙）用任何方法在使用中的航空器内放置或使别人放置一种将会破坏该航空器或对其造成损坏使其不能飞行或对其造成损坏而将会危及其飞行安全的装置或物质；（丁）破坏或损坏航行设备或妨碍其工作，如任何此种行为将会危及飞行中航空器的安全；（戊）传送明知是虚假的情报，从而危及飞行中的航空器的安全。二、任何人如果从事下述行为，也是犯有罪行：（甲）企图犯本条第一款所指的任何罪行；（乙）是犯有或企图犯任何此种罪行的人的同犯。"

② 参见高铭暄主编：《刑法学原理（第1卷）》，中国人民大学出版社1993年版，第283页。这种学说往往见于英美国家的学说和国际法理论。

也称“行为地主义”或“主体的领土管辖”。[①] 主张对那些始于别国领土而完成或实现于本国领土的犯罪，或者对本国社会秩序造成了有害后果的犯罪行使刑事管辖权的做法是“客观领土管辖原则”，也称“结果地主义”或“客体的领土管辖”。[②] 这两种主张都可能造成管辖案件的范围存在疏漏：主观领土论对结果加重犯、过失犯等以结果是否发生作为犯罪构成要件要素的犯罪类型在行使管辖权时会出现漏洞；客观领土说则对预备犯、未遂犯等没有结果发生或犯罪发生不完整的犯罪行为无能为力。[③] “主观领土论”和“客观领土论”的区分的出发点基本是从犯罪的主观方面和客观方面以及犯罪行为全部发展过程的起始作为分类根据的。由于两种主张在事实上都有不可兼及的情形，因而将两种主张相结合的立法例即形成所谓“折中主义论”的管辖学说。我国《刑法》第 6 条第 3 款规定：“犯罪的行为或者结果有一项发生在中华人民共和国领域内的，就认为是在中华人民共和国领域内犯罪。”从该条款规定可以看出，我国刑法在犯罪地的确定方

---

① 美国即采用主观领土论，并将其管辖扩大到一个犯罪构成要素发生在美国而完成在美国国外的犯罪。美国的一些州即按照主观领土论去选择管辖，对在其他州以及在外国完成的行为按照本州的法律进行管辖。参见邵沙平著：《现代国际刑法教程》，武汉大学出版社 1993 年版，第 293 页；Bassiouni，International Criminal Law，vol. II，New York：Transnational Publishers，Inc，1986，p. 11 – 12.

② 国际法律实践中最为典型适用该原则的案例就是“荷花号案”。该案案情是：1926 年 8 月，一艘法国邮船和土耳其运煤船在公海上碰撞并导致后者沉没，船上的船员与旅客伤亡。法国邮船抵达土耳其港口后，土耳其当局逮捕了法国邮船的一名负责职员，连同土耳其轮船船长，一并以过失致人死亡罪提起刑事诉讼，其适用法律根据包括土耳其刑法第 6 条规定，即“任何外国人……在国外犯有侵害土耳其或土耳其公民的罪行……应按土耳其刑法处罚，如果他在土耳其境内被捕获的话。”即根据保护管辖原则对法国邮船的负责人适用土耳其刑法追究刑事责任。而后法国政府提出抗议。1926 年 10 月，法土两国达成协议，将该案提交海牙常设国际法院。常设国际法院被请求确定：土耳其行使刑事管辖权的行为是否违反国际法。法国主张认为，只有船旗国可以对公海上的船舶上发生的犯罪具有管辖权；土耳其的答复部分理由认为，公海上的船舶是其悬挂旗帜的国家的领土。1927 年 9 月 7 日，常设国际法院作出判决，认为土耳其行使刑事管辖权的行为没有违反国际法原则。其理由即是根据客观的属地管辖原则，认为“荷花号”同土耳其轮船碰撞时犯罪人虽身在法国邮船，而其导致他人死亡的结果则发生于土耳其船上（等同于土耳其领土上）。一些法官在判决中，回避或反对土耳其依据其刑法典行使保护管辖权。客观属地原则是常设国际法院多数观点的基础，而在适用这一原则时，不得不将土耳其船舶视为土耳其的领土，正是基于此，碰撞才影响到土耳其的领土。国际常设法院的这一判决及理由存在很大争议。引自［英］伊恩·布朗利著，曾令良等译：《国际公法原理》，法律出版社 2003 年版，第 332 页；林欣、李琼英著：《国际刑法新论》，中国人民公安大学出版社 2005 年版，第 47 ~ 48 页。

③ 参见赵秉志主编：《刑法基础理论探索》，法律出版社 2002 年版，第 495 页。这种分类方式往往见于大陆法系国家的理论。

面采取遍在说，即当犯罪行为与犯罪结果处于两个以上国家的情形下，只要其中有一项发生我国领域内，即应适用我国刑法追究行为人的刑事责任。

理论界还有一种对现有立法例及学说的分类方法：[①]（1）行为地说。认为犯罪是行为，因而行为人实际实施犯罪行为的地点或场所就是犯罪地；不作为犯罪则以义务的来源地或发生地为犯罪地。（2）结果地说。认为行为人实施犯罪行为所导致的结果发生地为犯罪地。对于未遂犯，则有不同见解，或认为应以结果应发生之地为犯罪地，或认为应以法益侵害的危险地为犯罪地。（3）中间地说。认为犯罪行为与结果之间的场所为犯罪地。（4）遍在说。认为行为实施地与结果发生地都是犯罪地，行为或结果有一项发生在一国或者地区内，就适用该国或者地区刑法。上述观点的分歧实质上在于，对于一个犯罪所具有的多个要素，究竟应以哪一要素为标准来确定犯罪发生地。实质上，这种分类方法与前段所述分类方法虽然在区分角度上有所不同，但是两者的具体分类具有很大的相似性："主观领土论"与行为地说、"客观领土论"与结果地说、"折中主义论"与遍在说的结论具有相当的一致性。目前许多国家和地区对于跨国（境）犯罪都采取遍在说，并为一些国际条约所接受，如1929年《禁止伪造货币公约》、1936年《禁止非法买卖麻醉品公约》、1961年《麻醉品单一公约》、1971年《精神药物公约》等。[②]

当然不同立法例在具体规定上又有所不同，具体包括四种规定方式：[③] 一是规定行为或结果的发生地为犯罪地，至于是全部发生地还是部分发生地则不明确。如《德国刑法典》第9条第1款规定："行为进行的地点，是行为人行动的地点，或者在不作为的情形中是必须行动的地点或者是属于构成要件的结果出现的地点或者是按照行为人的想法应该出现的地点。"[④] 又如《瑞士刑法典》第7条第1款规定："行为人实施重罪或轻罪之地和行为结果发生之地，均为犯罪地。"二是规定行为地、结果全部或一部发生地为犯罪地。如《奥地利刑法典》第67条规定："犯罪行为地以其行为施行之地或应施行行为之地或犯罪结果全部或一部所发生之地或行为人设想应当发生之地为准。"三是规定行为的全部或一部发生地、结果地为犯罪地。如《意大利刑法典》第6条第2款规定："当构成犯罪的作为或者不作为全部或部分发生在意大利，或者因上述作为或不作为而

① 张明楷著：《外国刑法纲要》，清华大学出版社1999年版，第46~47页。

② 参见赵秉志主编：《海峡两岸刑法总论比较研究》，中国人民大学出版社1999年版，第64页。

③ 张明楷著：《外国刑法纲要》，清华大学出版社1999年版，第46~47页。

④ 参见冯军译：《德国刑法典》，中国政法大学出版社2000版，第7页。

产生的后果发生在意大利时，犯罪被认为实施于意大利国家领域。”① 四是规定构成犯罪事实的一部分发生地即为犯罪地，无论其是行为（全部或部分）还是结果（全部或部分）。例如，《法国刑法典》第 113 - 2 条第 2 款规定：“构成犯罪之事实有一项发生在共和国领域内，视为在共和国领域内犯罪。”② 我国大陆地区刑法、台湾地区“刑法”、澳门特别行政区刑法都采“遍在说”的主张：大陆地区刑法与台湾地区“刑法”都规定犯罪的行为或结果有一项发生在境内，即视为在本国或者地区内犯罪；《澳门刑法典》第 7 条的规定和上述第三种立法例相同。按照香港特别行政区法律，香港特别行政区法院只对已被香港特别行政区法律规定为罪行并在香港特别行政区内发生或完成或在香港特别行政区以外由香港特人管理的飞机内发生的犯罪案件拥有地域司法管辖权；③ 从该规定分析，香港实际上也坚持遍在说。

（二）犯罪行为和结果存在于两个及两个以上国家或地区的类型

犯罪行为和结果具有“国际性”或者“跨国性”的刑事案件具体可以区分为两种情况：

一是犯罪行为的跨国，即犯罪行为跨越两个或两个以上国家和地区。如行为人在 A 国或地区对他人实施非法拘禁，后转移到 B 国或地区对被害人继续进行非法拘禁。在这种情形下，犯罪行为持续地发生在两个或两个以上国家或者地区。具体包括以下几种情形：（1）犯罪的实行行为、预备行为不在一地，兼跨两个或两个以上国家或者地区。例如，行为人在 A 国策划实施在 B 国谋杀的行为，并为实施谋杀行为准备了工具、制造了条件，而后根据其计划在 B 国将被害人杀死。此例中，行为人实施的犯罪预备行为和实行行为分处两个国家。设若 A 国处罚谋杀的预备或者阴谋行为，则两国都是犯罪地。（2）犯罪由多人共同实施，但多个共同犯罪行为分处于多个国家和地区。例如，行为人甲在 A 国实施策划行为，行为人乙在 B 国实施贩卖毒品行为，行为人丙在 C 国实施相应的洗钱行为。此例中，贩卖毒品及事后洗钱的共同行为处于不同国家，则相关各国都是犯罪地。（3）一人持续在不同的国家或者地区犯一罪。从罪数理论上讲，即指继续犯（又称持续犯）的情形。继续犯，是指犯罪行为自着手实行之时直至其构成既遂且通常在既遂之后至犯罪行为终了的一定时间内，该犯罪行为及其所引起的不法状态同时处于持续过程中的罪数形态。④ 在这种情形下，当行为人

---

① 参见黄风译：《意大利刑法典》，中国政法大学出版社 1998 年版，第 6 页。

② 参见罗结珍译：《法国刑法典》，中国人民公安大学出版社 1995 年版，第 4 页。

③ 参见赵秉志主编：《香港刑事诉讼程序法纲要》，北京大学出版社 1997 年版，第 1 页。

④ 参见赵秉志主编：《刑法新教程》，中国人民大学出版社 2001 年版，第 264 页。

在一国或者地区内实施犯罪并达既遂，而犯罪行为及其不法状态在另一个国或者地区继续存在，则两国或者地区对之都可以主张地域管辖权。例如，行为人在A国将被害人绑架后，将被害人劫持至B国，被害人最终在B国被营救。此例中，行为人实施的绑架行为持续地发生在两个国家，两个国家都是犯罪地。例如，被告人威廉·平·陈（美国公民）置上海某纸业有限公司中方管理人员的多次反对于不顾，以营利为目的，于1995年7月至12月违反我国海关法规和环境保护的有关规定，冒用中国出口商品基地建设安徽省和浙江省畜产进出口公司名义，将在美国境内产生的，分装在16只集装箱内的固体废物238吨，假报为废纸或混合纸，分别通过沱河号货轮v165航次、罗斯福总统号货轮v112、v113航次、华盛顿总统号货轮v126航次、林肯总统号货轮v130航次非法运抵我国上海市吴淞港区和外高桥港区。经鉴定，上述238吨废物均系我国禁止进口的废物。法院依照全国人大常委会《关于惩治走私罪的补充规定》第4条第1款第1项和1979年《刑法》第3条、第30条之规定，作出判决：被告人威廉·平·陈犯走私罪，判处有期徒刑10年，罚金人民币50万元，并驱逐出境。就该案而言，法院以我国1979年《刑法》第3条有关属地管辖的规定作为行使刑事管辖权的根据，其理由在于：被告人实施的走私废物的行为自美国开始至我国结束，其走私行为部分发生在我国，因而我国可以行使属地管辖权。①

现行刑法相关司法解释对有关犯罪行为跨国的属地管辖也作出规定。例如，1998年12月24日最高人民检察院法律政策研究室《关于以出卖为目的的倒卖外国妇女的行为是否构成拐卖妇女罪的答复》认为：《刑法》第240条明确规定："拐卖妇女、儿童是指以出卖为目的，有拐骗、绑架、收买、贩卖、接送、中转妇女、儿童的行为之一的。"其中作为"收买"对象的妇女、儿童并不要求必须是"被拐骗、绑架的妇女、儿童"。因此，以出卖为目的，收买、贩卖外国妇女，从中牟取非法利益的，应以拐卖妇女罪追究刑事责任。但确属为他人介绍婚姻收取介绍费，而非以出卖为目的的，不能追究刑事责任。2000年1月25日起施行的最高人民法院《关于审理拐卖妇女案件适用法律有关问题的解释》则十分明确地规定：《刑法》第240条规定的拐卖妇女罪中的"妇女"，既包括具有中国国籍的妇女，也包括具有外国国籍和无国籍的妇女。被拐卖的外国妇女没有身份证明的，不影响对犯罪分子的定罪处罚。外国人或者无国籍人拐卖外国妇女到我国境内被查获的，应当根据《刑法》第6条的规定，适用我国刑法定罪

① 引自上海律师热线，http://www.lawyerhotline.com.cn/law/show_222469.aspx. 2012年2月15日访问。在本案中，被告人辩称其妻为美国驻华外交人员，提出其刑事责任应通过外交途径解决。后经法院查明，被告前妻为外交人员，因双方已经离婚，被告不再享有豁免权。

处罚。2010 年 3 月 15 日最高人民法院、最高人民检察院、公安部、司法部《关于依法惩治拐卖妇女儿童犯罪的意见》也指出：要进一步加大对跨国、跨境拐卖妇女、儿童犯罪的打击力度。加强双边或者多边“反拐”国际交流与合作，加强对被跨国、跨境拐卖的妇女、儿童的救助工作。依照我国缔结或者参加的国际条约的规定，积极行使所享有的权利，履行所承担的义务，及时请求或者提供各项司法协助，有效遏制跨国、跨境拐卖妇女、儿童犯罪。根据上述司法解释和解释性文件，对跨国、跨境拐卖妇女、儿童的犯罪行为，应适用我国刑法予以追究，而行使管辖权根据即在于《刑法》第 6 条。进言之，从学理上看，当拐卖妇女、儿童的部分行为发生于我国领域内的，即视为在我国领域内实施，进而应根据我国刑法规定追究行为人的刑事责任。

二是“隔地犯（Partition - Space Offense）”的情形，即犯罪行为在一国或者地区发生，而结果发生在另一国或地区。例如，2006 年 8 月 12 日，朴某为发泄个人不满，潜入韩国首尔仁川国际机场，将一架韩国航空公司的当日将由首尔飞往中国上海的波音 767 型旅客飞机（机上乘客均为赴中国旅游观光的韩国公民）的通信导航系统破坏。当日北京时间下午 3 点，该飞机起飞，约半小时后，机长发现通信导航系统工作出现严重偏差，有可能发生坠机事件。经过努力，飞机于当日北京时间下午 4 点 30 分安全降落于上海浦东国际机场，飞机机体遭受严重破坏，所幸旅客没有重大伤亡。2006 年 9 月 1 日，朴某进入中国境内旅游，被我公安人员发现后拘捕。[①] 法院根据我国《刑法》第 6 条、第 116 条的规定，以破坏交通工具罪判处朴某有期徒刑 8 年。在这种情形下，虽然被破坏飞机为韩国籍，飞机上的乘客为韩国人，破坏飞机的行为发生在韩国，但是该行为所造成的危险结果却在中国领域内发生，即犯罪结果在中国领域内，根据我国《刑法》第 6 条第 3 款规定，我国具有属地管辖权。

在上述各种情形中，只要是犯罪行为，无论是预备行为还是实行行为，无论是实行行为还是帮助行为、教唆行为，无论犯罪的全部行为还是部分行为，以及无论是犯罪行为还是犯罪结果，只要在我国领域内发生的，都应适用我国刑法予以追究。

（三）跨国（境）犯罪之犯罪地的认定

这里所说的跨国（境）犯罪仅指跨越国境或者跨越一国与一个非国家地区之间边境的犯罪，而不包括一国范围内在不同法域之间的跨境行为。就我国而言，即只包括犯罪行为及结果跨越我国国境的行为，而不包括犯罪行为及结果跨越内地与港澳台之间边境的行为。从语义上看，跨国（境）犯罪是比跨境犯罪

---

① 引自赵秉志主编：《刑法教学案例》，法律出版社 2007 年版，第 12 页。

相对狭窄的概念。跨境犯罪，使用上有狭义、广义之分。狭义之跨境犯罪，仅指跨越不同国或者地区边境之犯罪；广义之跨境犯罪，则既包括跨越国境之犯罪，又包括跨越一国之内不同法域边境之犯罪。[①] 有论者认为，跨境犯罪是指犯罪人跨越国（边）境的情形；[②] 还有论者认为，跨境犯罪既包括犯罪的行为或结果跨越国（边）境，也包含犯罪人跨越国（边）境的情形。[③] 刘明祥教授认为，这两种定义方式是从犯罪学、国际刑法学的角度出发的，而“在刑法学上，对跨国（境）犯罪应该从狭义上理解，即仅指犯罪的行为或结果跨越国（边）境的情形”[④]。上述论者是否基于犯罪学和国际刑法学来下定义，国际刑法学关注的重点是否是犯罪人，笔者不敢妄断，但笔者倾向于将跨境犯罪定义为犯罪行为或结果跨越国（边）境的行为，也就是说排除了犯罪行为本身不具有“跨国或者地区性”的行为，理由主要在于：一个国家或者地区公（居）民在另一个国家或者地区犯罪，是行为人跨越国（边）境，而犯罪行为本身却没有超越一个国家或者地区的控制范围；而行为人单纯的跨越国（边）境的行为（不考虑偷渡的情形，偷渡本身即为跨国（境）犯罪）并不是犯罪行为，所以仅仅因为行为人是他国或者地区公（居）民的犯罪不宜称为跨国（境）犯罪。跨国（境）犯罪的事实特征，就是犯罪的全部客观事实在两个以上国家或者地区内发生。从中国的实际出发，跨境犯罪既包括中国范围内四个法域内发生的跨境犯罪，也包括跨越中国国境并涉及其他国家和地区的跨境犯罪（即跨国犯罪）。实践中，在很多情形下，犯罪行为及结果既跨法域又跨国，并由此呈现复杂的刑事管辖权并存和冲突的局面。例如，从东南亚某国购买毒品经中国内地、香港特别行政区然后转运美国，整个贩卖、运输毒品的行为涉及四国或者地区，而四国或者地区均可主张属地（地域）管辖权。又如，台湾人陈某伙同多位日本人，共同自中国大陆走私枪械到日本，转卖给日本黑社会，这个案子虽与台湾无涉，台北“地方法院”审理后，依违反“枪炮弹药刀械管制条例”，判处其有期徒刑 7 年。[⑤] 再如，2000 年 9 月，香港警方与内地公安机关合作，破获了全球最大宗制售冰毒案，查获冰毒达 17 吨，市值约 56 亿港元。在涉案被捕的 40 名嫌犯中，其中一半为香港人，而集团头目也为香港人。该集团生产的冰毒一律销往海外，主要是

---

① 参见刘明祥：《跨境犯罪若干问题探讨》，载何超明、赵秉志主编：《区际刑事司法协助研究》，澳门特别行政区检察院、澳门检察律政学会 2002 年出版，第 287 页。

② 参见赵永琛主编：《跨国犯罪对策》，吉林人民出版社 2000 年版，第 1 ~ 2 页。

③ 参见赵秉志等著：《跨国跨地区犯罪的惩治与防范》，中国方正出版社 1996 年版，第 4 页。

④ 参见刘明祥：《跨境犯罪若干问题探讨》，载何超明、赵秉志主编：《区际刑事司法协助研究》，第 288 页。

⑤ 佚名：《在大陆犯罪，在台湾判刑》，载《联合日报》1991 年 9 月 14 日第 3 版。

先运到菲律宾，再由该国的国际毒贩接手，销往世界多个地方。[①] 如果说，跨国（境）犯罪概念是对一种特殊犯罪现象进行归纳的话，刑法学所关心的是，如何确定这种情形下的刑事管辖权的归属。从目前看，绝大多数国家和地区都采用以属地管辖为主的折中主义，因而对于跨国（境）犯罪应当首先确定犯罪地。犯罪地的确定是行使刑事管辖权的基本前提。

对于跨国（境）犯罪中犯罪地确定问题，应注意以下两个方面：

1. 跨国（境）犯罪中“行为”与“结果”的界定

跨国（境）犯罪指犯罪行为或结果跨越国（边）境的行为，对于“犯罪行为”和“犯罪结果”的内涵需要澄清。由于大多数国家和地区在犯罪地的确定上采“遍在说”，因而“犯罪行为”与“犯罪结果”的界定即影响到犯罪地的确定，进而影响到刑事管辖权的有无。

这里的犯罪行为应指，行为人实施的符合刑法具体罪刑规范应当予以刑罚处罚的行为；其不仅指犯罪的实行行为本身，还包括预备行为，当然该预备行为根据刑法应当是可罚的；在共同犯罪的情形下，犯罪行为既包括实行行为，也包括共犯行为（组织、教唆、帮助行为）；[②] 在间接实行犯的情形下，犯罪行为既包括间接实行犯的行为，也包括被利用的他人的行为。对此，我国《澳门特别行政区刑法典》第 7 条规定，行为人作出全部或部分行为之地即为犯罪地。我国《香港特别行政区刑事司法管辖条例》赋予香港法院对许多不诚实的罪行（Offences of Dishonesty）享有司法管辖权，包括盗窃罪、诈骗罪、欺骗罪、勒索罪、伪造罪及伪造账目罪，但与犯罪有关的“有关事件”必须在香港发生，才可以进行管辖；所谓“有关事件”指“任何为裁定被告人犯有该罪行而必须证明的任何作为、不作为或其他事件（包括一个或多个作为或不作为的结果）。”[③]

---

① 引自《法制日报》2000 年 9 月 27 日第 8 版。

② 德国刑法对于共犯行为进行了特殊规定，其刑法典第 9 条第 1 款规定：“参与进行的地点，既是行为进行的地点，也是参与人行动的每个地点，或者在不作为的情形中是必须行动的每个地点，或者是按照参与人的想法行动应该进行的每个地点。如果国外行为的参与人在国内行动的，那么，德国刑法适用于该参与活动，即使该行为根据行为地的法律没有用刑罚加以威吓。”《澳门刑法典》第 7 条也规定，“以共同犯罪之任一方式作出行为者”，也视为“作出事实之地”。按照香港的法律，如果在香港共谋并在香港实施犯罪的，或如果共谋在国外策划，但参与各方或不知情的人在香港实施，不论在犯罪之前共谋者是否在香港，香港法院拥有司法管辖权；对“在香港以外的地区与他人共谋，教唆他人或者企图在香港犯刑事罪行的被告人”，香港法院有司法管辖权。参见赵秉志主编：《香港刑事诉讼程序法纲要》，北京大学出版社 1997 年版，第 1、2 页。

③ 参见江乐士：《区域合作打击跨境及跨国有组织罪行》，载何超明、赵秉志主编：《区际刑事司法协助研究》，澳门特别行政区检察院、澳门检察律政学会 2002 年出版，第 272 页；另见赵秉志主编：《香港刑事诉讼程序法纲要》，北京大学出版社 1997 年版，第 2 页。

这里的“犯罪结果”，不限于犯罪构成要件的危害结果，还包括非构成要件的危害结果；不仅包括实害结果，还包括危险结果。[①] 需要明确的是，这里的犯罪结果仅应指物质性结果，即现象形态表现为物质性变化的危害结果。[②] 这里的“犯罪结果”不应包含非物质性结果，仅仅在另一国或者地区造成非物质性结果的犯罪不是跨国（境）犯罪。理由在于：非物质性结果实际上就是对被害人造成的消极影响；当被害人在另一国或者地区时，将这种结果地也视为犯罪地则会导致属地管辖的过度扩张；对于这种情形依据保护管辖原则即为已足。需要特别强调的是，“危险结果”也应当是可能形成物质性结果的危险状态。

2. 关于不作为犯与未遂犯的犯罪地的确定

关于跨国（境）犯罪的犯罪地确定问题，应特别考虑不作为犯和未遂犯的情形：

（1）关于不作为犯的犯罪地的确定问题

《德国刑法典》第 9 条第 1 款规定“必须行为的地点”、“属于构成要件的结果出现的地点”或者“按照行为人的想法应该出现的地点”都可以是犯罪地；《澳门特别行政区刑法典》第 7 条也规定，“如属不作为之情况，行为人应作出行为之地”，应视为作出事实之地。不作为，即是行为人负有实施某种行为的特定法律义务，能够履行而不履行的危害行为。将行为人应当实施某种行为的地点视为犯罪地是妥当的，对犯罪人而言，其违背特定法律义务就已形成不法侵害，而此时的空间范围即是应履行义务的地点。不作为犯所发生的结果地应视为犯罪地自无疑义，对其行为地的确定，从论理解释的角度出发，亦应以犯罪人应当作出行为的地点为不作为犯的犯罪行为实施地。

（2）关于未遂犯的犯罪地的确定问题

在未遂犯的情形下，“遍在说”认为犯罪行为之地及“犯罪人愿意结果发生之地”、“可能发生结果之地”都是犯罪地。[③] 例如，甲从 A 国或者地区向 B 国或者地区的乙邮寄含有毒药的食品，意图致乙死亡；但是该邮包在过境时丢失。按照遍在说的观点，则 B 国或者地区即为“犯罪人愿意结果发生之地”。在这种情形下，实际上未遂犯的犯罪行为已经对 B 国或者地区公民的人身安全构成危险，因而这里的结果地也可理解为“危险结果地”。对于未遂犯的犯罪地确定问题，《瑞士刑法典》第 7 条第 2 款规定：“在犯罪未遂情况下，行为人实施该犯罪之地和行为人希望结果发生之地，同样为犯罪地。”我国香港特别行政区的法律也规定，“如果该共谋与香港有任何关连，并且共谋人意图实施的犯罪是在香

① 赵秉志主编：《中国刑法实用》，河南人民出版社 2001 年版，第 15 页。

② 参见高铭暄主编：《新编中国刑法学》，中国人民大学出版社 1998 年版，第 127 页。

③ 张明楷著：《外国刑法纲要》，清华大学出版社 1999 年版，第 47 页。

港应受惩罚的"，香港法院有司法管辖权；"对于意图犯实际上对香港'有影响'的罪行而未遂的被告人"，香港法院有司法管辖权；但对于在香港策划并在国外实施的犯罪共谋，香港法院则无司法管辖权。①

我国内地刑法并没有对未遂犯的情形予以特别规制，有观点认为，在结果地的确定上，"从有利于实务操作的角度出发，以结果的实际发生为标准是切实可行的，因为行为人的预想的结果发生地不好确定"，并认为"如果犯罪行为不在我国领域内发生，也无任何结果在我国领域内发生，即使行为人预想在我国发生的危害结果有多么严重，我国也不应行使管辖权。"其理由是，我国《刑法》第6条关于结果"发生"在我国领域内之规定应理解为"实际发生"。② 笔者认为，在这种情形下，不能说没有任何结果在国内发生，事实上存在危险结果的发生，即已经对本国法益安全构成危险；对这种情形不行使管辖权不利于对本国利益的保护。因而从法理层面进行推演，应当认为"犯罪人希望发生结果之地"也属于犯罪结果地。

第三节　与属地管辖相关的其他问题

本章第二节就《刑法》第6条对属地管辖权的一般规定进行了分析和诠释。与属地管辖相关，需要对以下问题进行讨论。

一、在我国驻外使馆内实施的犯罪应适用我国刑法

我国刑法并没有对在我国驻外使馆内实施犯罪的情形作出规定，而根据国际条约的规定，对于在一国驻他国使馆内的犯罪，由该国行使刑事管辖权。

根据《维也纳外交关系公约》的规定，一国之驻外使馆享有一定的特权和豁免。具体包括：（1）使用国旗和国徽。根据该公约第20条的规定，"使馆及其馆长有权在使馆馆舍，及在使馆馆长寓邸与交通工具上使用派遣国之国旗或国徽"。（2）使馆馆舍不可侵犯。根据该公约第1条第（壬）项的规定，"使馆馆舍，是指供使馆使用和供使馆馆长寓邸之用之建筑物或建筑物的各部分，以及其所附属之土地，所有权的归属，则在所不问"。第21条规定，"接受国应便利派遣国依照接受国法律在其境内置备派遣国使馆所需之馆舍，或协助派遣国以其他方法获得馆舍；接受国遇必要时，并应协助使馆为其人员获得适当之馆舍"。第22条规定："一、使馆馆舍不得侵犯。接受国官吏非经使馆馆长许可，不得进入

① 参见赵秉志主编：《香港刑事诉讼程序法纲要》，北京大学出版社1997年版，第2页。

② 参见赵秉志主编：《中国刑法实用》，河南人民出版社2001年版，第15页。

使馆馆舍。二、接受国负有特殊责任，采取一切适当步骤保护使馆馆舍免受侵入或损害，并防止一切扰乱使馆安宁或有损使馆尊严之情事。三、使馆馆舍及设备，以及馆舍内其他财产与使馆交通工具免受搜查、征用、扣押或强制执行。”（3）档案和文件不可侵犯。第24条规定，“使馆档案及文件无论何时，亦不论位于何处，均不得侵犯”。（4）行动及旅行自由。第26条规定，“除接受国为国家安全设定禁止或限制进入区域另订法律规章外，接受国应确保所有使馆人员在其境内行动及旅行之自由”。（5）通信自由。第27条规定：“一、接受国应允许使馆为一切公务目的自由通信，并予保护。使馆与派遣国政府及无论何处之该国其他使馆及领事馆通信时，得采用一切适当方法，包括外交信差及明密码电信在内。但使馆非经接受国同意，不得装置并使用无线电发报机。二、使馆之来往公文不得侵犯。来往公文指有关使馆及其职务之一切来往文件。三、外交邮袋不得予以开拆或扣留。四、构成外交邮袋之包裹须附有可资识别之外部标记，以装载外交文件或公务用品为限。五、外交信差应持有官方文件，载明其身份及构成邮袋之包裹件数；其于执行职务时，应受接受国保护。外交信差享有人身不得侵犯权，不受任何方式之逮捕或拘禁。六、派遣国或使馆得派特别外交信差。遇此情形，本条第五项之规定亦应适用，但特别信差将其所负责携带之外交邮袋送交收件人后，即不复享有该项所称之豁免。七、外交邮袋得托交预定在准许入境地点降落之商营飞机机长转递。机长应持有官方文件载明构成邮袋之邮包件数，但机长不得视为外交信差。使馆得派馆员一人向飞机机长自由取得外交邮袋。”（6）免纳捐税、关税。该公约第23条规定：“派遣国及使馆馆长对于使馆所有或租赁之馆舍，概免缴纳国家、区域或地方性捐税，但其为对供给特定服务应纳之费者不在此列，但是，对于与派遣国或使馆馆长订立承办契约者依接受国法律应纳之捐税不适用之。”第28条规定，“使馆办理公务所收之规费及手续费免征一切捐税”。

对于一国驻外使馆的法律地位，在国际法上，以往认为使馆馆舍具有“治外法权”。换言之，出于所有的目的在法律上把使馆比作派遣国属地管辖权的区域。不过，现在占主流地位的观点兼顾代表性说与职务需要说的学说。[①] 而对于在驻外使馆内犯罪的问题，国内学界则主要有四种学说：[②]（1）派遣国领域说。该说将一国驻外使馆直接视为派遣国的领域范围，因而认为在使馆内发生的任何犯罪应适用派遣国刑法。也有学者认为，不是将使馆直接视为派遣国的领域，而

① ［英］伊恩·布朗利著，曾令良等译：《国际公法原理》，法律出版社2003年版，第307页。

② 黄风、徐吉童：《略论使馆不是派遣国领土的延伸》，载《政治与法律》2008年第5期。

是将其视为“派遣国领土的延伸”。持此观点者指出，根据《维也纳外交关系公约》的规定及按对等原则所确立的国际惯例，各国刑法都把本国使领馆作为本国领土的延伸，在驻外使领馆发生的犯罪适用本国刑法。（2）驻在国领域说。针对上述“派遣国领域说”者的主要理由，持该说者针锋相对地认为，从外交代表和使馆馆舍享有外交特权和豁免这一法则，不能推论出“使馆是派遣国的领域”这样的结论。有学者进一步指出，我国刑法关于空间适用范围的规定没有将使馆馆舍包括在内，这恰恰表明我国刑法不认为使馆馆舍所在地是派遣国的领土延伸部分。该论者认为我国刑法的规定也符合一般国际法的普遍规则，并援引国际法实践，指出国际法院的判决也已经表明，使馆馆舍所在地并不是派遣国领土的延伸部分，在其内发生的犯罪行为应被视为发生在驻在国领土上。在我国刑法理论界，只有少数学者支持“驻在国领域说”；但在我国国际法学界，驻在国领域说似乎是处于主导地位的通说。（3）拟制领土说。有学者采用与上述“派遣国领域说”者相同的理由来论证“拟制领土说”，即按照《维也纳外交关系公约》的规定，一国驻外大使馆不受接受国的司法管辖而受派遣国的司法管辖，因此，在本国驻外使馆内犯罪的，也应适用本国刑法，此属于拟制领土。持此说的学者一方面肯定派驻国刑法对驻外使馆内发生的犯罪享有刑事管辖权，但另一方面，对这一管辖权的性质和根据却存在着分歧。一种观点认为，这种对一国本土以外发生的刑事犯罪享有的管辖权，通常被称为旗国主义，是属地管辖原则的一种补充形式。另一种观点认为，根据国际公约和中外国际法学界的主流观点，对在法律拟制领土里所发生的犯罪行使的管辖权并不属于属地管辖权，而为“专属管辖权”。拟制领土说的结论是：对于在使馆、领馆内实施的犯罪行为，应当依据派遣国刑法适用的属地管辖原则，适用派遣国刑法。（4）主权所及说。此说试图从国家主权与刑法效力关系的角度说明驻外使馆的法律性质，认为各国驻外使馆虽在外国领域内，但按照国际法原则它并不服从接受国之裁判权，故本国驻外使馆亦为本国法权之所及，因此，在本国驻外使馆内犯罪者，应当适用本国刑法。该说的一个特点是，首先承认各国驻外使馆属于驻在国领域，但是，又认为它必然受派遣国指挥和管辖，究其原因在于国家主权之所系。这也成为了持该说者解释外交特权与豁免的依据，认为外交特权与豁免的前提是国家主权，是国家主权在外交关系中的表现，或者说延伸；这种主权还表现在：派遣国的使馆及其区域本身是派遣国的主权管辖区域，神圣不可侵犯。该学说进一步指出进入馆舍及其所在地，视作进入使馆派遣国的“管辖地”。但是，这种“管辖地”的土地所有权一般属于使馆所在国国家，只是相互无偿提供给对方使用，这与国际法上的领土有根本区别。

对于上述“派遣国领域说”、“拟制领土说”和“主权所及说”，虽然对使馆与派遣国领域的关系作出了不同的解释，但三种学说之立论前提都是：“一国驻外使馆仍处于派遣国的国家主权之下，或者说同样享有主权，正是基于这种主权，派遣国使馆才不受接受国的司法管辖，而仅接受派遣国的司法管辖，因而，驻外使馆享有刑事管辖豁免。”① 这三种学说实际上都受到传统上国际法理论中“治外法权”学说的影响，即认为驻外领馆视为派遣国的领域。在今天看来，这三种学说都不具有说服力。正如意大利学者所说，“意大利驻外使领馆的馆舍不是我国（即意大利）的领域，外国驻意大利的使领馆也不是外国的领土。认为上述地方享有‘治外法权’是不对的，因为这些地方实际上只是享有特殊的、限制所在国强制行使权力的豁免权，但它们仍然是所在国领土的一部分。”② 俄罗斯学者也认为：“俄罗斯联邦共和国驻外国使馆的区域和悬挂俄罗斯联邦旗帜的大使汽车不是俄罗斯联邦的领土。但是使馆的建筑物和大使的汽车享有外交豁免权。”③ 正如前文所述，目前关于使馆地位的理论，国际法理论主流观点是持“代表性说”和“职务需要说”，而这两种学说并不认为使馆属于派遣国的领域，而之所以认为使馆对其馆舍内事务具有管辖权，是基于使馆为一国代表之所在地，并为了保证外交代表顺利地执行其职务。这两种学说能够比较好地说明给予使馆以特权和豁免的根据。所以，上述“派遣国领域说”、“拟制领土说”和“主权所及说”在今天看来是不妥当的，而该领域仍属于接受国领域。

在我国驻外使馆内犯罪的情形，由于驻外使馆所在地仍属于接受国之领域，而非在我国领域，因此，对使馆内的犯罪，即不应根据《刑法》第 6 条规定之属地管辖权予以追诉，而应根据《刑法》第 7 条或第 8 条之规定行使管辖权。由于驻外使馆具有相应的特权和豁免，接受国即不再优先行使属地管辖权。

二、在我国的外国使馆内犯罪的，在特定情形下，我国亦可行使刑事管辖权

如上所述，使馆内空间仍属于接受国领域，只是由于使馆的特殊地位，而使接受国不能优先行使属地管辖权。不过，如果派遣国放弃或者不行使管辖权来追究其驻外使馆内的犯罪，我国司法机关亦可行使刑事管辖权。此外，如果中国公民在外国使馆内犯罪的，当中国公民离开外国使馆后被发现，虽然该国可能依据保护管辖而具有刑事管辖权，但当该国向我国提出引渡请求，因我国引渡法贯彻

① 黄风、徐吉童：《略论使馆不是派遣国领土的延伸》，载《政治与法律》2008 年第 5 期。

② ［意］杜里奥·帕多瓦尼著，陈忠林译评：《意大利刑法学原理》，中国人民大学出版社 2004 年版，第 51 页。

③ ［俄］Н. 库兹涅佐娃、И. М. 佳日科娃主编，黄道秀译：《俄罗斯刑法教程（总论）》（上卷·犯罪论），中国法制出版社 2002 年版，第 98 页。

“本国公民不引渡”原则，对该人即不能予以引渡。在这种情形下，我国司法机关应对其予以追诉，其管辖根据是《刑法》第6条，而非《刑法》第7条。

上述结论的理论基础是认为使馆内空间为接受国领域。而如果持治外法权说的观点，则结论即完全不同。韩国曾发生的一起案件即可以说明这一点：针对1985年韩国大学生侵占汉城美国文化院事件，韩国大法院判决认为：“根据国际协定或惯例，美国文化院作为美国领土的延伸，可以将其视为所谓的治外法权之地域。然，对于在其场所内实施的特殊公务执行妨害致伤罪的大韩民国国民，既然向我国法院提起了公诉且美国也没有主张本国裁判权，当然应该由同时采取属人主义的我国行使裁判权。”① 该判决理由所持理论即为治外法权说。而对于该案，依据接受国领域说进行分析，则行使管辖的依据应为属地管辖，而非属人管辖。

三、在处于我国领域的外国船舶、航空器内犯罪的，在某些情况下，我国司法机关有权调查和追诉

如上所述，一般而言，船旗国对其船舶内、航空器登记国对其航空器内犯罪具有刑事管辖权，不过，倘若该国船舶位于他国领海之内，或者航空器位于他国领域内，则在特定情形下，他国亦具有刑事管辖权。而就我国而言，在处于我国领域内的外国船舶、航空器内实施犯罪的，在某些情况下，我国亦可行使刑事管辖权，适用我国刑法追究其刑事责任。《领海及毗连区法》第8条规定，外国船舶通过中华人民共和国领海，必须遵守中华人民共和国法律、法规，不得损害中华人民共和国的和平、安全和良好秩序；我国政府有权采取一切必要措施，以防止和制止对领海的非无害通过；外国船舶违反中华人民共和国法律、法规的，由中华人民共和国有关机关依法处理。第13条还规定，我国有权在毗连区内，为防止和惩处在其陆地领土、内水或者领海内违反有关安全、海关、财政、卫生或者入境出境管理的法律、法规的行为行使管制权。第14条还特别就紧追权进行了规定。

上述规定与《联合国海洋法公约》的规定是一致的。该公约第27条第1款规定，当外国船舶上所犯罪行的后果及于沿海国，或者属于扰乱当地安宁或领海的良好秩序的性质，或者经船长或船旗国外交代表或领事官员请求地方当局予以协助，或者为取缔违法贩运麻醉药品或精神调理物质所必要的，沿海国可以行使刑事管辖权。该公约第111条对紧追权作出规定：“1. 沿海国主管当局有充分理由认为外国船舶违反该国法律和规章时，可对该外国船舶进行紧追。此项追逐须

① ［韩］金日秀、徐辅鹤著，郑军男译：《韩国刑法总论》，武汉大学出版社2008年版，第50页。

在外国船舶或其小艇之一在追逐国的内水、群岛水域、领海或毗连区内时开始，而且只有追逐未曾中断，才可在领海或毗连区外继续进行。当外国船舶在领海或毗连区内接获停驶命令时，发出命令的船舶并无必要也在领海或毗连区内。如果外国船舶是在第三十三条所规定的毗连区内，追逐只有在设立该区所保护的权利遭到侵犯的情形下才可进行。2. 对于在专属经济区内或大陆架上，包括大陆架上设施周围的安全地带内，违反沿海国按照本公约适用于专属经济区或大陆架包括这种安全地带的法律和规章的行为，应比照适用紧追权。3. 紧追权在被追逐的船舶进入其本国领海或第三国领海时立即终止。4. 除非追逐的船舶以可用的实际方法认定被追逐的船舶或其小艇之一或作为一队进行活动而以被追逐的船舶为母船的其他船艇是在领海范围内，或者，根据情况，在毗连区或专属经济区内或在大陆架上，紧追不得认为已经开始。追逐只有在外国船舶视听所及的距离内发出视觉或听觉的停驶信号后，才可开始。5. 紧追权只可由军舰、军用飞机或其他有清楚标志可以识别的为政府服务并经授权紧追的船舶或飞机行使。6. 在飞机进行紧追时：（a）应比照适用第 1 至 4 款的规定；（b）发出停驶命令的飞机，除非其本身能逮捕该船舶，否则须其本身积极追逐船舶直至其所召唤的沿海国船舶或另一飞机前来接替追逐为止。飞机仅发现船舶犯法或有犯法嫌疑，如果该飞机本身或接着无间断地进行追逐的其他飞机或船舶既未命令该船停驶也未进行追逐，则不足以构成在领海以外逮捕的理由。7. 在一国管辖范围内被逮捕并被押解到该国港口以便主管当局审问的船舶，不得仅以其在航行中由于情况需要而曾被押解通过专属经济区的或公海的一部分为理由而要求释放。8. 在无正当理由行使紧追权的情况下，在领海以外被命令停驶或被逮捕的船舶，对于可能因此遭受的任何损失或损害应获赔偿。”

如上所述，我国《领海及毗连区法》也对紧追权进行了原则性规定，其行使可参照以上公约规定来行使。为明确紧追权的行使，一些法律文件也作出了具体规定。1993 年国务院《关于海关执行缉私任务的船舶在海上行使紧追权的批复》即指出，根据《领海及毗连区法》的规定，海关执行缉私任务的船舶可以在海上对违反中华人民共和国有关海关管理的法律、法规规定的船舶依法行使紧追权。为贯彻该批复精神，海关总署发布了《关于转发〈国务院关于海关执行缉私任务的船舶在海上行使紧追权的批复〉和执行〈领海及毗连区法〉有关问题的通知》（1993 年 3 月 18 日生效）。该通知包括以下几方面内容：（1）根据《领海及毗连区法》和国务院批复的规定，海关执行缉私任务的船舶属中华人民共和国政府授权的执行政府公务的船舶，可以在我国内水、领海及毗连区内对违反海关管理法律、法规的行为行使管制权和对违反海关管理的法律、法规的船舶行使紧追权。（2）依照《领海及毗连区法》第 13 条、第 14 条和《海关法》第 4 条的规定，海关依法行使上述管制权和紧追权时，有权检查船舶；查验其所载货物和物品；查阅船舶及船上人员证件和其他单据资料；查问违法嫌疑人和调查其违法行为；扣留有走私嫌疑的船舶及其所载货物、物品和有关证件、单据资料，并带回海关监管区和海关附近沿海沿边规定地区依法审查、处理。执行上述管制权和紧追权的海关缉私船舶可以按规定装备和使用武器。（3）对于航行（停泊）在毗连区外公海的走私母船，卸下私货由其小艇或其他船舶接运进入我内水、领海或毗连区的，海关缉私船舶在缉获其小艇或者接私船舶的条件下，可对走私母船行使紧追权，予以查缉。在任何情况下，海关缉私船舶行使紧追权都不得进入其他国家领海、香港特区实际控制水域和“台湾当局”实际控制海域。（4）对于载运国家禁止和限制进出口货物、物品没有合法证明，进入我内水、领海范围内进行走私活动，海关行使紧追权在公海缉获的走私船舶，构成犯罪的，应依法移送追究刑事责任；未构成犯罪或公安、司法机关决定免除刑罚、免予起诉和撤销案件退回海关作行政处罚的，依照《海关法行政处罚实施细则》第4条、第5条的规定处理。（5）对在毗连区内收购、贩卖、装卸国家禁止和限制进出口货物、物品经查有确凿证据证明系向我走私的船舶，构成犯罪的，应依法移送追究刑事责任。未构成犯罪或公安、司法机关决定免除刑罚、免予起诉和撤销案件退回海关作行政处罚的，应比照《海关法行政处罚实施细则》第4条、第5条的规定处理。（6）对于航行（停泊）在毗连区公海的走私母船可与缉获的接私船舶作为共同走私，并案处理。

四、外国公司、企业、事业单位在我国领域内犯罪的法律适用

我国《刑法》第30条有关单位犯罪的规定中，并未将“公司、企业”等单位限定为具有中国国籍的公司、企业或者其他单位，因而以该条为根据，如果外国公司、企业、事业单位在我国领域内实施犯罪，亦应根据《刑法》第6条属地管辖予以追究。对此，最高人民法院研究室《关于外国公司、企业、事业单位在我国领域内犯罪如何适用法律问题的答复》即认为：“符合我国法人资格条件的外国公司、企业、事业单位，在我国领域内实施危害社会的行为，依照我国刑法构成犯罪的，应当依照我国刑法关于单位犯罪的规定追究刑事责任。个人为在我国领域内进行违法犯罪活动而设立的外国公司、企业、事业单位实施犯罪的，或者外国公司、企业、事业单位设立后在我国领域内以实施违法犯罪为主要活动的，不以单位犯罪论处。”

有关公司、企业等法人的国籍以及权利能力、行为能力判断问题，应考虑民法规定以及国际私法的相关理论。关于法人的权利能力和行为能力的法律适用问题，各国立法例一般认为，应依照法人属人法解决，但在具体规定上有所不同，

具体分为四种情形：[1]（1）以法人的国籍法为准。例如，《巴斯塔曼特法典》规定，公司的民事能力受准许公司成立的国家的法律支配。（2）适用法人的主要事务所所在地法。例如，《奥地利国际私法》规定，法人属人法应是该法律实体设有主要事务所所在地国家的法律。（3）依法人营业地法。韩国《关于涉及民事法律的法令》规定，商业公司的行为能力适用其营业地法。（4）法人的行为能力受法人成立地国的法律支配。例如，《秘鲁民法》规定，私法人的存在和能力由其成立地国的法律确定。我国采第一种模式。最高人民法院《关于贯彻执行〈中华人民共和国民法通则〉若干问题的意见（试行）》规定，外国法人以其注册登记地国家的法律为其本国法，法人的民事行为能力依其本国法确定。

五、网络犯罪的犯罪地确定

这里的网络犯罪，是指利用互联网实施的各种犯罪行为。从某种意义上说，互联网打破了国界的限制，而利用互联网实施的犯罪，也不再像以往那样需要跨越有形的国（边）境，而只要通过网络操作即可以实现犯罪行为的跨界。也正因为如此，当行为人利用互联网实施犯罪出现国际性因素时应如何解决确定刑事管辖权就成为问题。对此，仍应当按照我国《刑法》关于属地管辖的基本规定进行处理。应当看到，对于利用互联网进行犯罪的案件，可能也会同时因此扩大我国刑法的实际空间效力范围。根据《刑法》第6条第3款的规定，犯罪的行为与结果有一项发生在中华人民共和国领域内的，就认为是在中华人民共和国领域内犯罪。对于该条款规定的犯罪结果应当作广义的解释，即指因犯罪所造成的结果（构成要件的结果）或者危险。那么，如果行为人在境外上网针对我国或者我国境内的公民犯罪，即便上网地国家的法律可能认为行为人实施的行为不是犯罪，但仍应当适用我国刑法。理由在于：由于行为人实施的危害行为是通过互联网进行的，而行为人虽然利用跨国界的媒介，但利用这一媒介进行犯罪的最终后果却是有国界的，因此可以认为我国是犯罪地而适用我国刑法。例如，在互联网上传播淫秽物品，即便行为人所在国可能不认为是犯罪，或者传播的内容尚不属于淫秽物品，但由于其传播行为对我国境内会形成不利影响进而妨害我国社会之风化，进而直接造成客观危害，因而对行为人传播淫秽物品的行为，仍可以适用我国刑法追究其刑事责任。

利用互联网实施的犯罪，以犯罪行为对互联网的依赖程度划分，可以分为主要依赖互联网实施的犯罪和以互联网为辅助手段实施的犯罪：前一类犯罪，如《刑法》规定的非法侵入计算机信息系统罪（第285条第1款），非法获取计算机信息系统数据、非法控制计算机信息系统罪（第285条第2款），提供侵入、

① 章尚锦主编：《国际私法》，中国人民大学出版社2000年版，第114页。

非法控制计算机信息系统程序、工具罪（第285条第3款），破坏计算机信息系统罪（第286条），从目前看，这类犯罪行为主要通过互联网来实施犯罪。当下通过传播淫秽物品的行为主要通过互联网来进行，因而这类犯罪也可归入其中。就这类犯罪而言，其实行行为都是通过网络来完成。其他如利用互联网技术进行网络欺诈、利用互联网侮辱、诽谤他人的，亦可以归入到这类犯罪中。利用互联网实施的犯罪，可以被称为严格意义上的网络犯罪。后一类犯罪中，利用互联网的行为只起到辅助性的作用，如运用互联网进行策划、共谋等，而实行行为并不通过网络进行。在实务中，由于前一类犯罪高度依赖于互联网来完成，因而也是讨论相关法律问题的重心所在。就刑事管辖权问题而言，前一类利用互联网实施的犯罪，由于互联网是其犯罪行为得以实施的空间，因而这一虚拟空间所对应的任何实体空间的连接点所在的国家都可以认为是犯罪地，这些国家可以行使属地管辖权。例如，利用互联网传播含有儿童色情内容的淫秽信息，任何能够浏览到该信息的地点，都可以认为是危害后果发生地，如果该地点所在国家认为是犯罪，则都可以根据属地管辖追究行为人的刑事责任。而就后一类犯罪而言，行为人只是将互联网作为实施犯罪进行传递信息的辅助手段，因而仅是操作互联网传递信息的行为地不必视为犯罪行为地，进而该行为地所在国家亦不应拥有属地管辖权。例如，行为人乘坐汽车经过A国时通过互联网用电子邮件向在B国的同伙发送在B国实施犯罪的信息，则行为人在A国运用互联网传递犯罪信息的行为不必视为犯罪行为地，而A国亦不应根据属地管辖权对该案予以追诉。其理由在于：虽然传递犯罪信息的行为亦可视为犯罪行为的组成部分，然而其对当地社会秩序不会产生任何实质影响，因而该国没有根据属地管辖行使刑事管辖权的实质根据。

利用互联网实施犯罪，主要可能涉及以下几个地点：（1）行为人为实施犯罪使用互联网的地点。这时一般可以认为行为人开始着手实施犯罪行为，因此可以认为是犯罪行为发生地。由于互联网具有相对的特殊性，就是在任何网络终端都可以进行类似活动，因此行为人在选择上网地点可能会有一定的不特定性。比如，利用公用计算机上网、利用私人计算机上网、利用“网吧”内的计算机上网，等等。（2）犯罪后果发生地。这里的犯罪后果既包括造成有形的结果，如非法获取的财物，也指造成无形的结果，如淫秽物品被传播所造成的状态等。对于前者，其犯罪结果地较为单一，而对于后者其犯罪结果地较为广泛，如在传播淫秽物品的犯罪情形下，可以说每一个接触被传播出去的淫秽物品的人所在地都是犯罪后果发生地。对于非法侵入计算机信息系统等计算机犯罪而言，犯罪后果发生地即行为人在互联网上发送的数据、信息、程序等所能影响到的地点，也就是实际收到这些数据、信息、程序并受其影响的计算机终端所在地。（3）被害人所在地。从广义上看，被害人所在地也属于犯罪结果发生地之一，这里仅指当被害人受到犯罪行为侵害时被害人所在的地点。比如，行为人利用互联网侮辱他人，在这种情形下，犯罪时，行为人与被害人可能是根本不见面的，被害人受到侵害可能是经历一段时间后才能感受到的，而且是在另一地点感受到的。就利用网络实施的犯罪而言，行为人使用互联网的地点和犯罪后果发生的地点，都应视为犯罪地，如果其中一地在中国领域内，就应根据《刑法》第 6 条第 3 款规定适用我国刑法追究行为人的刑事责任。对于被害人所在地，如果与犯罪后果发生地重合，当然也应视为犯罪地，而如果与犯罪后果发生地并不重合，则不应视为犯罪地。当然被害人的国籍国可能基于保护管辖权而追究该犯罪人。

以上是利用网络实施犯罪中通常会涉及地点。在实践中，不同性质犯罪所涉及的地点有其特殊之处。例如，2010 年 8 月 31 日最高人民法院、最高人民检察院、公安部《关于办理网络赌博犯罪案件适用法律若干问题的意见》第 4 条规定，“网络赌博犯罪案件的地域管辖，应当坚持以犯罪地管辖为主、被告人居住地管辖为辅的原则。‘犯罪地’包括赌博网站服务器所在地、网络接入地，赌博网站建立者、管理者所在地，以及赌博网站代理人、参赌人实施网络赌博行为地等”。该条规定目的是为了解决刑事诉讼中地域管辖问题。不过，该条规定对“犯罪地”的界定，对于利用网络实施跨国赌博案件而言，也具有借鉴意义。具体而言，只要上述一个地点在我国领域内，即可认为该赌博行为在我国发生，即应根据《刑法》第 6 条第 2 款适用我国刑法。

对于利用互联网实施犯罪的犯罪地确定问题，也可以根据实施犯罪的性质来确定：（1）当行为人通过互联网进行以获取财产为目的的犯罪时，犯罪地为行为人上网实施犯罪的地点（犯罪行为发生地）和实际上取得财产的犯罪结果地。由于前者在实践中不易查明，因而以后者作为确定地区管辖的标准比较恰当。比如，利用互联网进行诈骗，当钱款汇入行为人开设的账户上，就可以认为已经实际上支配该项财产，因而行为人开设账户的银行就是犯罪结果发生地。（2）行为人利用互联网对他人财物进行破坏时，如非法侵入他人计算机信息系统，然后进行破坏的情形。对此，行为人使用网络的地点和计算机信息系统受损地点，都应视为犯罪地。理由在于：与利用一般手段不同，行为人利用互联网实施犯罪行为，从其着手起至犯罪既遂止，其行为所经过的时间历程会在互联网上有所表现，可以认为行为人是将犯罪的影响力通过互联网加长了，因此对被害人形成影响可以认为是犯罪行为的必然经过，如利用互联网非法侵入他人计算机信息系统进行破坏，应当认为是行为人当场进行破坏，由此可以认为被破坏的计算机信息系统的地点也是犯罪行为发生地，同时也是犯罪结果发生地。（3）当行为人通过互联网对他人人身权利进行侵犯时，行为人上网实施犯罪行为的地点为犯罪行为地，而被害人所在地，如前所述，一般不被视为犯罪地，除非该地点与犯罪后果发生地重合时，才应被视为犯罪地。（4）当行为人通过互联网实施传播淫秽信息、赌博等“一点对多点”、呈“放射型”的犯罪时，行为人使用互联网的地点和其他人能够浏览淫秽信息的地点、能够参与赌博等行为的地点，都应视为犯罪地。在这种情形下，“一点”是指行为人使用互联网传递信息、数据等的地点，“多点”则指接受信息、数据等的地点。

六、跨国危害行为的刑事违法性判断

跨国危害行为的刑事违法性是一个比较复杂的法律问题。当跨国危害行为或者结果发生在我国领域内，而同一危害行为或结果存在于我国领域外时，如果我国和相关国家或地区都认为是犯罪的，则可以基于属地管辖行使管辖权，亦可根据已有的刑事司法协助条约进行有关证据调查、文书送达等方面的合作。不过，如果该危害行为在我国被规定为犯罪，而相关国家或地区并不认为是犯罪的情形，应如何处理？对此，笔者认为，行为的刑事违法性应根据行为地法律予以确定。进言之，如果某一行为被我国刑法规定为犯罪，只要根据《刑法》第 6 条第 2 款规定犯罪地在我国领域内，该行为具有刑事违法性，应适用我国刑法追究刑事责任。理由在于：行为的违法性判断，无论是国际私法还是国际公法，都应根据行为地法律作出判断，而行为地国依照其法律进行判断时，不受其他国家法制现状之影响；行为实施或者结果发生，对该国法秩序形成侵犯，而对该国之法秩序所保护各种社会关系或者利益亦构成实质危害，因而该国即有权予以调查和追诉。

对于跨国危害行为刑事违法性所引发的刑事违法性判断问题，在下列犯罪中最为明显，有必要予以分别说明：

1. 为境外机构、组织、人员窃取、刺探、收买、非法提供国家秘密或者情报的犯罪

我国《刑法》第 111 条规定：“为境外的机构、组织、人员窃取、刺探、收买、非法提供国家秘密或者情报的，处五年以上十年以下有期徒刑；情节特别严重的，处十年以上有期徒刑或者无期徒刑；情节较轻的，处五年以下有期徒刑、拘役、管制或者剥夺政治权利。”实践中，行为人实施为境外机构、组织、人员窃取、刺探、收买、非法提供国家秘密或者情报的行为，即构成该罪。在通常情况下，行为人实施上述行为，根据我国刑法构成犯罪，而在该机构、组织所在国或者该人员国籍国或所在国，则不认为是犯罪。对此，即应适用我国刑法予以追究，因为该行为对我国国家安全构成了实质性的危害。2001 年 1 月 22 日施行的最高人民法院《关于审理为境外窃取、刺探、收买、非法提供国家秘密、情报案件具体应用法律若干问题的解释》第 6 条规定，通过互联网将国家秘密或者情报非法发送给境外的机构、组织、个人的，依照《刑法》第 111 条的规定定罪处罚。

例如，吴某某为境外机构、组织窃取、刺探、收买、非法提供国家秘密案。该案案情是：吴某某，英文名为 Peter H. Wu，原籍为中国，后加入美国国籍。1991 年6 月16 日、17 日、7 月29 日、8 月16 日、1994 年4 月上旬、4 月25 日，吴以忆归访友、考察为名，先后6 次或与陈某，或与境外某机构女记者向人索要警服，伪装警察窜到山西省霍州监狱、山西省阳泉第二监狱、新疆幸福城监狱、夏合里克监狱、上海白茅岭监狱、青海省塘河监狱进行不法活动，寻机拍摄监狱的警戒、生产等设施，并将所拍摄资料非法提供给境外某组织。1991 年 6 月 18 日、6 月 19 日，吴以境外某公司经理助理的身份和陈某某到上海市某钢管厂、华东某厂分别在厂长办公室、总工程师办公室乘人不备各窃走机密文件一份，并将文件非法提供给境外某组织。1993 年 3 月 12 日，吴以境外某组织代表人的名义在香港与冯某某签订“合约”，要冯在中国大陆刺探、拍摄有关监狱情况，并付给冯美金4000 元。冯按约定，对浙江、湖北等省、市监狱的警戒设施进行拍摄。所拍的部分照片被我公安机关查获。经不公开审理，法院判决，吴某某犯为境外窃取、刺探、收买、非法提供国家秘密罪，判处有期徒刑 13 年，附加驱逐出境；犯招摇撞骗罪，判处有期徒刑 3 年，附加驱逐出境，两罪并罚决定执行有期徒刑 15 年，附加驱逐出境。

就本案而言，吴某某受境外机构、组织驱使并为其窃取、刺探、收买、非法提供我国国家秘密，其行为根据我国刑法已经构成犯罪，尽管该行为在美国或者其他地区不被视为犯罪或者不作为犯罪追究。需要特别注意的是，就这类案件而言，对“国家秘密”的判断最为关键。进言之，行为人为境外机构、组织窃取、刺探、收买、非法提供的各种信息、资料、数据等是否属于“国家秘密”。根据最高人民法院《关于审理为境外窃取、刺探、收买、非法提供国家秘密、情报案件具体应用法律若干问题的解释》第 1 条规定，“刑法第一百一十一条规定的‘国家秘密’，是指《中华人民共和国保守国家秘密法》第二条、第八条以及《中华人民共和国保守国家秘密法实施办法》第四条确定的事项。刑法第一百一十一条规定的‘情报’，是指关系国家安全和利益、尚未公开或者依照有关规定不应公开的事项”。修订后的《保守国家秘密法》第 2 条规定，国家秘密是关系国家安全和利益，依照法定程序确定，在一定时间内只限一定范围的人员知悉的事项。该法第 9 条规定：“下列涉及国家安全和利益的事项，泄露后可能损害国家在政治、经济、国防、外交等领域的安全和利益的，应当确定为国家秘密：（一）国家事务重大决策中的秘密事项；（二）国防建设和武装力量活动中的秘密事项；（三）外交和外事活动中的秘密事项以及对外承担保密义务的秘密事项；（四）国民经济和社会发展中的秘密事项；（五）科学技术中的秘密事项；（六）维护国家安全活动和追查刑事犯罪中的秘密事项；（七）经国家保密行政管理部门确定的其他秘密事项。政党的秘密事项中符合前款规定的，属于国家秘密。”最高人民法院《关于审理为境外窃取、刺探、收买、非法提供国家秘密、情报案件具体应用法律若干问题的解释》第5条还规定：“行为人知道或者应当知道没有标明密级的事项关系国家安全和利益，而为境外窃取、刺探、收买、非法提供的，依照刑法第一百一十一条的规定以为境外窃取、刺探、收买、非法提供国家秘密罪定罪处罚。”

2. 走私犯罪

走私犯罪，是指违反海关法规，逃避海关监管，非法运输、携带、邮寄国家禁止、限制进出口或者依法应缴纳关税的货物、物品进出国（边）境，情节严重的行为。在多数情况下，走私行为能同时违反货物、物品出口国和进口国的海关监管秩序，但在某些情形下，走私行为所涉及的国家中，有的国家认为是犯罪，而有的国家并不认为是犯罪。例如，我国《刑法》第151条第2款规定了走私珍贵动物、珍贵动物制品罪。2000年10月8日起施行的最高人民法院《关于审理走私刑事案件具体应用法律若干问题的解释》第4条第1款规定：“刑法第一百五十一条第二款规定的‘珍贵动物’，是指列入《国家重点保护野生动物名录》中的国家一、二级保护野生动物和列入《濒危野生动植物种国际贸易公约》附录一、附录二中的野生动物以及驯养繁殖的上述物种。”在实践中发生的走私珍贵动物制品的案件中，在我国属于“珍贵动物”的，而在其他国家并未列入珍贵动物的保护范围。如果行为人从该国向我国走私这类珍贵动物，就会出现刑事违法性判断问题。对此，根据上述刑事违法性的判断原则，即应根据我国刑法进行判断，即只要是向我国走私这类珍贵动物或者动物制品，就应适用《刑法》第151条第2款以走私珍贵动物、珍贵动物制品罪追究行为人的刑事责任。

以下举出林某等走私案（简称“熊胆案”）和吐尔迪尤夫走私羚羊角案（简称“羚羊角案”）予以说明。“熊胆案”案情是：2010年1月19日，中国公民林某、齐某出境至俄罗斯境内，从一俄籍男子处分别购买11只熊胆和4只熊胆，并由林某将15只熊胆委托殷某帮助带回国。次日，林某又交给殷某10只熊胆。殷某于21日将熊胆藏匿于其驾驶的货车发动机与扶手箱间的夹层内，从虎林口岸走私进境。齐某还于当天从虎林口岸旅检通道进境时携带虎牙2枚。经国家林业局野生动植物检测中心、黑龙江省价格认证中心鉴定，该批熊胆总价值人民币50万余元；2枚虎牙价值12万元。本案中，被告人提出，俄罗斯境内允许珍贵动物制品交易，且被告不具有牟利目的，以及价格鉴定过高。法院判决，三被告人犯走私珍贵动物制品罪，并分别判处了相应的有期徒刑和罚金。此外，案件中认定的证据均由我国公安机关在本国境内取得。① “羚羊角案”案情是：吐尔迪

① 黑龙江省牡丹江市中级人民法院刑事判决书（2010）牡刑二初字第17号。

尤夫系吉尔吉斯斯坦共和国公民，2002 年 9 月 23 日，从哈萨克斯坦共和国进入我国霍尔果斯口岸。在通过海关检查时，在其地毯中发现藏有羚羊角。后经鉴定，被告人携带入境的羚羊角有 2 公斤，价值 36 万元。一审法院判决，被告吐尔迪尤夫犯走私珍贵动物制品罪，判处无期徒刑，并处罚金 1 万元。吐尔迪尤夫提起上诉，辩称其过境时已向他国海关申报过自带的羚羊角，不应认定为走私。二审法院认为其仅向他国海关申报，而没有向中国海关申报，应认定其行为是走私，对该辩解理由不予采纳；但考虑上诉人所在国对羚羊角管理和其走私羚羊角数量较少等特殊情况，对被告人从轻处罚，故撤销一审判决，判处被告人吐尔迪尤夫犯走私珍贵动物制品罪，驱逐出境。① 两案案情有诸多相似之处，但处理结果有着很大区别。两案件所凸显出的主要法律问题有两个：第一，实体方面，走私案件中，购买地国家未将买卖、走私某种野生动物制品规定为犯罪，在进入我国后应否作为犯罪来处理；第二，程序方面，对于走私案件，是否可以完全以在我国境内取得的证据作为定案根据。

两案相似点很明显，都是违反我国海关法律法规，逃避海关监管，将珍贵动物制品走私进中国境内，且数额很大。根据最高人民法院《关于审理走私刑事案件具体应用法律若干问题的解释》第 4 条第 4 款第 2 项规定，走私珍贵动物、珍贵动物制品情节严重的，处无期徒刑或者死刑，并处没收财产。熊胆案中，被告人走私熊胆总价值逾 50 万元，法院考虑到被告人有自首等法定和酌定量刑情节，因而判处林某等被告人不等之有期徒刑。羚羊角案中，被告人走私羚羊角总价值 36 万元，一审法院判处其无期徒刑，二审法院改判驱逐出境。除了最终处理结果之悬殊外，两案差异点主要有三个：（1）珍贵动物制品产地国的法律上存在差异。熊胆案中熊胆的产地国为俄罗斯，其刑法并未将珍贵动物及其制品作为特定的犯罪对象来保护，但未经许可经营珍贵动物制品的，仍具有违法性。俄罗斯在对珍贵动物及其制品的保护方面的确与我国存在着很大的差异，保护上述对象的规定主要体现在大量的政府部门性文件中，而且经许可，按照许可证规定的条件和程序可以依法猎获、收集、豢养、购买、出售或邮寄珍贵动物的制成品、躯体的部分或派生物；② 如果违反规定，也只是给予行政处罚。羚羊角案

① 杨善明：《库都来提·艾克拜尔韦奇·吐尔迪尤夫走私珍贵动物制品案》，载 http：//xs. hanzhuo. cn/html/WaiGuoRenFanZui/378. html，2010 年 12 月 23 日访问。

② 《俄罗斯行政违法法典》第 8 章第 35 条规定："毁灭稀有的和处于灭绝威胁的动植物种类的行为，毁灭被列入《俄罗斯联邦红皮书》的动植物种类或毁灭受国际条约保护的，稀有的和处于灭绝威胁的动植物种类的，以及实施可能导致上述动物死亡，减少数量或破坏其生存环境或导致上述植物死亡的行为的，或者未经许可或违反许可证规定的条件或违反其他的规定程序猎获、收集、豢养、购买、出售或邮寄上述动植物，上述动植物的制成品、躯体的部分或派生物的，按本条第二款规定处罚。"

中，被告人国籍国吉尔吉斯斯坦共和国并未将这类行为规定为犯罪，也未视为违法行为。二审法院改判的理由即是：吉尔吉斯斯坦共和国并没有将羚羊列入珍贵野生动物的范围，在立法上也没有关于保护羚羊的规定；在吉尔吉斯斯坦共和国，野生的羚羊比较多，羚羊自然脱落在地上的骨角也很容易找到，价值并不高，因此，其国人将羚羊角带出本国不那么受限制。① （2）被告人国籍不同。国籍因素并非走私犯罪的要件，不过，由于不同国家法律规定不同，其公民对其本国法律认识会影响到他对在其他国家行为是否合法的认识，即违法性认识。当然，国籍不同也会影响到刑罚适用上的差异。对外国人刑罚适用存在显性和隐性的差异：显性差异就是对外国人可以适用驱逐出境（《刑法》第35条）；隐性差异就是对外国人量刑时有特殊的政策考量。（3）被告人对行为是否违反法律的认识不同。熊胆案中，被告人作为中国公民，其知道或者应当知道走私熊胆行为为国家所禁止；而在羚羊角案中，被告人为吉尔吉斯斯坦共和国公民，如二审法院裁判理由，其国家并不认为购买、走私羚羊角为犯罪，且在其他国家通关时，也未受到拦阻、查获，因而其辩解其不知道中国法律对该项行为予以禁止，可以认为其存在法律认识错误，进而应考虑是否影响到对其犯罪故意的成立。此外，需要注意的是，从案情介绍看，在羚羊角案中，二审法院改判理由中提及，羚羊角在被告人本国的价值并不高。二审法院提及此项理由，其意图并不明确，即究竟想表明被告人对其行为社会危害性要素（即犯罪数额）存在认识上的差异，还是想说明其行为客观的危害程度。由于法院是在量刑时考虑该因素，因而其很可能还是将其作为评价被告人人身危险性的一个事实因素。正是由于这些差异的存在，才导致两个看起来相似的案件，其处理结果存在巨大悬殊。

2002年7月8日最高人民法院、最高人民检察院、海关总署《关于办理走私刑事案件适用法律若干问题的意见》第7条规定，珍贵动物制品购买地允许交易，情节较轻的，一般不以犯罪论处；如果达到最高人民法院《关于审理走私刑事案件具体应用法律若干问题的解释》第4条第3款、第4款规定的量刑标准，一般相应地要从宽处罚。该条解释性意见的根据究竟为何，有必要加以考虑。具体而言，该条认为“一般不构成犯罪”的理由，是因为如此影响到刑事违法性的成立，还是属于《刑法》第13条“情节显著轻微危害不大的，不认为是犯罪”的情形，抑或是因为行为人可能缺乏违法性认识，而影响到定罪和量刑上的处理，还是单纯出于刑事政策的考虑。走私犯罪属于行为犯，走私行为所历经的国家，都可以主张属地管辖权。就上述两案而言，法院的管辖权依据都是《刑法》第6条的规定。因而，即便是走私物品的流出国，不禁止或者不限制该

---

① 参见杨善明：《库都来提·艾克拜尔韦奇·吐尔迪尤夫走私珍贵动物制品案》，载 http：//xs. hanzhuo. cn/html/WaiGuoRenFanZui/378. html，2010年12月23日访问。

物品流入外国，但只要违背我国法律规定，即具有违法性，如果符合刑法规定的某一走私犯罪的犯罪构成，就应当根据我国刑法规定追究其刑事责任。因此，无论珍贵动物制品购买地对该问题是何种态度，根据我国刑法进行判断时，都不影响走私该制品的刑事违法性判断。该解释性意见的根据也并非《刑法》第 13 条“但书”的规定。走私珍贵动物制品罪的第一个法定刑幅度为“五年以下有期徒刑”，其起刑点比较高，即便制品购买地允许交易，这一因素也不应使该行为的危害程度降低到无罪。从违法性认识方面来探讨该条解释性意见的法理根据与该条规定并不符合。具体而言，如果行为人因为“购买地允许交易”，确实没有认识到该行为在中国是违法行为，在没有相反证据证明行为人知道中国相关法律的情况下（作出有利于被告人的推定），那么，这一错误认识足以影响犯罪故意的成立，进而不认为该行为构成犯罪。不过，该条解释性意见的内涵并不完全符合这一理论分析：首先，该解释性意见并没有强调行为人的认识问题，换言之，只有“购买地允许交易”，情节较轻的，即一般不以犯罪论处；其次，对于情节严重的行为，即便“购买地允许交易”，也应定罪，只是相对于“购买地不允许交易”的情形，要从宽量刑。而按照上述理论分析路径，即便情节严重，也应做无罪处理，因为根本就缺乏犯罪故意。[①] 当然，可以用刑事政策的考量来理解该解释性意见的意旨，但这样并不能说明其合法性问题，在法理上也难以予以澄清。比较而言，以违法性认识是否属于不可避免的欠缺，来重新诠释这种情形下对行为人作无罪处理的法理根据，更为妥当。

对于多数“由外向内”走私的案件而言，只要有物证、书证等证据足以证明行为人将某种物品向中国境内走私，即便所有证据都在国内取得，也可以认定行为人走私事实的存在。但对于走私珍贵动物制品犯罪而言，由于《关于办理走私刑事案件适用法律若干问题的意见》中明确规定，购买地法律规定影响到定罪量刑问题，因而有必要查明购买地国家相关法律的内容。熊胆案和羚羊角案的审理过程中，辩方都提出这一辩护意见。在熊胆案中，法院在判决理由中并没有直接对该问题作出回应，在证据目录中也未列明俄罗斯刑法及有关行政法律的规定。我国法院对某一案件裁判关涉到外国法律的规定时，该外国法规定属于事实部分，应在证据目录中列明。就走私珍贵动物制品刑事案件来讲，购买地国法

① 这里实际上还涉及一个理论问题，就是违法性认识究竟属于犯罪主观方面应考虑的因素，还是影响刑事责任（并非三要件理论中的罪责要件）要考虑的因素。如果是后者，该解释性意见就定罪从宽处罚部分的规定就能说得通了；但对于“情节较轻，一般不以犯罪论处”的规定，却说不通，因为如果将违法性认为作为影响刑事责任的要素，那么对于这种情形应该是定罪免刑，当然定罪免刑的处理方式缺少法律根据。“羚羊角案”中，二审法院实际上走的就是后一种路线：定罪免于自由刑，同时判处驱逐出境。

律（以及流出国法律）的规定对于认定案件事实具有重要意义，因此需要在刑事判决书中列明外国法的规定以及取得渠道。对于外国法律规定的获取问题，在国际刑事司法协助中被称为“外国法的查明”。最高人民法院《关于贯彻执行〈中华人民共和国民法通则〉若干问题的意见（试行）》对于涉外民事案件相关问题作出规定，但在涉外刑事案件方面，尚无法律和司法解释予以明确。对此，如果中国与有关国家之间缔结有司法协助条约（或协定），应根据该条约所确定的方式获取该国法律规定。例如，《中华人民共和国和俄罗斯联邦共和国关于民事和刑事司法协助的条约》第 28 条即作出了相应规定。此外，考虑到司法协助的周期漫长且程序繁琐，由我国驻外国使领馆取得和外国驻我国使领馆提供，也可以作为一种方式予以采用。对于刑事案件，走私主体提供的方式应当不被允许。

3. 走私、传播淫秽物品犯罪

对于走私、传播淫秽物品犯罪而言，何为“淫秽物品”以及法律禁止传播“淫秽物品”的范围，是判断某种传播具有妨害风化内容的物品行为的刑事违法性最为关键的问题。由于各国或者地区的文化不同，对于何为“淫秽物品”的判断即存在差异，进而对何种带有淫秽内容的物品予以法律禁止并规定为犯罪也存在一定的差异。对此，只要走私、传播的部分行为发生在我国领域内，根据我国刑法和对淫秽物品的界定构成走私、传播淫秽物品犯罪的，即应适用我国刑法予以追究，无论该物品在输出地所在国是否属于淫秽物品，该行为是否构成犯罪。对此，有关司法解释和司法解释性文件的规定即体现了对这类犯罪刑事违法性的判断原则。例如，1996 年 2 月 14 日公安部《关于对拨打境外色情电话定性处理的批复》认为，“对聚众拨打收听境外色情电话，录制并传播色情电话内容，教唆他人拨打色情电话，传播色情电话号码的，以传播淫秽物品论处，情节较轻的，依照《治安管理处罚条例》进行处罚；情节严重，构成犯罪的，依法追究刑事责任。对使用自己的电话打境外色情电话，尚不需要处罚的，由公安机关予以训诫或者所在单位、街道给予批评教育”。

对于利用互联网传播淫秽物品的犯罪而言，一些网站的经营者自己并不上传淫秽物品，而是允许或者放任他人在自己所有、管理的网站或者网页上发布，或者网站、个人博客的页面并不提供含有淫秽内容的照片、视频等，而是提供国外、境外淫秽网站的链接。简单地说，就是为网友提供观看国外、境外淫秽网站的指南。对于在国外上传这些淫秽物品的行为或者在国外开设淫秽网站的行为，根据其所在国法律未必是犯罪，不过如果这些行为根据我国刑法和司法解释被认为是犯罪的，对于上述情形下国内网站的经营者或者相关人员，其行为构成传播淫秽物品牟利罪或者传播淫秽物品罪。对于在国外开设淫秽网站的行为，如果其本国不认为是犯罪的，不能适用我国刑法有关保护管辖的规定来追究，但是提供链接的行为，是一种实质性的传播行为，即为国外、境外淫秽网站传播淫秽物品的行为提供帮助，而这种帮助行为本身就是危害行为。即便根据我国刑法对于传播本身行为无法追究，但是帮助传播行为仍具有违法性质，所以一旦达到相应的情节，即应以传播淫秽物品罪定罪处罚。对于其定罪标准。2010 年 2 月 2 日最高人民法院、最高人民检察院《关于办理利用互联网、移动通讯终端、声讯台制作、复制、出版、贩卖、传播淫秽电子信息刑事案件具体应用法律若干问题的解释（二）》第 4 条规定，“以牟利为目的，网站建立者、直接负责的管理者明知他人制作、复制、出版、贩卖、传播的是淫秽电子信息，允许或者放任他人在自己所有、管理的网站或者网页上发布，具有下列情形之一的，依照刑法第三百六十三条第一款的规定，以传播淫秽物品牟利罪定罪处罚：（一）数量或者数额达到第一条第二款①第（一）项至第（六）项规定标准五倍以上的；（二）数量或者数额分别达到第一条第二款第（一）项至第（六）项两项以上标准二倍以上的；（三）造成严重后果的。”第 5 条规定：“网站建立者、直接负责的管理者明知他人制作、复制、出版、贩卖、传播的是淫秽电子信息，允许或者放任他人在自己所有、管理的网站或者网页上发布，具有下列情形之一的，依照刑法第三百六十四条第一款的规定，以传播淫秽物品罪定罪处罚：（一）数量达到第一条第二款第（一）项至第（五）项规定标准十倍以上的；（二）数量分别达到第一条第二款第（一）项至第（五）项两项以上标准五倍以上的；（三）造成严重后果的。”第 6 条规定，“电信业务经营者、互联网信息服务提供者明知是淫秽网站，为其提供互联网接入、服务器托管、网络存储空间、通讯传输通道、代收费等服务，并收取服务费，具有下列情形之一的，对直接负责的主管人员和其他直接责任人员，依照刑法第三百六十三条第一款的规定，以传播淫秽物品牟利罪定罪处罚：（一）为五个以上淫秽网站提供上述服务的；（二）为淫秽网站提供互联网接入、服务器托管、网络存储空间、通讯传输通道等服务，收取服务费

---

① 该解释第 1 条第 2 款规定：“以牟利为目的，利用互联网、移动通讯终端制作、复制、出版、贩卖、传播内容含有不满十四周岁未成年人的淫秽电子信息，具有下列情形之一的，依照刑法第三百六十三条第一款的规定，以制作、复制、出版、贩卖、传播淫秽物品牟利罪定罪处罚：（一）制作、复制、出版、贩卖、传播淫秽电影、表演、动画等视频文件十个以上的；（二）制作、复制、出版、贩卖、传播淫秽音频文件五十个以上的；（三）制作、复制、出版、贩卖、传播淫秽电子刊物、图片、文章等一百件以上的；（四）制作、复制、出版、贩卖、传播的淫秽电子信息，实际被点击数达到五千次以上的；（五）以会员制方式出版、贩卖、传播淫秽电子信息，注册会员达一百人以上的；（六）利用淫秽电子信息收取广告费、会员注册费或者其他费用，违法所得五千元以上的；（七）数量或者数额虽未达到第（一）项至第（六）项规定标准，但分别达到其中两项以上标准一半以上的；（八）造成严重后果的。”

数额在二万元以上的；（三）为淫秽网站提供代收费服务，收取服务费数额在五万元以上的；（四）造成严重后果的”。

不过，对于走私淫秽物品、跨国实施的传播淫秽物品刑事案件而言，在一些情形下，我国司法机关对其进行刑事追诉，在调查取证乃至追捕罪犯方面也需要相关国家或地区的配合。在这种情形下，则根据有关刑事司法协助条约规定或者基于个案协助方面的约定，必然受到“双重犯罪”的原则限制。进言之，只有在被请求国家或地区认为是犯罪的情况下，该国或者地区才可能为我国提供司法协助或者共同打击犯罪。例如，被告人王某在境外建立色情网站，随后又通过加盟、收购等方式，将用户量最大的48家中文淫秽色情网站纳入其管理范围，形成全球最大的中文淫秽色情网站联盟——“阳光娱乐联盟”。王某的“收入”主要分为两类：会费和广告费。每个注册会员都要向网站交纳季度会员费或终身会员费。就广告费而言，王某的“阳光娱乐联盟”到处充斥着全国各地的卖淫嫖娼信息，大到各地色情服务场所的招嫖信息，小到色情服务人员的联系方式甚至服务风格，内容不一而足，成了名副其实的淫秽色情“集散地”。同时，还有“裸聊”、性药品等多种广告链接，俨然形成了一个色情服务的完整链条。2010年4月，公安部与美国警方就这起案件正式开展跨国警务合作。经过层层筛查，2011年6月19日，公安部门掌握了王某涉嫌传播淫秽物品牟利犯罪的有力证据并移交美国警方，4天之后，中美警方联合实施抓捕，美方抓获王某，中方抓获在境内负责洗钱和维护网站的10余名犯罪嫌疑人。经查发现，“阳光娱乐联盟”旗下的48个网站中，有18个网站均含有儿童色情内容，依据美国法律，发布儿童性剥削广告牟利以及复制、传播儿童色情信息，将被处以最高30年的监禁，这也是美方与我国进行联合的一个重要前提。[①] 换言之，若我国要求美方予以配合所针对的危害行为在美国并不认为是犯罪或者与美方不能达成协议的话，则美方将不会予以配合。根据《中华人民共和国政府和美利坚合众国政府关于刑事司法协助的协定》第3条第1款第1项规定，如果请求涉及的行为根据被请求方境内的法律不构成犯罪，则被请求方可拒绝提供协助。不过，根据该项规定，双方可以商定，就某一特定犯罪或特定领域的犯罪提供协助，不论该行为是否根据双方境内的法律均构成犯罪。

4. 跨国组织赌博犯罪

我国《刑法》第303条规定了赌博罪和开设赌场罪，而在中国的周边国家和地区，取得合法经营资格的赌场或者其他形式的赌博行为并不被视为违法。近年来，一些人利用中外这种法律上的差异，在中国领域外开设赌场，招揽中国公

① 赵丽：《揭秘公安部破获全球最大中文色情网内幕：案件有特殊性》，载《法制日报》2011年9月14日。

民赴国外赌博。而随着互联网的普及和广泛运用，一些人在中国领域外利用开设赌博网站，吸引中国公民参与赌博。对于这类跨国性组织赌博行为，只要能够认为在中国领域内实施或者部分实施，即根据《刑法》第 6 条规定适用我国刑法予以追究。对于中国公民在中国领域外实施的组织赌博行为，则根据其实际情况，按照《刑法》第 7 条有关属人管辖的规定行使管辖权。

对于在中国领域外开设赌场，招揽中国公民赴该赌场赌博的行为，应具体区分不同情形看待。如果系中国公民在我国领域外周边地区聚众赌博、开设赌场，以吸引中国公民为主要客源，根据最高人民法院、最高人民检察院《关于办理赌博刑事案件具体应用法律若干问题的解释》第 3 条规定，构成赌博罪的，可以依照刑法规定追究刑事责任，而行使刑事管辖权的根据是《刑法》第 7 条。如果非中国公民在我国领域外周边地区聚众赌博、开设赌场，如若只是通过媒体进行宣传而在中国领域内无实质性组织行为的，则不应适用我国刑法，理由在于：该行为对我国法秩序尚未形成实质性违反。如果在中国领域内实施组织赴国外赌博的，则该组织行为已经对我国法秩序形成实质性违反，应根据我国法律判断其违法性问题，倘若其行为的情节达到刑法及上述司法解释相关规定的要求，即具有刑事违法性，应适用《刑法》第 6 条的规定行使刑事管辖权，以《刑法》第 303 条赌博罪或者开设赌场罪定罪处罚。对此，上述司法解释的态度亦是如此。该解释第 1 条第 4 项规定，“组织中华人民共和国公民 10 人以上赴境外赌博，从中收取回扣、介绍费的”，即属于“聚众赌博”的情形。其第 5 条第 2 项规定：“组织国家工作人员赴境外赌博的”，依照《刑法》第 303 条的规定从重处罚。该解释的法理根据即在于，该组织赌博行为触犯了我国刑法具有刑事违法性，即便赌博行为或者开设赌场行为本身在行为地所在国家或者地区不认为是犯罪，而在这种情形下行使管辖权的根据为属地管辖，即根据我国《刑法》第 6 条规定确定刑事管辖权。该解释虽然只规定了“组织国家工作人员赴境外赌博”的情形，未对组织其他中国公民赴境外赌博作出明确规定，不过，“举重以明轻”，根据该解释所依据法理推演，则组织其他中国公民赴境外赌博当然具有违法性，在达到法律和司法解释确定情节的前提下，应适用我国刑法追究其刑事责任。对于在中国领域外利用互联网实施的聚众赌博、开设赌场[①]的行为，如果招揽并接纳中国领域内人员参与赌博的，即可以认为聚众赌博或者开设赌场的部分行为在我国领域内，应根据《刑法》第 6 条规定行使刑事管辖权。

对于为国外赌博网站在中国领域内组织赌博人员参与赌博的，也应根据我国

---

① 最高人民法院、最高人民检察院《关于办理赌博刑事案件具体应用法律若干问题的解释》第 2 条规定：“以营利为目的，在计算机网络上建立赌博网站，或者为赌博网站担任代理，接受投注的，属于刑法第三百零三条规定的‘开设赌场’。”

《刑法》第6条予以追究。例如，被告人李某等5人均为浙江省人，其中李某是某咖啡厅的经营业主，在上海和萧山有多家公司，手下有三四百名员工。5人做的是菲律宾赌博网站的“代理”：利用互联网视频技术现场直播菲律宾“百家乐”赌场的情况。在2008年3月至12月期间，被告人先后组织多人（包括多名本地私企老板）在众安假日酒店、开元名都酒店等地进行网络赌博37次，共非法获利200万余元，涉案金额达1.25亿元。法院判决5名被告人犯开设赌场罪，分别判处不等之有期徒刑，并处罚金。①

七、根据《刑法》第6条确定适用我国刑法后的刑事诉讼管辖

确定适用我国刑法后，我国司法机关应根据《刑事诉讼法》的规定来确定地域管辖和审级管辖。最高人民法院《关于执行〈中华人民共和国刑事诉讼法〉若干问题的解释》第8条规定：“在中华人民共和国领域外的中国船舶内的犯罪，由犯罪发生后该船舶最初停泊的中国口岸所在地的人民法院管辖。”第9条规定：“在中华人民共和国领域外的中国航空器内的犯罪，由犯罪发生后该航空器在中国最初降落地的人民法院管辖。”第10条规定：“在国际列车上的犯罪，按照我国与相关国家签订的有关管辖协定确定管辖。没有协定的，由犯罪发生后该列车最初停靠的中国车站所在地或者目的地的铁路运输法院管辖。”第11条规定：“中国公民在驻外的中国使领馆内的犯罪，由该公民主管单位所在地或者他的原户籍所在地的人民法院管辖。”对于外国人在中国领域内犯罪，依照《刑法》第6条规定予以处置。根据《刑事诉讼法》第20条的规定，外国人犯罪的刑事案件，由中级以上人民法院管辖。

① 杭州网：“萧山亿元跨国网络赌博案宣判，开设赌场罪成立”，载http：//www.hangzhou.com.cn/20090629/ca1742005.htm，2011年12月15日访问。

第三章　属人管辖原则的适用

我国《刑法》第7条规定："中华人民共和国公民在中华人民共和国领域外犯本法规定之罪的，适用本法，但是按本法规定的最高刑为三年以下有期徒刑的，可以不予追究。中华人民共和国国家工作人员和军人在中华人民共和国领域外犯本法规定之罪的，适用本法。"该条是有关属人管辖原则的规定。本章集中论述属人管辖原则的一般理论以及该条的解释与适用问题。

第一节　属人管辖原则的一般理论

属人管辖权，即指一国对其公民在其领域外实施的犯罪，适用其刑法追究该公民的刑事责任。有关属人管辖权行使的原则，即为属人管辖原则或属人原则。在理论上，属人管辖原则区分为积极的属人管辖原则和消极的属人管辖原则。我国《刑法》第7条有关属人管辖权的规定，即属于积极的属人管辖原则的规定，而《刑法》第8条有关保护管辖权的规定，其中包含了消极的属人管辖权的规定。由于属人管辖权行使的连接点在于行为人具有一国国籍，因而属人管辖原则也可称为国籍原则。属人管辖原则基于国家主权所具有的属人优越权而产生。根据属人优越性，国家对其公民具有管辖的权力，而不论其公民在国内还是在国外，是国家根据与本国有确定的法律联系，即对具有本国国籍的人的犯罪所享有的法律上的管辖权。①

一、属人管辖原则理论与实践的发展历程

属人管辖原则的起源并不明确。关于属人管辖原则的历史，日本学者森下忠认为，远古部落法仅适用于本部落的成员，在其隶属的部落内部拥有处罚权的家长、部族为了排除个人的复仇行为，而处罚实施亵渎神灵、杀人、通奸的犯罪人，如此处理方式被称为"部落原则"。5世纪前后，在希腊城邦国家间缔结的

① 赵秉志主编：《刑法基础理论探索（第一卷）》，法律出版社2003年版，第498页。

庇护条约中，偶尔会发现有关属人管辖规定，据此，审判应当在犯罪人所属的城邦进行。西罗马帝国灭亡后日耳曼国家建立，其法律是以属人原则为基础的。积极的属人管辖原则被认为是确立刑事管辖权方面历史最为悠久的制度。①

对此，我国学者陈忠林教授作出更为详细的论述：从历史的角度看，属人管辖原则源于欧洲古老观念，即每个人都是本国法律的“驮夫”，根据这一观念，一国公民不论其身在何处都必须遵守本国法律规定。所以，任何国家都有权要求本国公民履行忠于本国法律的义务，即使身在国外也不例外。在19世纪以前，该原则曾是欧洲大陆国家决定刑法空间效力范围的最主要标准。在欧洲的野蛮时代，人们一般都根据行为人所属氏族的法律来决定其行为是否构成犯罪；中世纪时，欧洲教会法则主要根据犯罪人所属教区法律来对犯罪人进行处罚；在封建领主时代，确定行为人的行为是否构成犯罪的主要根据是犯罪人居住地的法律。自19世纪以来，随着强调一国对本国领域内一切事务具有绝对、排他的刑事管辖权的现代国家的建立，属人管辖原则逐渐为属地管辖原则所替代，失去了作为决定刑法空间效力范围主要标准的地位。但是，由于对本国公民的属人管辖权是国家主权重要组成部分，所以属人管辖原则亦不可被取代。1961年里斯本举行的第8届国际刑法学大会曾建议各国法官在审理涉及外国人的刑事案件时，适用犯罪人所属国的法律。在该原则基础上，意大利中世纪后注释法学派提出的“居住地原则”，即一国对在该国具有永久性居所的外国人在该国领域外犯罪也有刑事管辖权的主张，也成为国际刑法领域确定刑事管辖权范围的补充性原则之一。②

二、属人管辖原则的法理根据

在国际法上，属人管辖权的行使以行为人具有一国国籍为前提。国籍“作为主张的标记和主权的一个方面，通常被认为是对域外行使管辖权的基础。一方面，通过住所地及外国人所拥有的作为证据的其他联系或不顾国籍的变更均可以使这项原则的适用得以扩展。另一方面，因为属地管辖原则和属人管辖原则以及双重国籍可以产生平行的管辖权，或可能是双重的危险境地，因此，许多国家都对属人管辖原则加以限制，通常限定为严重的违法行为。任何情况下，在诸如南极这样不适合‘属地’标准的地方所实施的刑事违法行为，国籍可以作为一个

① ［日］森下忠著，阮齐林译：《国际刑法入门》，中国人民公安大学出版社2004年版，第51~52页。

② 高铭暄、马克昌主编：《中国刑法解释（上卷）》，中国社会文献出版社2005年版，第98页。

必要的标准。”①

在刑法理论上，属人管辖原则的法理根据有三种具有代表性的观点：②

1．国家利益说。该说认为，对本国公民在国外犯罪的适用本国刑法，有利于唤醒其遵守法律规范的意识，从而发挥刑罚预防犯罪的机能。具体理由包括三个方面：（1）“拥有善良臣民对于国家至关重要”。本国公民在国外犯罪，表明其并不善良，故有必要通过刑罚处罚使其成为善良臣民。（2）如果本国公民在国外犯罪后回国，而本国不予处罚，本国就成为在外国犯罪的本国公民的避难所。（3）本国公民在国外犯罪后适用本国刑法，有利于唤醒其规范意识，使其在本国不触犯刑法，从而维护本国的法律秩序。该说的实质是着眼于国家利益，而不注重对行为人自由的保障。③

2．忠诚义务说。有人认为，因为国家拥有使其公民遵守本国法律的权能，即使其国民在国外也不能例外。该观点可能受到“法律的精髓是忠诚”的日耳曼法思想的影响。这种观点的合理性和正当性在现代国际社会里难以得到肯定。张明楷教授即指出忠诚义务说存在的缺陷包括六个方面：④（1）忠诚义务说强调国民对国家的忠诚，主张本国公民不管身居何处，都必须效忠母国，具有遵守本国刑法的义务，然而，这是权威主义国家观与权威刑法的观点。（2）忠诚义务说导致无限制的属人主义，其结论不具有现实合理性。（3）认为本国公民在国外实施本国刑法规定的犯罪后，若不受处罚就会在回国后犯罪，是忠诚义务说的重要理由，但是，这一理由并不成立。（4）避免本国成为本国公民在外国犯罪后的避难所，但这一点不能成为忠诚义务说的理由。（5）忠诚义务说不利于处理新国民犯罪现象。即如果行为时为外国人，取得我国国籍后再犯罪的，根据忠诚义务说不利于处理新国民原本的犯罪问题。（6）忠诚义务说不符合我国刑法的任务与犯罪的本质，按照忠诚义务说作出的处理结论，不可能令人满意。张明楷教授进而指出，我国《刑法》第 7 条所依据的理论基础并非忠诚义务说。

3．国家制止犯罪的连带性说（也即代理处罚说）。该观点是从有关国家在制止犯罪方面的连带性上寻求根据。换言之，如果犯罪地国、被害人所属国依据属

---

① ［英］伊恩·布朗利著，曾令良等译：《国际公法原理》，法律出版社 2003 年版，第 333 页。

② ［日］森下忠著，阮齐林译：《国际刑法入门》，中国人民公安大学出版社 2004 年版，第 54～58 页；［日］森下忠著：《刑法适用法的理论》，成文堂 2005 年版，第 119 页，转引自张明楷著：《刑法学》，法律出版社 2011 年版，第 76 页。

③ 张明楷：《国民对国家的忠诚义务与国家对国民的保护》，载《社会科学》2008 年第 4 期。

④ 张明楷：《国民对国家的忠诚义务与国家对国民的保护》，载《社会科学》2008 年第 4 期。

地管辖原则、保护管辖原则等不能追诉犯罪人，那么犯罪人就会逍遥法外，因而需要本国对其公民进行追诉。如果按照该种观点，依据属人管辖原则所进行的审判就具有所谓代理处罚的性质。比较起来，第二个原则比第一个原则更具说服力，但也存在两点疑问：一是积极的属人管辖原则既非为了贯彻格拉修斯所提出的“或引渡或起诉”原则而提出，也非为反思本国公民不引渡原则而存在。二是由此产生互惠原则的关系问题。例如，甲是A国人，在B国犯罪后返回A国。A国采取属人管辖原则对甲依据其本国法追究刑事责任。此例中，A国虽然没有将甲引渡给B国，但仍进行了处罚。再如，乙在A国犯罪后逃回其本国B国，如果B国不采用属人管辖原则，则B国对乙不能适用其国刑法予以追究，而如果A国与B国在引渡问题上采取条约前置主义，而双方又没有引渡条约，则对乙的行为即无从追究。这样看，对于同样的罪行，由于本国法是否采取属人管辖原则，在法律效果上就形成差异，而实际上形成处罚上的不平等，也有违国家间的互惠原则。对于属人管辖原则（即积极的属人管辖原则）的法理根据，耶塞克教授也认为：“积极的属人管辖原则是历史上最早的国际刑法中的连接点，因为根据旧的法律观，一个人的法状态是由其种属决定并永远受其约束。积极的属人管辖原则强调个人受国家的约束，因此迎合了权威主义的国家思想。实际上，该原则今天更多的是以国际间的相互支持思想为基础的：行为人的祖国是不可能允许他在国外实施犯罪行为，而其后又允许他返回他所在国的。”①

上述学说各有一定合理性也存在一定的问题：就国家利益说和忠诚义务说而言，确如张明楷教授所言，过于扩大了属人管辖权的适用范围，将一国公民对其本国的法律义务绝对化了。不过，不区分犯罪类型，完全地否定忠诚义务说，也是不妥当的。对于本国公民危害本国国家利益的犯罪，无论行为地法律是否规定为犯罪，都应适用本国刑法，如此结论的理论基础即可援用忠诚义务说予以理解。例如，《德国刑法典》第5条同时确定了国家保护原则和积极的属人管辖原则。对于有关积极的属人管辖原则的规定，耶塞克教授评价到：“应当考虑到，以此等犯罪构成要件为基础的忠诚义务和尊重义务，只能要求联邦德国有某种人身关系的德国人具备之。”② 可见，对于某些犯罪适用积极的属人管辖原则且不考虑行为地法律规定情形，其法理基础即可从忠诚义务说寻求支持。

国家制止犯罪的连带性说（代理处罚说）也存在问题，即如果毫无保留地贯彻“双重犯罪”原则，也会造成国家刑罚权行使的不利局面，尤其是各国国

① ［德］汉斯·海因里希·耶赛克、托马斯·魏根特著，徐久生译：《德国刑法教科书》，中国法制出版社2001年版，第207～208页。

② ［德］汉斯·海因里希·耶赛克、托马斯·魏根特著，徐久生译：《德国刑法教科书》，中国法制出版社2001年版，第213页。

家体制和利益不同，对某些行为违法性的判断上存在相当差异，一国未规定或者不认为是犯罪的行为，而对于他国而言，可能认为已经构成对国家利益的重大侵犯。在这种情形下，绝对化接受“双重犯罪”原则，贯彻代理处罚说即会存在国家刑罚权处理上的漏洞。在一些国家（如德国、奥地利）的刑法中，对于预备发动侵略战争、叛乱等严重危害国家利益的行为，无论行为地法律如何规定，对实施这一犯罪的本国人或外国人都一概适用本国刑法，即不采用“双重犯罪”原则。此外，持代理处罚说的观点也会将属人原则与代理原则相混淆。代理原则所体现的是对他国刑罚权的补充，如果根据属地原则不得适用本国刑罚权，因为被告人是在国内被逮捕的，但由于事实上的或法律上的原因不能被引渡给该外国，就得适用该原则。适用代理原则的情形既包括本国公民在外国犯罪回到国内，因“本国公民不引渡”而不引渡他国受审的情形，也包括外国人在本国领域外犯罪，在本国领域内被发现但又不符合引渡行为地国受审的情形。对于前种情形，即出现属人原则与代理原则适用重叠的情况。我国刑法中没有明确规定代理原则，但是在我国与一些国家签订的引渡条约和参加的国际条约中，可以看到代理原则的运用。例如，对于行为时为外国人，被发现时已入籍为中国公民，当该人之原国籍国提出引渡请求时，即不应依照属人原则予以追诉，而应依照我国与该国所缔结的引渡条约，依照代理原则予以追究。[①]

对《刑法》第7条的理解，应从我国刑法规定出发，结合我国刑法的其他规定和原理进行合理限定。就《刑法》第7条而言，我国行使属人管辖权的法理根据包括两个方面，即约束中国公民的行为以保护中国国家、社会和其他公民的利益和作为负责任的国际社会的一员，对由中国公民实施的、具有违背国际社会所共同认可的价值和利益的行为，运用本国刑法对其进行惩罚。就前者而言，对于属人管辖权法理根据的理解，首先应建立在国家与其公民之间关系上，不能脱离这一关系来理解属人管辖。在现代国家，公民作为一个国家的成员，在受到国家保护的同时，亦应遵守本国的法律并承担相应的义务。当其处于国外时，应同样遵守其本国制定的法律并承担相应的义务，这不因其处于国外而得以免除。一国公民在本国领域外实施的犯罪行为，可能仍对其本国所保护社会关系和利益产生影响，当该行为为本国法律所禁止并规定为犯罪时，其由犯罪而产生的刑事责任并不因此而免除。正是由于国家与其公民存在这种紧密关系，在国际引渡实践中，“本国公民不引渡”被奉为基本原则，其根据即在于国家对本国公民的保护，而当本国公民的行为违反其法律时，亦应相应地予以处罚。同时，随着各国在基本法律价值上的认同以及对基本人权保护的共识已经形成基本一致，为此，一国对其公民在其领域外的各种利益提供保护的同时，也应对其公民的行为予以

① 如果依照代理处罚说，对于这种情形也应适用属人管辖。

约束。从这个意义上说，一国确立并行使刑事管辖权，也体现了该国对国际社会所承担的责任，因为各国公权力应对国际社会普遍承认的价值与利益提供保护。正如耶塞克教授所言：“个人的法益如身体、生命、自由、名誉、私人秘密、家庭权利和财产等，在任何刑法秩序中，无论涉及外国人还是本国公民，这些法益均受到同等的保护，这是得到广泛承认的‘司法的最低标准’”。[①] 总之，一国行使属人管辖的依据在于行为人具有公民身份且侵犯了本国刑法所保护的各种利益，以及具有公民身份的行为人虽未直接侵犯本国刑法所保护的利益，但是侵犯了为国际社会所认同的基本价值和利益。

二、有关属人管辖原则的立法例

当下世界各国都在一定程度上承认并在刑事法律中确立属人管辖原则，在大陆法系国家，受其法律传统影响，属人管辖原则历来为刑事法律所认可。在将属地管辖原则视为根本原则的普通法系国家，也一定程度上承认并以法律形式确认，对其国民在国外犯罪的行使管辖权。例如，英国立法机关即规定了对其国民的管辖权，尤其是叛国罪、谋杀罪和重婚罪，以及无论在何地违反《国家机构保密法》方面的行为。[②]

在行使属人管辖原则的法律规定方面，各国立法例可以分为四种类型：[③]

1. 规定其刑法全部适用于它们在国外的公民的犯罪行为。例如，《印度刑法典》第 4 条规定，该法适用于印度国境以外任何地方的任何印度公民实施的任何犯罪。《韩国刑法典》第 3 条（本国公民在国外犯罪）规定：“本法适用于在大韩民国领域外犯罪的本国公民”。《俄罗斯联邦刑法典》第 12 条（刑事法律对在俄罗斯联邦境内实施犯罪的人的效力）规定：“1. 在俄罗斯联邦境外实施犯罪的俄罗斯联邦公民和常住俄罗斯联邦的无国籍人，如其行为在行为实施地国构成犯罪，而且在外国并未被判刑的，应依照本法典的规定承担刑事责任。在对上述人判刑时，刑罚不得高于行为实施地国法律规定的制裁上限。驻扎在俄罗斯联邦境外的俄罗斯联邦军人，对在外国境内实施的犯罪，应依照本法典承担刑事责任，但俄罗斯联邦签订的国际条约有不同规定的除外。”

2. 规定其刑法部分地适用于国外其公民的犯罪行为。例如，前引的英国的

① ［德］汉斯·海因里希·耶赛克、托马斯·魏根特著，徐久生译：《德国刑法教科书》，中国法制出版社 2001 年版，第 218 页。

② ［英］伊恩·布朗利著，曾令良等译：《国际公法原理》，法律出版社 2007 年版，第 331 页。

③ 林欣、李琼英著：《国际刑法新论》，中国人民公安大学出版社 2005 年版，第 48 页。

立法例即是如此。[①] 美国刑法的域外效力及于其公民在国外实施的罪行包括与外国政府进行犯罪的通信、在外国的奴隶贸易船舶上当船员、当海盗和帮助海盗、犯叛逆罪、伪造货币、利用在外国旅行的机会帮助国内的犯罪活动、在公海上进行非法的卸货、在外贸中用不公平的方法进行竞争、策动兵变、伪造发票、在领事官员面前作伪证，等等。在受大陆法系法律传统影响的国家和地区，有的国家和地区在刑法中明文规定其属人管辖权适用的罪行范围。例如，《日本刑法典》第 3 条（国民的国外犯）规定，“日本国民在国外犯以下之罪的，适用该法：对现住建筑物等放火、对非现住建筑物等放火等犯罪，应依照这两个罪处断的罪以及这些犯罪的未遂罪；侵害现住建筑物的犯罪；伪造私文书等、制作虚伪诊断书等、行使伪造的私文书等以及电磁记录以外的有关的犯罪；伪造和不正当使用私印等的犯罪以及相应的未遂罪；强制猥亵、强奸、准强制猥亵和准强奸、未遂罪、强制猥亵等致死伤和重婚的犯罪；杀人的犯罪及其未遂罪；伤害罪和伤害致死的犯罪；业务上堕胎和业务上堕胎致死伤、不同意堕胎、不同意堕胎致死伤的犯罪；保护责任者遗弃等的犯罪以及遗弃等致死伤的犯罪；逮捕和监禁以及逮捕等致死伤的犯罪；掠取和诱拐未成年人、掠取和诱拐、勒索赎金等、移送国外目的的掠取等、收受被掠取者等、未遂罪的犯罪；毁损名誉的犯罪；盗窃、侵夺不动产、强盗、事后强盗、昏醉强盗、强盗致死伤、强盗强奸和强盗强奸致死以及未遂罪的犯罪；诈骗、使用电子计算机诈骗、背任、准诈骗、恐吓、未遂罪的犯罪；业务上侵占的犯罪；收受赃物等的犯罪。”第 4 条（公务员的国外犯）规定，“对于在日本国外犯下列各罪的日本公务员，适用该法：看守人等脱逃的犯罪及未遂罪；制作虚伪公文书等的犯罪；公务员滥用职权，特别公务员暴行、凌辱、虐待，受贿、受托受贿和事前受贿、向第三者提供贿赂、加重受贿和事后受

① 英国的典型案例：威廉·乔埃斯是一名居住在英国的美国人，他谎称出生于英国，骗取英国护照到欧洲大陆旅行。1939 年 8 月他来到德国，被柏林的德国广播公司雇为英语新闻的播音员。在近一年的广播中，他竭力为德国效力。二战结束后，乔埃斯在德国被捕并被送回伦敦。英国政府以叛逆罪对其提起刑事诉讼并判处其死刑。乔埃斯最后上诉到英国议会上院。上院驳回乔埃斯的上诉，维持原判，理由是：乔埃斯持英国护照，在二战期间站在德国方面进行广播宣传，其具有英国国籍且有义务效忠英国，因此允许以叛逆罪对他处以绞刑。引自林欣、李琼英著：《国际刑法新论》，中国人民公安大学出版社 2005 年版，第 49 页。

贿、斡旋受贿的犯罪以及特别公务员滥用治权等致死伤的犯罪。”① 需要提及的是，我国 1979 年《刑法》亦采此种立法形式。该法第 4 条规定：“中华人民共和国公民在中华人民共和国领域外犯下列各罪的，适用本法：（一）反革命罪；（二）伪造国家货币罪（第一百二十二条），伪造有价证券罪（第一百二十三条）；（三）贪污罪（第一百五十五条），受贿罪（第一百八十五条），泄露国家机密罪（第一百八十六条）；（四）冒充国家工作人员招摇撞骗罪（第一百六十六条），伪造公文、证件、印章罪（第一百六十七条）。”第 5 条规定：“中华人民共和国公民在中华人民共和国领域外犯前条以外的罪，而按本法规定的最低刑为三年以上有期徒刑的，也适用本法；但是按照犯罪地的法律不受处罚的除外。”

3. 根据重罪与轻罪的区分来确定属人管辖权适用规则。这种情形皆出现于刑法中区分重罪与轻罪的国家。例如，《法国刑法典》第 113－6 条规定：“法国人在法国领域外实行的任何重罪，适用法国刑法。法国人在法国领域外实行的轻罪，如此种行为受其实施地国家之法律惩处，适用法国刑法。即使轻罪被告人是在其受到追究的行为之后取得法国国籍，亦适用本条之规定。”《土耳其刑法典》第 11 条（本国公民实施的犯罪）规定：“1. 土耳其公民在外国实施根据土耳其法律其法定最低刑不轻于 1 年监禁的犯罪，而未曾因为同一行为在该外国被判决有罪并且能够在土耳其对其进行审判的，如果发现其正处于土耳其境内的，可以根据土耳其刑法进行追诉。2. 如果行为人所犯罪行的法定最低刑轻于 1 年监禁的，只能根据被害人或者该外国请求启动追诉。对此类案件的追诉请求，必须在该公民进入土耳其境内之日起 6 个月内提出。”不过，在区分重罪与轻罪的国家，也有不分轻重一概适用其刑法的立法例，而是以其他条件加以限制。例如，《瑞士刑法典》第 6 条（瑞士人在外国实施的重罪或轻罪）第 1 款规定：“瑞士人在外国实施之重罪和轻罪，根据瑞士法律允许引渡的，如果该行为在行为地也

---

① 我国台湾地区“刑法”第 6 条（属人原则——公务员国外犯罪之适用）规定：“本法于中华民国公务员在中华民国领域外犯左列各罪者，适用之：一、第一百二十一条至第一百二十三条、第一百二十五条、第一百二十六条、第一百二十九条、第一百三十一条、第一百三十二条及第一百三十四条之渎职罪。二、第一百六十三条之脱逃罪。三、第二百十三条之伪造文书罪。四、第三百三十六条第一项之侵占罪。”台湾地区“刑法”第 121 条为“不违背职务之受贿罪”，第 122 条为“违背职务受贿罪及行贿罪”，第 123 条为“准受贿罪”，第 125 条为“滥权追诉处罚罪”，第 126 条为“凌虐人犯罪”，第 129 条为“违法征收罪，抑留或克扣款物罪”，第 131 条为“公务员图利罪”，第 132 条为“泄露国防以外之秘密罪”，第 134 条是有关“公务员犯罪加重处罚之规定”。第 7 条（属人原则—国民国外犯罪之适用）规定：“本法于中华民国人民在中华民国领域外犯前二条以外之罪，而其最轻本刑为三年以上有期徒刑者，适用之。但依犯罪地之法律不罚者，不在此限。”

被认为是犯罪，适用本法，但以行为人在瑞士或因该行为人被引渡给瑞士联邦者为限。如果行为地法律对行为人的处罚较轻的，适用行为地的法律。”不过，如果瑞士人在外国犯针对瑞士国家的重罪或轻罪，根据该法第 4 条规定并无双重犯罪的限制。又如，《埃及刑法典》第 3 条规定：“埃及人在国外实施本法典规定的重罪或者轻罪，如果其回到埃及并且依据行为地国法律也应当对其行为追究刑事责任的，按照本刑法典追究刑事责任。”

4. 规定对不同身份的公民在国外的犯罪行为加以区分。最典型的例子就是我国，对普通公民在中国领域外犯我国刑法所规定的犯罪的，适用我国刑法，但按照刑法规定的最高刑为 3 年以下有期徒刑的，可以不予追究。但是，对国家工作人员和军人在国外犯罪的，则没有如此限制。

对属人管辖权的立法例，除上述分类方式外，以本国刑法是否全部适用于在领域外的本国公民，又分为无限制的属人管辖原则和有限制的属人管辖原则：[①] 前者是指对本国国民在本国领域外的犯罪，无论其在国外是否受到刑罚处罚，都适用本国刑法，前引以《印度刑法典》、《韩国刑法典》、《俄罗斯刑法典》为代表的第一种分类方式即属于此种类型；后者是指有限制的属人管辖原则，即对本国公民在本国领域外所犯的一定之罪，适用本国刑法。上述第二种、第三种和第四种分类方式即属于有限制的属人管辖原则。

一些国家在刑法中将其刑事管辖权的适用范围及于居住其国家的非本国公民在其领域外的犯罪行为，如此其管辖原则可概括为“居住原则”。例如，《丹麦刑法典》第 7 条规定：“在下列情况下，由丹麦公民或者定居于丹麦之侨民在丹麦领域外实施之犯罪行为，应当服从丹麦的刑事司法管辖：（1）行为发生在国际法认为属于任一国家领域之区域，且该行为应当处以四个月以上之监禁；（2）行为发生在外国领域内，按照行为发生国之法律，该行为亦应受到刑事处罚。上列第一款之规定，同样应当适用于行为发生时处于丹麦境内之芬兰、冰岛、挪威和瑞典公民及其定居于这些国家之侨民实施之行为。”《巴西刑法典》第 7 条（国外犯罪）规定，“巴西公民或者定居于巴西的人实施的种族屠杀”，即使实施于国外，也应当适用巴西法律，而且无论行为人是否已经因此在国外被宣判无罪或者被判决有罪，均应根据巴西法律进行追诉。《古巴刑法典》第 5 条第 1 款规定：“定居于古巴的无国籍人，在古巴领域外实施犯罪的，如果其位于古巴或者被引渡到古巴的，可以适用古巴刑法。”对这一问题，一些国家则通过其刑法法条将特定的非本国公民予以拟制规定，视同于本国公民。例如，《意大利刑法典》第 4 条第 1 款规定：“在刑事法律的意义上，因籍贯或者选择而从属于意大利国家主权支配地的人以及居住在原来的国家领域内的无国籍者被视为意大利公

① 张景著：《国际刑法综述》，人民法院出版社 2004 年版，第 220 页。

民。”据此，这些人在外国实施其刑法第 7 条（在外国实施的犯罪）、第 8 条（在外国实施的政治犯罪）、第 9 条（公民在外国的普通犯罪）的，也以意大利公民视之。与《意大利刑法典》相同，《芬兰刑法典》第 6 条（芬兰人实施的犯罪）第 3 款规定：“下列人员被认为等同于芬兰公民：（i）犯罪之时永久居住在芬兰之人或者审判开始之时永久居住在芬兰之人；（ii）在芬兰被逮捕的人和在审判开始之时是丹麦、冰岛、挪威、瑞典公民或者当时永久居住在上述国家之一的人。”《越南刑法典》第 6 条（对越南社会主义共和国领域外的犯罪行为的效力）第 1 款也规定：“越南公民在越南社会主义共和国领域外犯罪，可以依照本法追究刑事责任。本规定也适用于在越南社会主义共和国常住的无国籍人。”

此外，很多国家在采用属人管辖原则作为刑法适用范围的标准时，往往从以下三个方面加以限制：[①]（1）“双重犯罪原则”的限制。以行为人实施的行为被本国法律和行为实施地的法律均规定为犯罪为标准来限制本国刑法适用的做法。根据该原则，一国公民在国外实施的触犯本国法律的行为，如果没有被行为实施地的法律规定为犯罪，就不适用本国刑法。“‘行为在犯罪地因特殊关系不被视为犯罪的’，不得适用本国刑罚权”，这是“一个被广泛接受的对公正的要求。”[②]（2）法定刑的限制，即以一定的法定刑为标准来限制本国刑法在国外的适用范围。例如，《意大利刑法典》第 9 条（公民在外国的普通犯罪）中规定，除意大利公民在外国实施国事等犯罪和在外国实施政治犯罪外，意大利“公民在外国领域实施意大利法律对之规定适用无期徒刑或者最低不少于 3 年的有期徒刑的犯罪的，依照意大利法律处罚，只要该人处于意大利国家领域内。如果法律对犯罪规定的是期限较短的限制人身自由刑，则经司法部长提出要求或者被害人提出申请或告诉，才予以处罚。”《瑞典刑法典》则同时通过双重犯罪原则和法定刑限制作出规定，其第 2 条规定：“下列人在瑞典国外犯罪，由瑞典法院依照瑞典法律裁决：1. 瑞典公民或在瑞典定居的外国人；2. 不在瑞典定居的外国人，犯罪后成为瑞典公民或者取得瑞典的居住权，或者正在瑞典的丹麦、芬兰、冰岛或挪威公民；3. 依照瑞典法律可对犯罪判处 6 个月以上监禁且正在瑞典的任何外国人。犯罪地的法律认为行为不负刑事责任，或者犯罪地不属于任何国家，并且依照瑞典法律不可能处重于罚金之刑的，不适用前款规定。”（3）程序上加以限制。由于本国司法机关在侦查、取证乃至审理本国公民在国外犯罪存在较大困难，一些国家还从程序上加以限制。如《意大利刑法典》第 9 条还规定，

① 高铭暄、马克昌主编：《中国刑法解释（上卷）》，中国社会文献出版社 2005 年版，第 99～100 页。

② ［德］汉斯·海因里希·耶赛克、托马斯·魏根特著，徐久生译：《德国刑法教科书》，中国法制出版社 2001 年版，第 208 页。

“如果法律对犯罪规定的是期限较短的限制人身自由刑，则经司法部长提出要求或者被害人提出申请或告诉，才予以处罚。”再如，根据《法国刑法典》第113-8条规定，法国人在法国领域外实行的轻罪，如果适用法国刑法，“只有应检察机关之申请，始得对轻罪提起追究；此种追究必须事先由受害人或其权利继受人告诉，或者由行为实施地的国家机关提出正式控告”。

四、国际条约中有关属人管辖原则的规定

属人管辖原则作为属地管辖原则的必要补充，在一些国际公约中也得到确认。[①] 例如，《核材料实物保护公约》第8条规定：“1. 每一缔约国应采取必要的措施，以便在下列情况下对第七条所称罪行确立其管辖权：……（b）被控犯人是该国国民。”《关于防止和惩处侵害应受国际保护人员包括外交代表的罪行的公约》第3条规定，“1. 每一缔约国应采取必要措施，以确定其在下列情况下对第二条第一款所列举的罪行[②]的管辖权：……（B）嫌疑犯是本国国民时”。《禁止酷刑和其他残忍、不人道或有辱人格的待遇或处罚公约》第5条规定：“1. 每一缔约国应采取各种必要措施，确定在下列情况下该国对第4条所述的罪行有管辖权：……（b）被控罪犯为该国国民”。《反对劫持人质国际公约》第5条第1款规定，“每一缔约国应采取必要的措施来确立该国对第一条所称任何罪行[③]的管辖权，如果犯罪行为是：……（b）该国任何一个国民所犯的罪行，或经常居住于其领土内的无国籍人（如该国认为恰当时）所犯的罪行”。《联合国禁止非法贩运麻醉药品和精神药物公约》（1988年12月20日订于维也纳，1990年11月11日生效）第4条第1款（b）规定：“在遇到下述情况时，可采取可

① 张智辉著：《国际刑法学通论》，中国政法大学出版社1999年版，第77页。

② 该公约第2条规定的罪行包括：“（A）对应受国际保护人员进行谋杀、绑架、或其他侵害其人身或自由的行为；（B）对应受国际保护人员的公用馆舍、私人寓所或交通工具进行暴力攻击，因而可能危及其人身或自由；（C）威胁进行任何这类攻击；（D）进行任何这类攻击未遂；（E）参与任何这类攻击为从犯。”

③ 该公约第1条规定：“1. 任何人如劫持或扣押并以杀死、伤害或继续扣押另一个人（以下称“人质”）为威胁，以强迫第三方，即某个国家、某个国际政府间组织、某个自然人或法人或某一群人，作或不作某种行为，作为释放人质的明示或暗示条件，即为犯本公约意义范围内的劫持人质罪行。2. 任何人（a）图谋劫持人质；（b）与实行或图谋劫持人质者同谋而参与其事，也同样犯有本公约意义下的罪行。”

能必要的措施，对其按第三条第1款确定的犯罪，[①] 确立本国的管辖权：（一）进行该犯罪的人为本国国民或在其领土内有惯常居所者……”《制止恐怖主义爆炸事件的国际公约》第6条第1款规定：“1. 在下列情况下，每一缔约国应酌情采取必要法律措施，对第2条所述罪行确定管辖权：……（c）罪行的实施者是该国国民。”《联合国打击跨国有组织犯罪公约》第15条第2款规定，“在不违反本公约第四条[②]规定的情况下，缔约国在下列情况下还可对任何此种犯罪[③]确立其管辖权：……（b）犯罪者为该缔约国国民或在其境内有惯常居所的无国籍人”。

第二节 《刑法》第7条的理解与适用

对我国公民实施的犯罪，依照我国刑法予以追诉的情形包括以下四种：[④]（1）我国公民在我国领域内实施犯罪并且犯罪之后仍然处于我国权力所及的范围之内时，由我国刑事司法机关依照我国刑法管辖；（2）我国公民在我国领域之内犯罪之后逃至国外时，通过引渡程序将其引渡回国而后依照我国刑法对其进

① 该公约第3条第1款规定：“1. 各缔约国应采取可能必要的措施将下列故意行为确定为其国内法中的刑事犯罪：（a）（一）违反《1961年公约》、经修正的《1961年公约》或《1971年公约》的各项规定，生产、制造、提炼、配制、提供、兜售、分销、出售、以任何条件交付、经纪、发送、过境发送、运输、进口或出口任何麻醉药品或精神药物；（二）违反《1961年公约》和经修正的《1961年公约》的各项规定，为生产麻醉药品而种植罂粟、古柯或大麻植物；（三）为了进行上述（一）目所列的任何活动，占有或购买任何麻醉药品或精神药物；（四）明知其用途或目的是非法种植、生产或制造麻醉药品或精神药物而制造、运输或分销设备、材料或表一和表二所列物质；（五）组织、管理或资助上述（一）、（二）、（三）或（四）目所列的任何犯罪。（b）（一）明知财产得自按本款（a）项确定的任何犯罪或参与此种犯罪的行为，为了隐瞒或掩饰该财产的非法来源，或为了协助任何涉及此种犯罪的人逃避其行为的法律后果而转换或转让该财产；（二）明知财产得自按本款（a）项确定的犯罪或参与此种犯罪的行为，隐瞒或掩饰该财产的真实性质、来源、所在地、处置、转移、相关的权利或所有权。（c）在不违背其宪法原则及其法律制度基本概念的前提下，（一）在收取财产时明知财产得自按本款（a）项确定的犯罪或参与此种犯罪的行为而获取、占有或使用该财产；（二）明知其被用于或将用于非法种植、生产或制造麻醉药品或精神药物而占有设备、材料或表一和表二所列物质；（三）以任何手段公开鼓动或引诱他人去犯按照本条确定的任何罪行或非法使用麻醉药品或精神药物；（四）参与进行，合伙或共谋进行，进行未遂，以及帮助、教唆、便利和参谋进行按本条确定的任何犯罪。”

② 该公约第4条是有关缔约国国内法事宜的规定。

③ 该公约规定的罪行包括有组织犯罪集团、洗钱、腐败行为、妨害司法。

④ 张智辉著：《国际刑法学通论》，中国政法大学出版社1999年版，第76页。

行刑事管辖；（3）我国公民在我国领域之外实施犯罪之后回到我国时，依照我国刑法对其进行管辖；（4）我国公民在我国领域之外犯罪并且仍在国外时，通过引渡程序，将其引渡回国而后依照我国刑法对其进行刑事管辖。对于前两种情况，是根据《刑法》第6条有关属地管辖的规定予以追究，而后两种情况则是依据《刑法》第7条有关属人管辖的规定予以追究。属人管辖权的行使，在实践中主要有两个问题需要解决：一是如何确定犯罪人的国籍。由于国籍只能根据有关国家的国内法来确定，而不同国家关于国籍的规定又不尽相同，所以在按照属人管辖原则确立管辖权的情形下，有关国家可能因为确认犯罪人的国籍的标准不同而发生争议。特别是当犯罪人在实施某种犯罪之后取得或者丧失某国国籍时，该国是否有权对其所实施的犯罪进行管辖。二是属人管辖的范围。即一个国家根据其刑法对哪些犯罪可以依据属人管辖原则予以追诉，如本章第一节所述，各国在该问题上存在很大不同，由此也会在国际上引起争议。[①] 对《刑法》第7条有关属人管辖规定的理解与适用问题，主要也是从这两个方面展开，并结合《刑法》第7条规定的具体内容进行分析。

一、“中华人民共和国公民”的内涵

确定某一自然人是否为中国公民，应根据《国籍法》加以判断。国籍表示自然人具有某个国家的公民或国民资格或身份，与该国保持着长久的法律联系，处于其属人优越权之下。[②] 国籍对国家和个人都有重要意义，主要表现在三个方面：[③]（1）区分本国人和外国人。具有本国国籍的人是本国人，不具有本国国籍的人是外国人。国家对本国人有属人管辖权，对外国人有属地管辖权或国际法上的其他管辖权。（2）确定属人管辖权的根据。个人具有某国国籍，该国就对其有属人管辖权，不论其在该国境内还是境外，都要服从该国的属人优越权。国家也因此有保护其在本国领域外公民之合法权利，并接受自外国返回的本国公民的义务。（3）个人与国际法联系的纽带。个人具有某国国籍，就可以享受国际法赋予其国家的权利和义务给他带来的有关权利和义务。

（一）《国籍法》的主要内容

《国籍法》对中华人民共和国公民国籍问题作出规定，而对《刑法》第7条所说之“中华人民共和国公民”应据此规定加以判断。根据《国籍法》第1条的规定，中华人民共和国国籍的取得、丧失和恢复，都适用该法；第3条规定，中华人民共和国不承认中国公民具有双重国籍。《国籍法》的主要内容包括以下

① 张智辉著：《国际刑法学通论》，中国政法大学出版社1999年版，第78～79页。

② 周鲠生著：《国际法（上册）》，商务印书馆1976年版，第248页。

③ 邵津主编：《国际法》，北京大学出版社、高等教育出版社2011年版，第63～64页。

三个方面：

1．中国国籍的取得

一国国籍因出生和入籍（归化）而取得，《国籍法》对国籍的取得的规定即包括出生和入籍两个方面。

个人因出生取得国籍被称为出生国籍或原始国籍，出生国籍是各国国内法以个人出生的事实而赋予的。各国立法实践形成了血统主义、出生地主义和混合主义三类标准：血统主义标准，是以父母任何一方或仅以父亲的国籍决定出生者的国籍；出生地主义标准，是以出生地决定其国籍；混合主义标准，是兼用血统主义标准和出生地主义标准。[①] 根据我国《国籍法》的规定，中国国籍的赋予标准是血统主义为主兼采出生地主义。《国籍法》第 4 条、第 5 条确立了国籍取得的血统主义。第 4 条规定："父母双方或一方为中国公民，本人出生在中国，具有中国国籍。"第 5 条规定："父母双方或一方为中国公民，本人出生在外国，具有中国国籍；但父母双方或一方为中国公民并定居在外国，本人出生时即具有外国国籍的，不具有中国国籍。"作为对国籍取得血统主义的补充，第 6 条则规定了有条件的出生地主义。该条规定："父母无国籍或国籍不明，定居在中国，本人出生在中国，具有中国国籍。"

个人因入籍而取得的国籍被称为继有国籍。继有国籍是国家依据个人出生之后与该国发生联系的事实而赋予的国籍。[②] 入籍有狭义和广义之分：狭义入籍是指外国人或无国籍人按一国法律之规定，通过本人自愿申请并经批准而取得该国国籍；广义入籍还包括由于婚姻、收养、准婚生、领土变更等原因而取得某国国籍。[③] 我国《国籍法》第 7 条规定："外国人或无国籍人，愿意遵守中国宪法和法律，并具有下列条件之一的，可以经申请批准加入中国国籍：一、中国人的近亲属；二、定居在中国的；三、有其他正当理由。"第 8 条规定："申请加入中国国籍获得批准的，即取得中国国籍；被批准加入中国国籍的，不得再保留外国国籍。"

2．中国国籍的丧失

国籍的丧失，是指某人因某种事由而丧失其所具有的某一国国籍的情形。国籍的丧失分为自愿和非自愿两种情形：自愿丧失国籍，是指根据本人的意愿而丧失国籍；非自愿丧失国籍，是指由于法定原因而非由于本人自愿而丧失本国国籍，主要是由于取得外国国籍、婚姻、收养、认领和被剥夺等原因而丧失本国国

---

① 邵津主编：《国际法》，北京大学出版社、高等教育出版社 2011 年版，第 65 ~ 66 页。

② 邵津主编：《国际法》，北京大学出版社、高等教育出版社 2011 年版，第 66 页。

③ 端木正主编：《国际法》，北京大学出版社 1989 年版，第 256 页。

籍。[1] 我国《国籍法》第 9 条规定:“定居外国的中国公民,自愿加入或取得外国国籍的,即自动丧失中国国籍。”第 10 条规定:“中国公民具有下列条件之一的,可以经申请批准退出中国国籍:一、外国人的近亲属;二、定居在外国的;三、有其他正当理由。”第 11 条规定:“申请退出中国国籍获得批准的,即丧失中国国籍。”不过,对于国家工作人员和现役军人,根据第 12 条的规定,不得退出中国国籍。

3. 中国国籍的恢复

对于符合国家规定条件的情形,某人在已丧失某一国国籍的情况下还被恢复其曾经丧失的国籍。个人恢复国籍只能按一般外国人申请入籍的程序进行,而其是否能够重新取得国籍则完全由国家主管部门依法决定。我国《国籍法》第 13 条规定:“曾有过中国国籍的外国人,具有正当理由,可以申请恢复中国国籍;被批准恢复中国国籍的,不得再保留外国国籍。”

我国《国籍法》除对中国国籍的取得、丧失和恢复作出规定之外,还特别就取得、丧失和恢复中国国籍的程序问题作出规定。该法第 14 条规定:“中国国籍的取得、丧失和恢复,除第九条规定的以外,必须办理申请手续。未满十八周岁的人,可由其父母或其他法定代理人代为办理申请。”第 15 条规定:“受理国籍申请的机关,在国内为当地市、县公安局,在国外为中国外交代表机关和领事机关。”第 16 条规定:“加入、退出和恢复中国国籍的申请,由中华人民共和国公安部审批。经批准的,由公安部发给证书。”

(二) 判断是否为中国公民时需要注意的具体问题

对《刑法》第 7 条中“中华人民共和国公民”的理解与界定,应依照我国《国籍法》的规定来加以判断。在实践中,对以下四个具体问题还应特别注意:

1. 已加入外国国籍,但居留在中国领域内且持有中国公民身份文件的人员,在中国领域外犯罪的

在实践中,有的中国公民在取得他国国籍之后,仍在中国国内具有居所且仍持有中国公民身份文件,如身份证、户口簿等。对此,根据《国籍法》第 9 条的规定,这类人员在取得外国国籍后即自动丧失中国国籍,不再属于“中华人民共和国公民”,其持有的中国公民身份文件即应归于无效,而其再以中国公民身份所从事的活动,则根据情形视为无效或者可撤销。如果这类人员在中国领域外犯罪的,则不应再根据《刑法》第 7 条规定以属人管辖追究其刑事责任;如果这类人员在中国领域外针对中国国家或公民犯罪的,则应根据《刑法》第 8 条有关保护管辖的规定适用我国刑法予以追究。

---

① 端木正主编:《国际法》,北京大学出版社 1989 年版,第 260 页。

2. 犯罪时为中国公民，而犯罪事实被发现时已加入外国国籍的

从《刑法》第7条规定看，“中华人民共和国公民在中华人民共和国领域外犯本法规定之罪的，适用本法”，应指某人犯罪时具有“中华人民共和国公民”之身份。如此，只要行为人在中国领域外犯我国刑法所规定之犯罪的时候，具有中国国籍，即根据《刑法》第7条规定具有刑事管辖权。如果行为人在实施该行为时具有中国公民身份，而在行为事实被发现时，已经加入外国国籍的，在我国刑罚权之行使与该行为人之间，因该人不再具有中国国籍而丧失连接点。但是，其行为根据中国刑法规定已构成犯罪，而中国刑罚权之实施在其构成犯罪时就已经产生，并不因为其丧失中国国籍而消灭。换言之，当行为人在行为时具有中国国籍的，其所实施行为依据中国刑法判断其刑事违法性，因此，其行为如符合中国刑法中具体刑法规范，即构成犯罪，丧失国籍当然不阻却犯罪成立，同样也不阻却刑罚权实施。

当然，在实践中，对于这种情形的处理比较复杂：（1）如果该行为人在中国领域外，中国有关机关通过既有的引渡条约提出引渡时，则被请求国可能以“本国公民不引渡为由”而拒绝引渡，如若如此，则对该行为人之刑事追诉即无从进行，除非两国之间明确规定“或引渡或起诉”原则，由被请求国代行刑事追诉。不过，即便如此，也存在被请求国是否认可该人作为中国公民时的行为，根据其刑法是否构成犯罪的问题。（2）如果该行为人在中国领域内被发现进而被追诉的，则因其已经具有外国身份，其国籍国可能提供领事保护，而根据我国刑事诉讼法究竟作为中国公民进行审判，还是适用针对外国人的审判程序也存在问题。对此，笔者认为，因追诉时该人已经具有外国公民身份，就应根据刑事诉讼法有关针对外国人的诉讼程序来进行，而不应再作为中国公民进行审判，相应地，当其国籍国提出领事保护时，亦应根据相关国内法和国际公约给予便利。对这种情形适用《刑法》第7条只是解决刑事管辖权问题，即确定中国刑罚权实施的根据和前提，至于在刑事诉讼过程中，则应根据现实情况予以相应处理。

3. 犯罪时为外国人，而犯罪事实被发现时已加入中国国籍的

对于犯罪时为外国人，而犯罪事实被发现时加入本国国籍的，一些国家在刑法中明确规定可以根据属人管辖权予以追诉。例如，《荷兰刑法典》规定，对于犯罪时不是该国公民，而后来才取得该国国籍的人，同样要行使刑事管辖权。[①]《法国刑法典》第113－6条规定：“法国人在法国领域外实行的任何重罪，适用法国刑法。法国人在法国领域外实行的轻罪，如此种行为受其实施地国家之法律惩处，适用法国刑法。即使轻罪被告人是在其受到追究的行为之后取得法国国籍，亦适用本条之规定。”《芬兰刑法典》第6条第2款规定：“行为人在行为实

① 林欣、李琼英著：《国际刑法新论》，中国人民公安大学出版社2005年版，第48页。

施时是芬兰公民，或者在审判开始时成为芬兰公民的，都认为是芬兰公民。”《瑞典刑法典》第2条第1款规定，“不在瑞典定居的外国人，犯罪后成为瑞典公民或者取得瑞典的居住权”的，依照瑞典法律裁决。

我国刑法对于这种情形并未作出规定。对此，学理上存在忠诚义务说、国家利益符合说的争论：依据前者，对该行为人不能适用我国刑法，因为该公民在行为当时并不负有忠诚义务；依据后者，则应适用我国刑法，如此符合国家利益。张明楷教授即认为，《刑法》第7条中的“中华人民共和国公民”，不限于“行为时的中华人民共和国公民”，还包括“裁判时的中华人民共和国公民”。[①] 对于此种情形，笔者认为，不能适用《刑法》第7条规定行使属人管辖权。其理由在于：从《刑法》第7条规定看，根据该条行使属人管辖权的前提是，行为人在行为时具有“中华人民共和国公民”身份，而在这种情形下，行为人在行为时并不具有该种身份，而属于外国公民或者无国籍人，因而就不符合《刑法》第7条的适用前提，进言之，也就无从启动中国刑罚权之实施，至于其在犯罪后取得中国公民身份，亦不能根据《刑法》第7条启动刑事追诉。所以，即便我国有关机关发现通过入籍取得中国国籍的人员在入籍前在中国领域外实施犯罪，且没有针对中国国家或者公民，也不属于普遍管辖权所适用的犯罪之列，则我国司法机关不能主动行使刑事管辖权。当该人处于我国领域内，其前国籍国提出引渡请求的，我国应根据《引渡法》第8条第1项之规定拒绝引渡，不过如果我国和该国已缔结有引渡条约且确定“或引渡或起诉”原则的，则我国司法机关应对其予以起诉。作为一项引渡合作原则，“或引渡或起诉”要求缔约国对于国际条约所规定的犯罪在接到另一缔约国提出的关于引渡的请求时必须作出这样的抉择：或者对被请求引渡人实行引渡，或者将其移交本国司法机关进行追诉和审判。例如，《中华人民共和国和大韩民国引渡条约》第5条规定：“一、双方有权拒绝引渡其本国国民。二、如果根据本条第一款不准予引渡，被请求方应根据请求方的请求，将案件提交其主管机关，以便在其本国法律允许的范围内予以追诉。为此，请求方应向被请求方提交与案件有关的文件和证据。”《中华人民共和国和菲律宾共和国引渡条约》第3条规定：“一、双方均有权拒绝引渡本国国民。二、如果被请求方行使此项权利，请求方可以请求将案件移交给被请求方的主管机关，以便根据被请求方的法律对该人提起刑事诉讼。”《中华人民共和国和俄罗斯联邦引渡条约》第5条即规定，在根据该条约规定因本国国民不引渡的情形下，“被请求的缔约一方应根据请求的缔约一方的请求，依照本国法律对该人提起刑事诉讼”。中国与阿拉伯联合酋长国、阿塞拜疆共和国、巴西联邦共和国、白俄罗斯共和国、保加利亚共和国、哈萨克斯坦共和国、吉尔吉斯共和

① 张明楷著：《刑法学》，法律出版社2011年版，第77页。

国、柬埔寨王国、莱索托王国、老挝人民民主共和国、立陶宛共和国、罗马尼亚、蒙古国、南非共和国、泰王国、突尼斯共和国、乌克兰、乌兹别克斯坦共和国等国家也都确立了同样的原则。

4. 港澳台居民在中国领域外犯罪的

根据《香港特别行政区基本法》第18条和附件三、《澳门特别行政区基本法》第18条和附件三的规定，《国籍法》适用于两个特别行政区。对于香港、澳门地区居民的国籍问题，全国人大常委会都作出了解释。全国人民代表大会常务委员会《关于〈中华人民共和国国籍法〉在香港特别行政区实施的几个问题的解释》规定，凡具有中国血统的香港居民，本人出生在中国领土（含香港）者，以及其他符合《国籍法》规定的具有中国国籍的条件者，都是中国公民。所有香港的中国同胞，不论其是否持有“英国属土公民护照”或者“英国国民（海外）护照”，都是中国公民。自1997年7月1日起，上述中国公民可继续使用英国政府签发的有效旅行证件去其他国家或地区旅行，但在香港特别行政区和中华人民共和国其他地区不得因持有上述英国旅行证件而享有英国的领事保护的权利。任何在香港的中国公民，因英国政府的“居英权计划”而获得的英国公民身份，根据《国籍法》不予承认，这类人仍为中国公民，在香港特别行政区和中华人民共和国其他地区不得享有英国的领事保护的权利。全国人民代表大会常务委员会《关于〈中华人民共和国国籍法〉在澳门特别行政区实施的几个问题的解释》规定，凡具有中国血统的澳门居民，本人出生在中国领土（含澳门）者，以及其他符合《国籍法》规定的具有中国国籍的条件者，不论其是否持有葡萄牙旅行证件或身份证件，都是中国公民。凡具有中国血统但又具有葡萄牙血统的澳门特别行政区居民，可根据本人意愿，选择中华人民共和国国籍或葡萄牙共和国国籍。确定其中一种国籍，即不具有另一种国籍。上述澳门特别行政区居民，在选择国籍之前，享有澳门特别行政区基本法规定的权利，但受国籍限制的权利除外。对于台湾居民而言，则因台湾海峡两岸尚未统一，因而没有相关法律文件确定台湾居民的法律身份。不过，依据宪法及法理，但凡具有中国血统且为台湾永久性居民的，即属于“中华人民共和国公民”，其正当利益受到中国宪法及其他法律保护。

对于具有“中华人民共和国公民”身份的港澳台居民，如果其在中国领域外犯罪的，应否适用刑法是个比较复杂的问题。如前章所述，我国现行刑法并没有对香港、澳门、台湾境内的犯罪，香港、澳门、台湾地区居民的犯罪以及针对香港、澳门、台湾及其居民实施的犯罪作出规范，因而对这些情形下的刑法适用问题，主要是根据宪法、两个特别行政区基本法的精神和法理予以厘清。就具有中国国籍的港澳台居民在中国领域外的犯罪而言，首先，要明晰刑法“国家刑法”与“内地刑法”的双重身份。对此，前章已予以论述。其次，香港、澳门、台湾对其居民的管辖权，可以视为中国之整体属人管辖权向三地的“让渡”。作为“国家刑法”，《刑法》理应对任何中华人民共和国公民具有约束力，但是基于“一国两制”的原则和基本法的规定，从身份上讲则仅对内地居民产生约束力。由于“一国两制”的国策和基本法的规定，在整体的国家主权统一的前提下，基于历史原因和现实需要，又将国家对内的管理权限进行了分配，使特别行政区享有了高度的自治权。因此，从法理上讲，在刑法对人的效力问题上，作为“国家刑法”的《刑法》对任何具有中华人民共和国国籍的公民都具有约束力，对其在中华人民共和国领域外的犯罪都具有适用的效力，从这个角度看，国家的属人管辖权是统一的；但是在一国之内，则根据基本法的规定对不同法域的公民管理权限进行了再次分配，形成了各法域对本法域居民的管辖权，从某种意义上说，《刑法》将对全体公民的属人管辖效力向特别行政区的地区刑法进行了“让渡”，使特别行政区刑法对本法域的居民形成约束力。

基于上述两点理由，对于港澳台居民在中国领域外犯罪的，不应适用《刑法》第7条规定予以追究。如果某人为香港、澳门或者台湾居民且具有中国国籍，则其在中国领域外犯罪的，香港、澳门或者台湾根据其刑法规定进行管辖。例如，《澳门刑法典》第5条即有相关之规定。如果该人在中国领域外犯罪后逃至内地的，若并未针对内地居民实施犯罪，在香港、澳门或者台湾相关有权机关的请求下，可以将该人遣返至提出请求的法域，由该法域司法机关依照其刑事法律予以追诉。

有关中国公民在中国领域外犯罪的刑事诉讼管辖问题，最高人民法院《关于执行〈中华人民共和国刑事诉讼法〉若干问题的解释》第12条规定：“中国公民在中华人民共和国领域外的犯罪，由该公民离境前的居住地或者原户籍所在地的人民法院管辖。”

二、“中华人民共和国领域外”的界定

“中华人民共和国领域外”即指在中国领陆、领水、领空之外的地方，包括其他国家或者地区的领域，公海及公海上空以及国际法上认可的无主地，如南极。结合《刑法》第6条第2款规定，“凡在中华人民共和国船舶或者航空器内犯罪的”，适用我国刑法，而悬挂中国国旗的船舶或者在中国登记的航空器之上的空间，通常被称为“想象领域”或者“浮动领土”，因而即便该船舶或者航空器位于中国领域外，中国公民在该船舶或者航空器内实施的犯罪，应适用中国刑法规定。进言之，中国司法机关可以根据《刑法》第6条所确立的属地管辖原则对行为人进行追诉，而不是依照《刑法》第7条来确定刑事管辖权。结合《刑法》第6条第3款规定，“犯罪的行为或者结果有一项发生在中华人民共和国领域内的，就认为是在中华人民共和国领域内犯罪”，因而《刑法》第7条中

“中华人民共和国领域外”是指犯罪的全部行为和结果都发生在中国领域外的情形。但凡犯罪的部分行为或者结果发生于中国领域内，都视为在中国领域内发生，进而中国司法机关可以根据《刑法》第6条第3款的规定予以追诉。

对于中国公民在中国驻外使领馆内犯罪的，应根据《刑法》第7条属人管辖原则予以追诉，而不是根据《刑法》第6条属地管辖原则予以追诉。这与对驻外使领馆的法律性质和地位的认识相关。如前章所述，驻外使领馆内的领域仍属于接受国领域，而非派遣国领域，因而在其驻外使领馆内的犯罪，等同于在驻在国领域内、派遣国领域外实施犯罪。虽然对于该种情形，因使领馆之特殊地位，接受国一般不依据属地管辖行使管辖权，但是，派遣国并不因此而具有属地管辖权，对于其使领馆内的中国公民犯罪，应依照属人管辖原则确立刑事管辖权。

对“中华人民共和国领域外”的理解，还应特别注意香港、澳门、台湾的问题。香港、澳门、台湾当然属于中国的固有领土，在中华人民共和国领域之内。因此，非本地居民的中国公民在香港、澳门或者台湾犯罪的，即不应根据《刑法》第7条规定来解决刑事管辖权问题。其理由在于，《刑法》第7条是确立国家的刑事管辖权行使的原则，而没有解决一个国家之内刑事管辖权的划分及冲突解决问题。对于这种情形，原则上应由犯罪地所在法域行使刑事管辖权，如果该行为人返回内地的，则内地司法机关可以根据刑法规定予以追诉。

例如，2006年7月3日，中国公民郜某被派遣至坦桑尼亚，担任由中国铁路运输工程总公司全额出资的中国铁路建设工程机电（坦桑尼亚）有限公司业务部副经理。自2006年8月至2007年3月，郜某利用业余时间，与在坦桑尼亚结识的坦桑尼亚商人阿西里·杜勒共同销售了金额达4万美元的劣药，这些劣药均销售于坦桑尼亚境内5家医院，病人服用后，有15人轻伤，3人残疾。案发后，阿西里·杜勒受到坦桑尼亚当地政府的处罚，郜某于2007年4月返回中国。法院根据《刑法》第7条第2款、第142条第1款的规定，判决被告人郜某犯销售假药罪，判处有期徒刑3年，并处罚金30万元人民币。[①] 对于该案，我国法院依照《刑法》第7条有关属人管辖的规定行使刑事管辖权，由于被告人具有国家工作人员的身份，因而在判决中应具体援用《刑法》第7条第2款规定。

三、对“本法”的理解

《刑法》第7条中的“本法”，从字面意义上看，应指“《中华人民共和国刑法》”，不过，这里的“本法”并不限于刑法典本身，也包括单行刑法。理由在于：《刑法》第7条属于刑法适用法，具体解决属人管辖权的适用问题，符合该

① 赵秉志主编：《刑法教学案例》，法律出版社2007年版，第15页。

条所确定条件的，即应适用中国刑法追究其刑事责任。所谓单行刑法，实际是在统一刑法典之外，以单行法的形式规定了刑法规范，其属于广义刑法的组成部分。适用中国刑法，即包含适用单行刑法的情形。目前，我国单行刑法只有一部，即全国人大常委会《关于惩治骗购外汇、逃汇和非法买卖外汇犯罪的决定》，而该单行刑法只规定了一个犯罪，即骗购外汇罪。中国公民在中国领域外犯该罪的可能性几乎为零。当然，从法理出发，《刑法》第7条中的“本法”应当包括该单行刑法。

有论者认为，《刑法》第7条中的“本法”是指包括香港、澳门、台湾地区刑法在内的我国刑法。如果不这样理解，就可能得出违背各特别行政区基本法的结论：（1）我国的全国性立法机关也和香港、澳门特别行政区立法机关一样，仅是一个区域性的立法机关；（2）从刑事法律意义上看，香港、澳门特别行政区的刑法，不是广义的《刑法》，而是独立于中国管辖范围之外的刑事法律体系；（3）在刑事法律意义上，香港、澳门地区不是“直辖于中央人民政府”的“享有高度自治权的地方行政区域”，不是在“一国”基础上主权与自治权间并存的“两制”的关系，而是互不相涉的关系；（4）即使在涉及对外代表国家行使刑事管辖权的问题上，中央人民政府也无权制定相关规范，即使涉及国与国之间的关系，也应完全由各特别行政区自行立法解决；（5）即使“在全国人民代表大会常务委员会决定宣布战争状态或因各行政区内发生特别行政区政府不能控制的危及国家统一或安全的动乱而决定在相应特别行政区进入紧急状态”的情况下，中央人民政府也无权发布命令，将有关的刑事法律在各特别行政区实施。①

上述观点力求通过解释来解决《刑法》与香港、澳门、台湾地区刑法的关系问题，其初衷难能可贵。不过，其观点及论证并不具有充分的说服力，其担忧也未必符合事实。其论证方式是，如果不如此理解，则会形成诸多不利局面，而为克服这些不利局面，应该如此理解。这显然是倒因为果的论证方式，是难以令人信服的。对于该论者提出的问题，首先应该明确一点，就是现行刑法并没有对内地与港澳台之间刑法关系作出规定，对现有条文也不应通过解释来试图解决这一问题。其理由如前所述，刑法不能在宪法性文件缺失的情况下直接规定这一带有宪法性的问题。如果对“一国两制”进行法理学分析，应该得出以下结论：内地、香港、澳门和台湾是平等法域，其司法权平等，并各自拥有相对独立的刑事司法体系，是统一的国家司法权的组成部分；《刑法》虽为全国性法律，但仅适用于内地，因而具有“国家法律”和“内地法律”的双重身份，当与港澳台

① 参见高铭暄、马克昌主编：《中国刑法解释（上卷）》，中国社会文献出版社2005年版，第104页。

之间形成刑事管辖权的冲突时，其仅具有内地法律的身份。如此结论的根据，完全是基于对“一国两制”的认识。

按照“一国两制”的设想，“四地”法制体系在“一个中国”的宪法前提下，同归于一个主权国家的宪政法制体系。这里要着重分析的是，“四地”法制体系之间究竟是特殊与一般的关系，还是并行互不隶属的关系。如果是前者，实际就要首先承认作为国家主干的社会主义法制在香港、澳门、台湾也应施行，但是由于这些地区有特殊的法制体系，则根据特殊法制优于普通法制的原则，在这些地区适用特殊的法制体系；如果是后者，则须承认社会主义法制在香港、澳门、台湾都不具有效力，因而“四地”法制体系并行不悖，互不隶属。这两种认识所可能得出的结论差距是相当大的：如果前者成立，当特别行政区法制对某一事项缺少规范时，即出现“法律真空”时，则社会主义法制作为一般法制如有规范，可以援用社会主义法制来解决该事项；如果后者成立，则即便特别行政区法制对某一事项缺少规范，社会主义法制也不能径行适用之。从现有宪政法制框架分析，显然“四地”法制体系是互不隶属的，统一以宪法为母法，但是相互之间并行。[①] 这里必须首先澄清的问题是，作为整体的宪法与《宪法》第31条之间的关系问题。现行宪法是一部社会主义宪法，对此毫无疑义，内地的社会主义法制体系的确立即以其为宪政基础；《宪法》第31条是确立特别行政区制度的主要根据，而从逻辑上，显然其属于特殊法条，那么能否就此推论“特别行政区的法制体系与社会主义法制体系之间是特殊法制与一般法制的关系”呢？答案显然是否定的。《宪法》第31条从法条性质看属于授权性宪法规范，它授权全国人民代表大会以法律的形式确定特别行政区实行的制度；这条宪法规范构成了国家地方制度的一部分，而不是另行规定了一个新的、特殊的制度。因此，不能根据《宪法》第31条是特殊法条而得出上述结论。实际上，从现有宪政法制体系看，内地与特别行政区的法制体系也是并行的，而且具有理论和法律上的根据：（1）按照“一国两制”，在内地实行社会主义制度，在港澳台实行资本主义制度；社会主义法制是社会主义制度的重要组成部分，资本主义法制则是资本主义制度的重要组成部分。二者在观念形态上存在矛盾，无法互相包容，因而也就无法呈现出一般与特殊的关系。（2）从现有法律规定分析，《香港特别行政区基本法》第18条和《澳门特别行政区基本法》第18条规定，除《国籍法》等

① 参见肖蔚云主编：《一国两制与香港基本法律制度》，北京大学出版社1990年版，第14～16页。

少数法律文件①外，全国性法律不在特别行政区实施，从而也就排除了社会主义法制在特别行政区实施的可能。②

而就该论者的担忧而言，也并不符合事实。将刑法理解为内地法律，并不会必然导致该论者所担心的局面。所以，应当肯定地说，《刑法》第 7 条中的“本法”并不包括香港、澳门乃至台湾地区的刑法，而只限于全国人大及其常委会制定的全国性的刑法规范，而这些刑法规范相对于香港、澳门和台湾地区而言具有“内地性”。当然，为明确《刑法》与香港、澳门、台湾地区刑法的关系，有必要由国家最高立法机关通过立法的方式予以明确，如此可以澄清误解、化解矛盾。

四、对“按本法规定的最高刑为三年以下有期徒刑的，可以不予追究”的理解

根据《刑法》第 7 条第 1 款的规定，中国公民在中国领域外实施的行为触犯《刑法》分则规定的某一刑法规范，如果其最高刑为 3 年以下有期徒刑，则可以不予追究。该条款中的“可以”，即意味着有关司法机关具有一定的自由决定权，根据案情及相关影响案件处理的因素作出判断及决定；“可以不予追究”，就是有关司法机关被授权来决定是否予以追究，在通常情况下，对于这种情形，司法机关会决定不予追究，但当存在特殊情形时，亦有予以追究的可能性。

针对这一问题，存在争议的焦点就是，“本法规定的最高刑为三年以下有期徒刑”究竟是指《刑法》分则条文中所列明的、某一犯罪的法定最高刑，还是行为人所实施行为可能引起的刑罚的最高法定刑幅度？对此，有论者认为，这里的“最高刑为三年以下有期徒刑”，是指《刑法》分则规定的犯罪行为所属量刑

---

① 根据《香港特别行政区基本法》第 18 条及附件三的规定，在香港实施的全国性法律文件有：《关于中华人民共和国国都、纪年、国歌、国旗的决议》、《关于中华人民共和国国庆日的决议》、《中央人民政府公布中华人民共和国国徽的命令》、《中华人民共和国政府关于领海的声明》、《国籍法》、《外交特权与豁免条例》。《澳门特别行政区基本法》第 18 条及附件三的规定，在澳门实施的全国性法律文件有：《关于中华人民共和国国都、纪年、国歌、国旗的决议》、《关于中华人民共和国国庆日的决议》、《国籍法》、《外交特权与豁免条例》、《领事特权与豁免条例》、《国旗法》、《国徽法》、《领海及毗连区法》。

② 我国台湾学者朱武献对特别行政区能否事实上采取资本主义制度提出怀疑，其根据是：宪法整体上是社会主义的，因而第 31 条也应是社会主义的，根据体系解释，“绝无法导出可以采行与社会主义制度完全不同之资本主义制度，否则其宪法序言及总纲之规定岂非赘文”。（参见朱武献：《论一国两制——兼论对两岸关系之影响》，载（台湾）辅仁大学法律系办《辅仁法学》第 11 期，1992 年 6 月）其观点实际上即混淆了作为整体的宪法与第 31 条的关系。

档次的最高刑轻于3年以下有期徒刑，而不是《刑法》分则条文为每种犯罪行为规定的法定最高刑。[①] 该观点是值得肯定的。理由在于：(1) 刑法中很多犯罪的法定刑都包括“三年以下”这一幅度，而适用这种情形的案件往往情节并不严重，因而从《刑法》第7条第1款的精神出发，对于这种情形可以不予追究。(2) 如此也能实现不同犯罪之间的处理上的基本平衡。例如，《刑法》第277条妨害公务罪的法定刑最高为3年有期徒刑，而《刑法》第278条煽动暴力抗拒法律实施罪的法定刑包括两个幅度，即3年以下有期徒刑、拘役、管制和3年以上7年以下有期徒刑。[②] 例如，中国公民在中国领域外实施这两种不同行为，若坚持认为《刑法》第7条中的“最高刑”是刑法分则某一条文所规定的最高法定刑，则对行为人实施前罪可以不予追究，实施后罪则不属于“不可以追究”的范围，对于犯罪性质相似的两罪如此解释和处理显然是不合适的。所以，《刑法》第7条第1款中的“最高刑”应指《刑法》分则某一刑法规范中，针对犯罪人可能适用的法定刑幅度的最高刑。

五、“国家工作人员”和“军人”的界定

《刑法》第7条第2款规定：“中华人民共和国国家工作人员和军人在中华人民共和国领域外犯本法规定之罪的，适用本法。”根据该条款的规定，但凡行为人具有中国“国家工作人员”身份或者“军人”身份的，如果在中国领域外实施的行为符合中国刑法所确定的刑法规范，则对该行为应无例外地予以追究。之所以对这两类具有特殊身份的人员采取更为严格的属人管辖原则，其法理基础在于：国家对这两类人员的行为特别约束。进言之，这两类人员因其身份和职权而负有更高的、遵守中国法律的义务，而其行为往往又与国家利益、声誉等存在一定程度的联系。从该条款规定看，具有中国“国家工作人员”身份或者“军人”身份的人员，实施刑法所规定的犯罪，并不要求与其职务具有联系。详言之，只要是具有这两类人员身份，其行为只要符合我国刑法中某一刑法规范之规

---

① 参见高铭暄、马克昌主编：《中国刑法解释（上卷）》，中国社会文献出版社2005年版，第105页。

② 中国公民在中国领域外实施这两种犯罪的可能性是存在的。前者如，中国公民针对中国驻外使领馆的官员执行公务的行为以暴力、威胁等方式进行妨害；后者如，中国公民煽动在中国领域外的其他中国公民回国后以暴力抗拒法律实施。

定，即应适用我国刑法予以追究，而无论其是否利用这一身份，或者利用其职权。[①] 对于该条款的适用，明晰“国家工作人员”和“军人”的内涵至关重要。

（一）对“国家工作人员”的界定

对“国家工作人员”的判断，首先应依循《刑法》第93条的规定。该条规定：“本法所称国家工作人员，是指国家机关中从事公务的人员。国有公司、企业、事业单位、人民团体中从事公务的人员和国家机关、国有公司、企业、事业单位委派到非国有公司、企业、事业单位、社会团体从事公务的人员，以及其他依照法律从事公务的人员，以国家工作人员论。”由于我国具有较为特殊且复杂的人事管理制度，如何判断某人是否为“国家工作人员”，在实践中是一个十分棘手的问题。对此，历来有身份论、公务论（职责论）和折中论的争议：身份论认为，国家工作人员犯罪是一种职务型犯罪，行为人必须具有国家工作人员的资格身份，才能成为职务型犯罪的犯罪主体；公务论则认为，行为人是否为“国家工作人员”，应以其是否从事公务来决定，而不问其是否具有国家工作人员的资格身份；折中论则主张，应当将身份与公务有机结合起来，二者不可偏废，即以国家工作人员论者，必须具有一定的资格身份，如果不具有该身份，则不可能从事公务，而具有资格身份的人，如果从事的仅仅是劳务，也不是国家工作人员。[②]《刑法》分则所规定刑法规范之主体为“国家工作人员”的，应以行为人是否行使公务来判断，上述“公务论（职责论）”是值得肯定的。对此，[③] 2000年4月29日全国人大常委会《关于〈中华人民共和国刑法〉第九十三条第二款的解释》实际上也体现了“公务论”的观点。具体而言，村委会等村基层

① 当然，从立法论的角度看，如此规定是否合理还值得推敲。笔者认为，《刑法》第7条第2款如此规定，实际上即加重了这两类人员的法律义务负担，进而形成更为严格的法律约束。但是，“国家工作人员”身份和“军人”身份，只与一定的职权和职责具有联系。具有这一身份的人，在没有利用其身份或者其职权时，其行为性质和危害程度与普通人毫无二致，如此加重其法律义务负担即缺少合理性，而如此规定在某种程度上即造成了法律上的不平等。

② 张明楷著：《刑法学》，法律出版社2011年版，第136～137页。

③ 对此，全国人大常委会法工委刑法室描述的立法背景是：“1979年制定刑法时，考虑到我国公民在领域外的主要是华侨，由于他们同国内的公民所处的环境、受到的教育不同，对国家法律了解不多，因此只规定在我国领域外犯反革命罪等，才适用我国刑法。这一规定在当时是适宜的。根据形势的变化，1997年修订刑法时，扩大了适用范围，对所犯之罪不加限制，规定只要犯本法分则规定的任何一种罪的，都要适用我国刑法，追究刑事责任。但有一种例外，就是所犯的罪，按照刑法分则的规定，最高刑为3年以下有期徒刑的，可以不追究其刑事责任。”参见全国人大常委会法制工作委员会刑法室编：《中华人民共和国刑法条文说明、立法理由及相关规定》，北京大学出版社2009年版，第10页。

组织人员协助人民政府从事救灾、抢险、防汛、优抚、扶贫、移民、救济款物的管理等活动时，即属于《刑法》第93条第2款所规定的“其他依照法律从事公务的人员”。在这种情形下，村委会等村基层组织人员并不具有“国家工作人员”的资格身份，但是当其从事活动具有“公务”性质的时候，即作为国家工作人员来对待。

不过，对于《刑法》第7条第2款所说之“国家工作人员”则不能从“公务论”来理解。其理由在于：如前所述，《刑法》第7条第2款的适用，并不以行为人利用身份或者职权从事犯罪行为为条件，而是只要具有这一身份，其实施的行为触犯《刑法》分则规定的某一刑法规范，即应追究其刑事责任。换言之，判断《刑法》第7条第2款是否适用，并非依据是否履行公务，自然无从依据“公务论”加以判断。因此，对《刑法》第7条第2款中的“国家工作人员”应依“身份论”来判断，即根据目前我国劳动人事管理体制及管理制度来进行判断。

（二）对“军人”的界定

对《刑法》第7条第2款中“军人”的界定，应根据《刑法》第450条的规定进行判断。该条所规定的“军人”包括，“中国人民解放军的现役军官、文职干部、士兵及具有军籍的学员和中国人民武装警察部队的现役警官、文职干部、士兵及具有军籍的学员以及执行军事任务的预备役人员和其他人员。”

第三节 与属人管辖相关的其他问题

本章第二节对《刑法》第7条有关属人管辖权的一般规定进行了分析和诠释。与属人管辖相关，还需要对以下具体问题进行讨论。

一、行使属人管辖权是否以该行为被行为地国规定为犯罪为必要条件

我国1979年《刑法》第4条曾规定，对中国公民在中国领域外犯反革命罪、伪造国家货币罪、伪造有价证券罪、贪污罪、受贿罪、泄露国家机密罪、冒充国家工作人员招摇撞骗罪或伪造公文、证件、印章罪的，适用我国刑法。该条并未规定“双重犯罪”原则。该法第5条规定：“中华人民共和国公民在中华人民共和国领域外犯前条以外的罪，而按本法规定的最低刑为三年以上有期徒刑的，也适用本法；但是按照犯罪地的法律不受处罚的除外。”根据该条规定，对中国公民在中国领域外实施的犯罪，应当以行为地法律亦认为是犯罪为必要条件，即确立“双重犯罪”原则。而1997年《刑法》第7条并没有“按照犯罪地的法律不受处罚的除外”这一规定。对于中国公民在中国领域外实施的行为，

应否考虑行为地法律是否规定为犯罪的问题，有必要结合外国立法例和法理，并考虑国际刑事司法合作实践来加以论述。

（一）关于该问题的外国立法例

对一国公民在本国领域外实施的行为适用本国刑法，是否以该行为根据行为地法律规定为犯罪为条件，世界各国存在不同的立法例。

如果本国行使属人管辖权，须以行为地法律认为是犯罪为条件，即是通过确立“双重犯罪”原则来限制本国属人管辖权的行使。一些国家在刑法中都确立了这一原则。例如，《俄罗斯联邦刑法典》第12条第1款规定：“在俄罗斯联邦境外实施犯罪的俄罗斯联邦公民和常住俄罗斯联邦的无国籍人，如其行为在行为实施地国构成犯罪，而且在外国并未被判刑的，应依照本法典的规定承担刑事责任。在对上述人判刑时，刑罚不得高于行为实施地国法律规定的制裁上限。”对此，俄罗斯学者解释为：“假如一个人的行为在所在国不认为是犯罪，而在俄罗斯被认为是犯罪，那么追究他的刑事责任就是不合理的。”[①] 再如，《阿尔巴尼亚刑法典》第6条第2款规定：“阿尔巴尼亚公民在外国领域内实施犯罪行为，依据该外国的法律也构成犯罪并且该外国法院尚未对之作出生效判决的，也应当适用阿尔巴尼亚共和国刑法。”《埃及刑法典》第3条规定：“埃及人在国外实施本法典规定的重罪或者轻罪，如果其回到埃及并依据行为地国法律也应当对其行为追究刑事责任的，按照本刑法典追究刑事责任。”《瑞士刑法典》第6条第1款规定：“瑞士人在外国实施之重罪或轻罪，根据瑞士法律允许引渡的，如果该行为在行为地也被认为是犯罪，适用本法，但以行为人在瑞士或因该行为人被引渡给瑞士联邦者为限。如果行为地法律对行为人的处罚较轻的，适用行为地的法律。”

在一些国家的刑法中并没有确立“双重犯罪”原则。在这一类国家中，有的国家在刑法典中并没有规定属人管辖原则的行使以该行为被行为地法律规定为犯罪为条件。例如，《韩国刑法典》第3条关于“本国公民在国外犯罪”的规定，即没有对行为地法律是否认为是犯罪作出规定。[②]《日本刑法典》第3条（国民的国外犯）和第4条（公务员的国外犯）也未作出相似规定。

有的国家刑法则区分情形对待这一问题，即对本国公民在本国领域外实施的某些犯罪适用“双重犯罪”原则，而其他犯罪（尤其属于侵犯国家法益的犯罪）

---

① 黄道秀译：《俄罗斯联邦刑法典释义（上册）》，中国政法大学出版社2000年版，第16～17页。

② 与此相对照，该法第6条有关“对大韩民国或者大韩民国公民的国外犯罪”的规定中却明确规定，“但依照行为地的法律不构成犯罪、免予起诉或者免除刑罚执行的，不在此限”，即确立了双重犯罪原则。

则不适用“双重犯罪”原则。例如，《德国刑法典》第5条规定，对该条所列举的在外国实施的15种犯罪，“无论行为地法律如何规定”，德国刑法均予以适用。作为补充，其第7条第2款还规定，如果行为人“在行为时是德国人或者在行为后成为德国人，德国刑法适用于在国外所实施的其他行为，如果该行为在行为地被用刑罚加以威吓或者行为地处于非刑罚权之下”。[①] 再如，《奥地利刑法典》第64条规定，“无论行为地法律如何规定，对于该条所列举的在国外实施的10类犯罪行为，适用奥地利刑法予以追究。”根据该规定，对于如叛逆、通敌、攻击最高国家机关、叛国、针对联邦军队等行为，即便该行为在行为地不被认为是犯罪，仍应依据奥地利刑法予以追诉。同时，其第65条第1款规定，如果在外国实施了第63条和第64条所规定行为以外的犯罪行为，“当行为人在行为时为奥地利人，或者事后获得了奥地利国籍，且在开始刑事诉讼时仍拥有奥地利国籍的”，如果“外国法律同样规定予以处罚”，适用奥地利刑法予以追究。《芬兰刑法典》第11条第1款也规定：“如果犯罪是在外国领土实施的，只有当根据犯罪地法律该犯罪亦应受到处罚和该外国法院亦可以对该犯罪科处刑罚时，芬兰刑法才可以基于第5条、第6条和第8条[②]适用。在这种情况下，在芬兰不得判处比犯罪地法律规定的刑罚更高的处罚。”不过，该条第2款也规定，如果芬兰公民或者“犯罪之时永久居住在芬兰之人或者审判开始之时永久居住在芬兰之人”，犯有该款罪行时，即便“根据犯罪地法律不能处罚，芬兰刑法仍适用之”。

（二）根据我国《刑法》第7条规定对该问题的解决

如前所述，对我国《刑法》第7条的理解，应以我国刑法现行规定为基本出发点来进行阐述。从我国刑法规定看，我国行使刑事管辖权的法理依据在于，行为人具有公民身份且侵犯了我国刑法所保护的各种利益，以及具有公民身份的行为人虽未直接侵犯本国刑法所保护的利益，但是侵犯了为国际社会所认同的基本价值和利益。根据这一界定，应区分两种情形：（1）中国公民在中国领域外实施的针对中国国家和公民的犯罪行为。对于这种情形，应根据《刑法》第7条规定行使属人管辖权，对此并无疑问。现有司法解释亦有相应规定。例如，最高人民法院、最高人民检察院《关于办理赌博刑事案件具体应用法律若干问题的解释》第3条规定：“中华人民共和国公民在我国领域外周边地区聚众赌博、开设赌场，以吸引中华人民共和国公民为主要客源，构成赌博罪的，可以依照刑

① 引自冯军译：《德国刑法典》，中国政法大学出版社2000年版，第6页。

② 该法第5条是关于“针对芬兰人的犯罪”的规定，第6条是关于“芬兰人实施的犯罪”的规定，第8条是关于“在芬兰以外实施的其他犯罪”的规定。

法规定追究刑事责任。”[①]（2）中国公民在中国领域外实施犯罪，虽未针对中国国家和公民，但是依据行为地法律是犯罪的行为。例如，中国公民在其他国家杀死该国公民后返回中国，我国司法机关就应依据属人管辖权追究其刑事责任。

上述两种情形当然包含于《刑法》第 7 条之应有之义。存在问题的就是第三种情形，即如果中国公民在中国领域外实施行为，依据我国刑法构成犯罪且该罪最高法定刑为 3 年以上有期徒刑，但行为地国家未规定为犯罪或者不认为是犯罪的，则应否适用我国《刑法》第 7 条。例如，张明楷教授曾举例，《日本刑法典》第 177 条规定：“以暴行或者胁迫手段奸淫十三岁以上少女的，是强奸罪，处三年以上有期惩役；奸淫未满十三岁的女子的，亦同。”而根据我国《刑法》第 236 条的规定，奸淫未满 14 周岁的幼女的，以强奸论，从重处罚。设若中国男子在日本与已满 13 周岁不满 14 周岁的日本幼女自愿发生性行为，则我国司法机关能否适用《刑法》第 7 条。张明楷教授认为，此种情形即不应适用我国《刑法》第 7 条，因为这种行为没有侵犯我国的国家和公民法益，也没有被行为地的法律规定为犯罪，“故应当类推适用《刑法》第 8 条的但书规定，不适用我国刑法。”[②] 对于这种情形，笔者同意张明楷教授的结论，即不适用我国《刑法》第 7 条之规定。

不过，将之排除于《刑法》第 7 条适用之外的理由，笔者认为，不应根据

① 例如，2010 年上半年，汪某明、汪某兵等人一起商量策划在老挝磨丁开设赌场。之后，几人开始着手实施开设赌场的场地租用、赌场装修、员工宿舍建盖等。赌场正式开业后，为了加大投入，汪某明、汪某兵等人四处招揽投资人，先后又有 32 人出资 4.5 至 117.5 万元投入“恒大”赌厅，成为该赌厅股东。在 37 名股东中，汪某明、汪某兵等 5 兄弟均参与其中。该赌厅还以月薪人民币 2000 元至 5000 元的优厚待遇招录 37 名社会无业、闲散人员到“恒大”赌厅工作。至此，“恒大”赌厅以管理层为核心，设立了后勤、外联、内保、财务、码房等部门。前期由汪某明担任总经理，负责“恒大”赌厅的全盘工作；汪某兵担任外联经理，张某某担任内保经理，何某某为现场经理，高某兵担任办公室主任，每人的月薪为人民币 5000 元。后期则由高某兵、高某明、张某某、姚某某等人负责“恒大”赌厅的全盘工作。公诉机关指控，汪某明、汪某兵等人实施了开设赌场引诱出境、骗赌放贷、非法拘禁、殴打摧残、强索赎金等一系列有组织的犯罪行为。引自肖凤珍等：《云南景洪：跨国赌博案开庭》、《赌客的天堂？在这里体味“生不如死”》，载《检察日报》2011 年 12 月 28 日。

② 引自张明楷：《国民对国家的忠诚义务与国家对国民的保护》，载《社会科学》2008 年第 4 期。

类推来加以确定，[①] 而应从《刑法》第 13 条关于犯罪的界定加以排除。根据《刑法》第 13 条之规定，犯罪必须是“危害社会”的行为，而对于危害社会的理解和判断，绝对不是抽象的和主观的判断，而是根据特定时空环境进行的，以事实为基础的价值判断。由于价值判断具有相对性，因而应从特定社会、文化等方面加以甄别。就上引案例来说，对于日本社会而言，从其法律规定可以推论，其认为 13 岁以上的女子即具有性自由的决定权利，因而与已满 13 周岁未满 14 周岁的女子发生性关系的行为，即认为符合社会价值或者是与社会价值不相违背的，因而从当地社会看，该行为不具有社会危害。因此，因中国公民与已满 13 周岁未满 14 周岁的女子发生性关系不具有社会危害而排除了该行为的违法性，进而根据中国刑法亦无从判断其具有刑事违法性，因而也就不成立犯罪，自然不可能依据《刑法》第 7 条行使属人管辖权。从这个角度看，将第三种情形排除于《刑法》第 7 条适用之外的范围，从第 13 条关于犯罪的界定出发，就是其具有“危害社会”的性质，而前两种情形则具有“危害社会”的性质，即要么危害中国国家或者公民的利益，要么危害国际社会所认同的、为行为地法律所保护的利益。

例如，孙某范、段某军及孙某霞为获取非法利益，预谋将境内人员偷渡到境外。2003 年 12 月至 2004 年 1 月间，孙某范先后找到段某军及孙某霞，商定由段某军负责办理偷渡人员由境内前往埃及的旅游签证及往返机票、由孙某霞负责联系埃及当地人接机及将偷渡人员偷渡至以色列。孙某范、段某军先后找到我国境内沈阳市、营口市、铁岭市的王某川、刘某成、刘某忠等 16 人，每人收取了部分费用。2004 年 1 月 16 日王某川等 16 人持段某军为其办理的旅游签证乘机由北京前往埃及。同年 1 月 23 日、26 日上述人员分两批在孙某霞的安排下从埃及偷越埃以边境至以色列，并由孙某范安排人在以色列将上述人员接收。同年 1 月 29 日段某军将上述人员机票中返程机票款退回。孙某范、段某军又从上述人员亲属手中收取余款，前后共计收取人民币 80 余万元，相应款项被孙某范、段某军、孙某霞三人分赃。一审法院经公开开庭审理，对该案涉案证据进行了庭审质证，并根据被告人孙某范、段某军、孙某霞的具体犯罪事实、性质、情节及对社会的危害程度，依照《刑法》第 318 条第 1 款第 2 项、第 25 条第 1 款、第 64 条及第 53 条之规定，认定被告人孙某范犯组织他人偷越国（边）境罪，判处有期

---

① 张明楷教授认为，允许有利于被告人的类推，以克服刑法规定的形式缺陷，实现刑法的正义。对此，笔者认为，无论是有利于还是不利于被告人的类推，必须是以法律作为一种制度前提，无法律前提的类推，无论如何都是无根据的，如此实现所谓的“刑法的正义”亦难以接受。对于试图通过诉诸“有利于被告人类推”方式除罪化所针对的问题，可以通过刑事法律所确定的其他机制加以解决。

徒刑10年，并处罚金人民币2万元；认定被告人段某军犯组织他人偷越国（边）境罪，判处有期徒刑10年，并处罚金人民币2万元；认定被告人孙某霞犯组织他人偷越国（边）境罪，判处有期徒刑7年，并处罚金人民币3万元。上诉人段某军以其没有参与预谋，对偷渡的事并不知情为由向二审法院提出上诉。其辩护人除提出上述相同观点外还提出本案偷渡人员偷越埃及、以色列边境，侵犯的是埃及、以色列出入境管理制度，其行为不受中国法律约束，原审定罪量刑适用法律错误的辩护意见。上诉人孙某范在二审法院审理期间申请撤回上诉。原审被告人在我国境内组织人员，通过中转与目的国接壤的第三国进行偷渡，不仅实施了非法穿越埃以边境的行为，同时亦达到了非法跨越中以国境的目的。客观上损害了中国的国家形象和国际声誉。并且，该案犯罪主体为中国公民，依刑法属人原则，理应受主权国家法律制度约束。故上诉人的上诉理由及辩护人的辩护意见无事实及法律依据，不予采纳。二审法院依据《刑法》第7条第1款和《刑事诉讼法》的有关规定，驳回上诉，维持原判。

二、在中国登记的单位在中国领域外实施的危害行为，应否适用我国刑法

随着经济的全球化发展，一国法人的经济行为超越国界的情形非常普遍，而当法人在本国领域外从事犯罪活动时，本国能否以及如何行使刑事管辖权即成为重要问题。

（一）对本国法人在本国领域外犯罪如何处理的立法例

在一些承认法人犯罪的国家，当该国法人在该国领域外犯罪的，亦可依据属人管辖原则予以追究。例如，《芬兰刑法典》第9条规定：“如果根据本章的规定芬兰刑法适用于某项犯罪，则芬兰刑法同样适用于法人刑事责任的确定。”这里的“本章”即指《芬兰刑法典》第1章“芬兰刑法典的适用范围”。根据该条规定，如果芬兰法人在芬兰领域外实施犯罪的，在满足该法第11条“双重犯罪的要求”时，亦可适用芬兰刑法予以追究。再如，《法国刑法典》也规定法人可以成为犯罪主体，因而法国法人在国外所实施的犯罪亦可以适用有关属人管辖的规定。对此，法国学者论述到，“法国的公司如在国外实行犯罪，依据国际管辖规则，法国法院有管辖权时，也可以在法国受到追诉；轻罪案件，按照法国法律的规定，只有当法人所在的外国与法国两国的法律均认为所涉及的行为是犯罪的情况下，法国法律始对该法人提起追诉。那么，在犯罪地法律没有规定该法人在

犯罪地国应受惩处时，法国公司在法国就不会受到追诉。”①

（二）对我国单位在我国领域外实施的危害行为，不能追究单位的刑事责任

我国《刑法》第7条有关属人管辖的规定，只限于对具有“中华人民共和国公民”身份的自然人在中国领域外的犯罪问题作出规定，而没有对在中国登记的法人以及其他单位在中国领域外实施的危害行为作出规定。因此，即便该单位在中国领域外实施的危害行为，符合我国刑法分则规定犯罪的构成要件，我国司法机关也不能依据《刑法》第7条行使刑事管辖权。

不过，在这种情形下，对该单位的直接负责的主管人员或者其他直接责任人员可以依据《刑法》第7条规定追究刑事责任。这里需要澄清的问题是，以单位名义、经单位决策机构通过且为了单位利益而实施的危害行为，在依照我国刑法不构成单位犯罪，或者依照我国刑法不能追究单位刑事责任的情况下，单位中具体实施该行为的自然人的行为仍可构成犯罪。如此判断并不违反罪刑法定原则。其理由在于：判断某一行为是否构成犯罪的根据在于，该行为是否符合《刑法》分则具体法条所承载的刑法规范。进言之，是否符合这一刑法规范所确立的犯罪构成，如果符合即应认为构成犯罪。在单位实施的危害行为中，单位中的相关自然人是相对独立存在的，其实施的行为亦应根据刑法判断其刑事违法性。当依据刑法单位可以成为犯罪主体时，对单位和自然人进行处罚，并不由此否定自然人实施危害行为的违法性，只是由于其行为被视为单位整体行为的组成部分而已；而在刑法未规定单位犯罪的情况下，对单位中相关自然人行为的刑事违法性判断即完全独立开来。所以，即便单位实施了危害行为，因刑法未规定单位犯罪而对单位不予处罚，对单位中相关人员仍可以根据刑法追究其刑事责任。

---

① ［法］卡斯东·斯特法尼等著，罗结珍译：《法国刑法总论精义》，中国政法大学出版社1998年版，第294页。

第四章　保护管辖原则的适用

我国《刑法》第 8 条规定："外国人在中华人民共和国领域外对中华人民共和国国家或者公民犯罪，而按本法规定的最低刑为三年以上有期徒刑的，可以适用本法，但是按照犯罪地的法律不受处罚的除外。"该条即是有关保护管辖原则的规定。本章即对保护管辖原则的一般理论以及《刑法》第 8 条的理解与适用问题进行分析和论述。

第一节　保护管辖原则的一般理论

保护管辖原则，又称为保护原则，是指外国人在本国领域外侵害本国国家利益或者本国公民的犯罪，适用本国刑法予以追究的原则。保护管辖原则即是关于一国之保护管辖权的规定。有关保护管辖权，还存在更为宽泛的定义，即"凡侵害本国国家或本国国民的利益的犯罪，不论犯罪人是本国人还是外国人或者无国籍人，也不论犯罪发生在本国领域之内还是本国领域之外，都适用本国刑法"。① 这一界定显然将属地管辖和属人管辖统统纳入保护管辖当中，从而导致保护管辖原则的内涵过于宽泛。从我国《刑法》第 8 条出发，对保护管辖原则的界定，应限定为外国人在中国领域外实施犯罪的行为。

一、保护管辖原则理论与实践的发展历程

就保护管辖原则的发展历史，日本学者森下忠总结：一般认为，从 8 世纪开始延续至 14 世纪伦巴第诸城市间的关系中，可以看到保护管辖原则的踪迹，有大量法规承认本国拥有管辖权惩处对其城市及居民实施了敌对行为的外国人。其理念即是，遭受侵害的国家在自然法上拥有正当防卫的权利。及至近代，保护管辖原则适用对象范围也由政治犯罪扩大到全部的普通刑事犯罪。这种发展是功利主义以及 19 世纪后半叶意大利实证学派的兴盛，与刑法中的国家主义兴盛相结

① 张智辉著：《国际刑法学通论》，中国政法大学出版社 1999 年版，第 79 页。

合的产物。与此相对，在德国，黑格尔哲学把国家神圣化，历史学派压倒了古老的自然法理论。刑事管辖权应当针对国家利益进行保护的观点自19世纪以来在德国的学说中产生了重要影响。① 陈忠林教授从区分保护国家利益和保护公民利益的角度论述了该原则的历史渊源：以保护国家利益为内容的保护管辖原则，是德国刑法学家在19世纪为维护本国的安全和尊严而提出来的；以保护公民利益为内容的保护管辖原则，则源于中世纪的意大利，源于当时盛行领事法庭并采取混合管辖的意大利南方诸国。②

二、保护管辖原则的法理根据

保护管辖原则还可以进一步区分为国家保护原则和国民保护原则，对保护管辖原则的法理根据即根据这两个具体原则加以论述。

国家保护原则，是指对于侵害本国国家法益的行为，不论其犯罪地在哪国和犯罪人的国籍如何，都认为应当适用国内的刑法。③ 国家保护原则，有的学者也称为安全原则，并被视为国际法承认的、根据国内法行使刑事管辖权的一个原则。④ 该原则于19世纪由欧洲大陆的一些民法法系的国家首先提出。1858年，法国一个地方法院即根据该原则，对一名英国人在法国境外以假名虚构事实取得法国护照行使刑事管辖权。而后《法国刑事诉讼法典》对此进行规定。该立法例为欧洲和拉丁美洲许多国家所效仿。国际法学会于1883年的慕尼黑会议上通过了关于各国刑法冲突的原则，即“每个国家有权处罚外国人在它的领土以外所犯的破坏它的刑法的行为，当这种行为包含着对它的社会存在的攻击或者危及它的安全，同时行为地的刑法还没有规定要处罚这种行为。”如今该原则已为世界各国所认可。⑤ 一国在刑法中规定国家保护原则，在国际法上被认为是国家自卫权的体现。国家自卫权在国际法上被认为是国家的一项基本权力，是每个国家为了使自己免受外来侵害而采取正当措施来保卫自身的安全和利益的权力。各国刑法如此规定，正是国家运用刑法手段防范本国受到外来侵害的一种特殊方式。⑥

---

① ［日］森下忠著，阮齐林译.《国际刑法入门》，中国人民公安大学出版社2004年版，第67~68页。

② 高铭暄、马克昌主编：《中国刑法解释（上卷）》，中国社会文献出版社2005年版，第109页。

③ ［日］森下忠著，阮齐林译：《国际刑法入门》，中国人民公安大学出版社2004年版，第6~67页。

④ 林欣、李琼英著：《国际刑法新论》，中国人民公安大学出版社2005年版，第51页。

⑤ 林欣、李琼英著：《国际刑法新论》，中国人民公安大学出版社2005年版，第52页。

⑥ 赵秉志主编：《刑法基础理论探索（第一卷）》，法律出版社2003年版，第506页。

国民保护原则，也就是消极的属人原则或者受害人国籍原则，即当本国公民遭受侵害成为被害人时，应当对一定范围内的国外犯适用本国刑法。[①] 这一原则在历史上颇受争议。起先欧洲大陆和拉丁美洲一些国家主张这一原则，但美国和法国则反对这一原则。后来，美国和法国都改变态度，转而支持该原则。国民保护原则的理论基础在于：现代国家与其公民之间的关系即决定了国家在一定程度上有义务保护其公民的正当利益，即便公民身处本国领域外，本国的这种保护义务也不能免除。当其公民正当利益受到某种行为的严重侵害时，其即应当将之作为犯罪加以惩处，即利用刑法手段为本国公民提供保护，即便这种保护是事后性的。

不过，有的国际法学者对于保护管辖原则仍持怀疑态度。奥本海即认为："由于在国家之内的行为发生的效果而行使管辖权可能等于管辖权的属地原则的'客观'适用，但是，如果所依据的效果不是有关罪行的组成部分，而仅仅是所做行为的后果或反响，那么，管辖权的属地原则的正当界限就被超越了，特别是如果效果只是偶然的和不重要的，这就有不正当地采取'效果'原则为管辖权的根据的危险和该项原则是否符合国际法的可疑之处……对外国人在外国的行为行使刑事管辖权的任何主张，都有侵犯该外国对它的领土内发生事项加以规定的主权权力的危险。在极端情形下，管辖权的主张可能侵害不干涉和国家主权平等等原则。这一点适用于以'效果'原则为依据所主张的管辖权，也适用于以其他为依据的管辖权，虽然前者的国际合法性的可疑之处使国家对以它为依据侵犯它们的主权权力的情形特别敏感。这就归到了一点……一个国家刑法适用于外国人在外国的活动侵犯了该外国的领土主权和管辖权，是该外国可以正当地予以反对的。"[②]

三、有关保护管辖原则的立法例

目前世界各国在其刑事法律中都在一定范围内承认保护管辖原则。由于对该原则的理解和立法习惯不同，各国立法也存在一定的差异。

（一）大陆法系国家及受大陆法系法律传统影响的立法例

在受到大陆法系法律传统影响的立法例中，有四种不同的规定方式：

1. 将国家保护原则和国民保护原则在一个条文中统一加以原则性规定，同时在适用时作出限制

这类立法例对保护管辖原则作概括性规定，而不具体区分国家保护原则和国

① ［日］森下忠著，阮齐林译：《国际刑法入门》，中国人民公安大学出版社 2004 年版，第 54～58 页。

② ［英］詹宁斯·瓦茨修订，王铁崖等译：《奥本海国际法》（第 1 卷，第 1 分册），中国大百科全书出版社 1995 年版，第 336 页。

民保护原则。例如，《俄罗斯联邦刑法典》第 12 条第 3 款规定：“不在俄罗斯联邦境内常住的外国公民和无国籍人在俄罗斯联邦境外实施犯罪的，如果犯罪侵害的是俄罗斯联邦的利益……犯罪人在外国未被判刑和正在俄罗斯联邦境内被追究刑事责任的，应依照本法典承担刑事责任。”这一原则被俄罗斯学者称为“现实原则”，按照俄罗斯学者的解释，“俄罗斯联邦的利益不仅是指俄罗斯的国家利益，而且也包括俄罗斯公民的个人利益”。[①] 我国《刑法》第 7 条的规定亦属此种类型。

2. 在法典中区分国家保护原则和国民保护原则的不同适用

对于前者，一般以外国人实施法律所列举的特别犯罪为前提，而这些犯罪有的体现国家保护原则，有的则体现国民保护原则，对于这类犯罪适用本国刑法并无“双重犯罪”的限制，在一些国家的立法例中也并不区分本国人还是外国人。对于后者，则只是概括性地规定实施犯罪的范围，并一般通过“双重犯罪”来加以限制。例如，《韩国刑法典》第 5 条规定，“本法适用于在大韩民国领域外犯下列各罪的外国人：(1) 内乱罪。(2) 外患罪。(3) 侵犯国旗罪。(4) 妨害通货罪。(5) 妨害有价证券、邮票与印花罪。(6) 妨害文书罪中第二百二十五条至第二百三十条的犯罪。(7) 妨害印章罪中第二百三十八条的犯罪”。[②] 该条主要体现国家保护原则，且无双重犯罪之限制。《韩国刑法典》第 6 条规定：“本法适用于在大韩民国领域外，对大韩民国或者大韩民国公民犯前条罪外之罪的外国人。但依照行为地的法律不构成犯罪、免予起诉或者免除刑罚执行的，不在此限。”该条体现国民保护原则。又如，《瑞士刑法典》第 4 条第 1 款规定，包括外国人在内的任何人实施针对瑞士的重罪或轻罪、从事被禁止的谍报活动或妨碍军事安全的，适用瑞士刑法。该条体现国家保护原则，且无双重犯罪之限制。第 5 条第 1 款规定：“在外国实施针对瑞士国民的重罪或轻罪，如该行为在行为地也被认为是犯罪的，适用瑞士法律，但以行为人在瑞士且未被引渡给外国，或者行为人被引渡给瑞士联邦者为限。行为地法律对行为人处罚较轻的，适用行为地之法律。”德国和奥地利刑法亦属此类，其刑法中对在本国领域外的某些犯罪的管辖，并无双重犯罪的限制，其中既有体现国家保护原则的部分，亦有体现国民保护原则的部分，对其他在本国领域外的犯罪，则要受到双重犯罪的限制。

一些在法典中区分重罪、轻罪的立法例中，亦考虑这一区分对保护管辖原则

---

① 黄道秀译：《俄罗斯联邦刑法典释义（上册）》，中国政法大学出版社 2000 年版，第 17 页。

② 《韩国刑法典》第 225 条至第 230 条分别规定了公文书类的伪造、变造罪、冒用资格印制公文书类等罪、印制虚假公文书类等罪、公证证书正本等的不实记载罪、使用伪造的公文书类罪、公文书的不法使用罪；第 238 条规定了公章等的伪造、不法使用罪。

作出规定。例如，《法国刑法典》第 113 -7 条规定，“……外国人在法国领域外犯任何重罪以及犯任何当处监禁刑之轻罪，如犯罪发生时受害人具有法国国籍，适用法国刑法。”该条即体现国民保护原则。该法第 113 -8 条还规定，对于第 113 -7 条所述情形，“只有应检察机关之申请，始得对轻罪提起追究；此种追究必须事先有受害人或其权利继受人告诉，或者有行为实施地的国家机关提出正式控告”。该法第 113 -10 条则对国家保护原则作出规定。根据该条规定，在法国领域外犯有危害国家基本利益罪、伪造与变造国玺罪、伪造与变造货币、银行券罪、伪造与变造国家发行的有价证券罪、侵犯法国外交人员或领事人员，或其外交、领事场所之任何重罪与轻罪，适用法国刑法。

在一些立法例中，有关保护管辖的条文亦区分国家保护原则和国民保护原则，不过对两者的规定都为概括性规定，而不特别列举具体罪名。例如，《古巴刑法典》第 5 条第 3 款规定：“外国人或者未定居于古巴的无国籍人在古巴领域外（无论其行为实施于其定居国还是其他国家）实施犯罪，并且根据行为地的刑法其行为也构成犯罪的，如果其位于古巴领域内并且未被引渡的，可以适用古巴刑法。如果所犯之罪是针对古巴共和国的根本利益、政治利益的犯罪，或者是危害人类尊严、公众健康的犯罪……不受行为地刑法也应认为是犯罪的限制。”

3. 在法典中只列出外国人在本国领域外犯罪适用本国刑法的具体犯罪罪名或者犯罪类型

在这类立法例中，被规定的犯罪中主要是危害本国国家利益的犯罪。例如，《日本刑法典》第 2 条规定，“对于以下犯罪，其刑法适用于在日本国外实施这些罪行的一切人：内乱、预备和阴谋、帮助内乱等的犯罪；诱致外患、援助外患、未遂罪（第 87 条）以及预备和阴谋（第 88 条）的犯罪；伪造货币和行使伪造的货币的犯罪和同条的未遂罪；伪造诏书等、伪造公文等、公证证书原本不实记载等、行使伪造的公文书等以及与应由公务机关或者公务员制作的电磁记录有关的不正当制作和提供电磁记录的犯罪；伪造有价证券等以及行使伪造的有价证券等的犯罪；伪造和不正当使用玉玺等、伪造和不正当使用公印等、伪造和不正当使用公务符号等的犯罪以及这些犯罪的未遂罪。”需要注意的是，《日本刑法典》第 2 条的规定没有区分本国人还是外国人，即任何具有刑事责任能力的人犯这些罪，都应依照日本刑法追究刑事责任。

《瑞典刑法典》第 3 条是对保护管辖的规定，其中包含了在瑞典船舶或航空器内犯罪的规定。该条规定没有明确具体罪名，而是以犯罪类型的方式确定了瑞典刑法适用的前提。该条规定：“除第 2 条规定外，在瑞典国外犯罪并有下列情形之一的，由瑞典法院依照瑞典法律裁决：（1）在瑞典船舶或航空器内犯罪，或者指挥官、船员或乘务员履行职务过程中犯罪；（2）武装部队的成员在武装部队特遣队所处区域犯罪，或者其他人在此区域犯罪而该特遣队在此区域的目的不是训练；(3) 受雇于瑞典武装部队的国外特遣队的人在履行职务过程中在瑞典国外犯罪；(4) 针对瑞典国家、瑞典市政当局或议会或者瑞典公共机构犯罪；(5) 在不属于任何国家的区域针对瑞典公民、瑞典社团或私有机构、在瑞典定居的外国人犯罪；(6) 犯劫持罪，蓄意破坏海上、空中交通罪，蓄意破坏航空港罪及犯上述罪之未遂，以及犯违反国际法罪、非法处理地雷罪、对国际法院虚假或过失陈述罪；(7) 依照瑞典法律，最低刑罚是4年或4年以上监禁的犯罪。”

（二）英美法系的立法例

对于国民保护原则（即受害人国籍原则），美国曾不予承认。墨西哥法院于1886年喀丁案[①]依照该原则对美国公民行使刑事管辖权，美国向墨西哥提出抗议。不过，后来美国改变了态度。例如，《美国法典》第18编第113B章第2331条有关恐怖主义犯罪中即体现了这一国民保护原则。对国家保护原则（即安全原则），美国在第二次世界大战前后规定对外国人在外国犯有破坏其禁酒法和移民法的罪行、伪造货币、策动兵变、破坏船舶、在外贸中用不公平的方法进行竞争、在美国领事官员面前作伪证等罪行，美国法院都有管辖权。但是，主张管辖权的理由是因为该罪行的后果发生在美国。[②] 第二次世界大战后，美国开始以危害主权和安全为由而行使管辖权。在罗德里格斯案中，法院判决认为：“一个外国人以虚假陈述或假证件进入美国，是对美国主权的直接侵犯。根据‘管辖权的保护原则’，美国政府可以对一个损害国家利益的罪行行使管辖权，在某些情况下，当美国的法律被破坏，以及当罪行是针对作为主权者的政府时，政府有权处罚那些破坏法律的人，只要这些人后来在美国被发现。”[③] 英国在过去也不承认国民保护原则，后来随着国际刑法的发展而逐渐接受这一原则，并在1956年

---

① 该案中，美国公民喀丁在墨西哥被捕并受到墨西哥法院起诉，原因是他曾在美国德克萨斯州的一家报纸上发表文章诽谤一名墨西哥公民。墨西哥认为其有权处罚喀丁，因为根据《墨西哥刑法》第186条的规定，外国人在外国对墨西哥公民实施的犯罪，按照犯罪地和墨西哥的法律规定应受刑事处罚的，墨西哥可以予以处罚。墨西哥拒绝了美国政府的抗议。后来原告撤回诉讼，喀丁才被释放。参见林欣、李琼英著：《国际刑法新论》，中国人民公安大学出版社2005年版，第50页。

② 在1933年帕尔默案中，帕尔默在美国驻波兰的领事馆以假证件取得进入美国的签证，该行为在波兰不视为犯罪，但是美国法院认为这是对美国的犯罪，其根据就是该罪行的后果发生在美国。参见林欣、李琼英著：《国际刑法新论》，中国人民公安大学出版社2005年版，第52页。

③ 该案中，罗德里格斯是葡萄牙公民，为取得进入美国的非限额移民签证，在墨西哥同一个美国女公民举行假结婚，而后以美国公民丈夫的名义取得非限额移民签证。该人被判有罪。参见林欣、李琼英著：《国际刑法新论》，中国人民公安大学出版社2005年版，第53页。

性犯罪法等法律中作出规定。对于国家保护原则，英国法律规定，不论是否为英国公民，凡在外国煽动反对英国的兵变和叛乱的人，英国法院都有管辖权。[①]

四、国际条约中有关保护管辖原则的规定

一些具有刑事内容的国际条约，对保护管辖原则尤其是国民保护原则都有所体现。例如，《关于防止和惩处侵害应受国际保护人员包括外交代表的罪行的公约》第3条规定，“1. 每一缔约国应采取必要措施，以确定其在下列情况下对第二条第一款所列举的罪行的管辖权……（C）所犯罪行是对因代表本国执行第一条所规定的职务而享有应受国际保护地位的人员所犯时”。《关于在航空器内的犯罪和犯有某些其它行为的公约》第4条规定，“非登记国的缔约国除下列情况外，不得对飞行中的航空器进行干预以对航空器内的犯罪行使其刑事管辖权……（乙）犯人或受害人为该国国民或在该国有永久居所；（丙）该犯罪行为危及该国的安全……”《制止危及海上航行安全非法行为公约》第6条第2款规定，“在下列情况下，一缔约国也可以对任何此种罪行确定管辖权……（b）在案发过程中，其国民被扣押、威胁、伤害或杀害；（c）犯罪的意图是迫使该国从事或不从事某种行为”。《反对劫持人质国际公约》第5条第1款规定，“每一缔约国应采取必要的措施来确立该国对第一条所称任何罪行[②]的管辖权，如果犯罪行为是……（c）为了强迫该国作或不作某种行为；（d）以该国国民为人质，而该国认为适当时”。《禁止酷刑和其他残忍、不人道或有辱人格的待遇或处罚公约》第5条第1款规定，“每一缔约国应采取各种必要措施，以确定在下列情况下该国对第4条所述的罪行有管辖权 ……（c）受害人是该国国民，而该国认为确系如此”。《制止恐怖主义爆炸事件的国际公约》第6条第2款规定，“在下列情况下，缔约国也可以对任何此种罪行确定管辖权：（a）犯罪的对象是该国国民；（b）犯罪的对象是一国在国外的国家或政府设施，包括该国大使馆或其他外交或领事房地……（d）犯罪的意图是迫使该国从事或不从事某种行为……”《联合国打击跨国有组织犯罪公约》第15条第2款规定，“在不违反本公约第四条规定的情况下，缔约国在下列情况下还可对任何此种犯罪确立其管辖权：（a）犯罪系针对该缔约国国民……”。

---

① 林欣、李琼英著：《国际刑法新论》，中国人民公安大学出版社2005年版，第50～52页。

② 该公约第1条规定：“1. 任何人如劫持或扣押并以杀死、伤害或继续扣押另一个人（以下称“人质”）为威胁，以强迫第三方，即某个国家、某个国际政府间组织、某个自然人或法人或某一群人，作或不作某种行为，作为释放人质的明示或暗示条件，即为犯本公约意义范围内的劫持人质罪行。2. 任何人（a）图谋劫持人质；（b）与实行或图谋劫持人质者同谋而参与其事，也同样犯有本公约意义下的罪行。”

第二节　《刑法》第 8 条的理解与适用

对《刑法》第 8 条的理解与适用，主要解决五个问题，即：（1）何为“外国人”。（2）如何判断“中华人民共和国领域外”。（3）如何理解“对中华人民共和国国家或者公民犯罪”。（4）如何界定“按本法规定的最低刑为三年以上有期徒刑”。（5）如何理解“按照犯罪地的法律不受处罚”。其中第二个问题，在前章已有论述，本节不再重复。

一、对“外国人”的理解与界定

《刑法》第 8 条规定的“外国人”，是指具有外国国籍的人和无国籍人。换言之，是指除具有中国国籍以外的其他人。对于是否为“外国人”，主要还是根据我国《国籍法》来判断。由于我国《国籍法》不承认双重国籍，因此，在具体案件中，对于在中国领域外针对中国国家或公民犯罪的当事人，当其被现实性地置于我国司法管辖权之下时，如果其主张是中国公民，不能提供有效证明文件的，即可以推定其是外国人。在具体案件的刑事诉讼中，判断是否为“外国人”，应根据最高人民法院《关于执行〈中华人民共和国刑事诉讼法〉若干问题的解释》第 314 条进行判断。该条规定：“外国人的国籍以其入境时的有效证件予以确认；国籍不明的，以公安机关会同外事部门查明的为准。国籍确实无法查明的，以无国籍人对待，适用涉外刑事案件审理程序。”

判断某人是否为“外国人”，不仅是适用《刑法》第 8 条的前提之一，在刑事诉讼活动中亦具有一定的意义。根据《刑事诉讼法》第 20 条的规定，外国人犯罪的刑事案件，由中级以上人民法院管辖。根据《关于执行〈中华人民共和国刑事诉讼法〉若干问题的解释》第 13 条的规定：“外国人在中华人民共和国领域外对中华人民共和国国家或者公民犯罪，依照《中华人民共和国刑法》应受处罚的，由该外国人入境地的中级人民法院管辖。”此外，根据国际条约和我国有关法律法规的规定，如果是外国公民触犯我国法律，依照我国《刑事诉讼法》被追究刑事责任的，该外国公民国籍国驻我国的领事机构可以为其提供一定的帮助。

《刑法》第 8 条所说的“外国人”是指行为时为外国公民或无国籍人。如果外国人在中国领域外针对中国国家或公民犯罪，其行为被发现且在中国领域时，其已经通过入籍的方式取得中国国籍而具有中国公民身份，则究竟适用第 7 条还是第 8 条？笔者认为，应该适用第 8 条而非第 7 条，其根据就是，第 8 条中的“外国人”是指行为时的“外国人”，而非裁判时的“外国人”。相应地，在刑事诉讼中，因为该人已经取得中国公民身份，则应以适用中国公民的诉讼程序而对待之。不过，根据《关于执行〈中华人民共和国刑事诉讼法〉若干问题的解释》有关“涉外刑事案件审理程序”[①] 的规定，这类案件亦属于“涉外刑事案件”，应依照该程序进行审理。同理，若行为人在行为时具有中国公民身份，其在中国领域外针对中国国家或者公民实施犯罪的，当行为被发现时已经丧失中国公民身份，则应根据《刑法》第 7 条追究刑事责任，而在刑事诉讼中则应作为“外国人”对待，适用《刑事诉讼法》及相关刑事程序性规定，作为“涉外刑事案件”进行处理。

需要注意的是，华侨是长期定居于我国领域外的中国公民，因此，华侨在中华人民共和国领域外实施针对中国国家或公民的犯罪行为，应适用《刑法》第 7 条属人管辖的规定追究刑事责任。《归侨侨眷权益保护法》第 2 条第 1 款规定，“华侨是指定居在国外的中国公民”。根据这一规定，定居于港澳台地区的中国公民不是华侨，因此，港澳台居民在港澳台地区实施针对内地居民的犯罪，不适用《刑法》第 8 条规定。由于《刑法》并没有对该问题作出规范，也不能适用《刑法》其他有关空间效力的规定。对此，一般而言，应由犯罪地法院适用犯罪地所属法域的刑法，在特殊情形下，如果犯罪地所属法域规定为犯罪，但犯罪地司法机关没有追诉，而该犯罪人在内地的，可以由内地司法机关依照《刑法》予以追究。

二、“对中华人民共和国国家或者公民犯罪”的界定

（一）“对中华人民共和国国家犯罪”的界定

“对中华人民共和国国家”犯罪的理解，应从国家利益的角度加以界定。对此，陈忠林教授认为，主要是指危及我国国家安全、政治体制、领土完整和独立，侵害我国国家经济稳定和其他涉及国计民生重大利益的犯罪，如《刑法》分则中的危害国家安全罪、危害公共安全罪、破坏社会主义市场经济秩序罪、妨害社会管理秩序罪、危害国防利益罪等类罪中涉及国家利益的犯罪。[②] 这一界定具有一定的道理，不过，给出的界定标准并不清晰。借助德日刑法教义学中的法

① 《关于执行〈中华人民共和国刑事诉讼法〉若干问题的解释》第 313 条规定：“本解释所称的涉外刑事案件是指：（一）在中华人民共和国领域内，外国人犯罪的或者我国公民侵犯外国人合法权利的刑事案件；（二）在中华人民共和国领域外，符合《刑法》第八条、第十条规定情形的外国人对中华人民共和国国家和公民犯罪和中国公民犯罪的案件；（三）符合《刑法》第九条规定的情形，中华人民共和国在所承担国际条约义务范围内行使管辖权的案件。”

② 高铭暄、马克昌主编：《中国刑法解释（上卷）》，中国社会文献出版社 2005 年版，第 114 页。

益理论，“对中华人民共和国国家”犯罪，应指侵犯我国国家法益的犯罪行为，包括针对国家公法益的犯罪行为和部分私法益的犯罪行为，以及国家基本经济秩序的行为。

针对国家公法益的犯罪，是指针对以国家作为法律人格者所拥有的公法益①的犯罪行为，这类法益包括国家存在的安全、政府统治机能的确保、公民行使权利的保障、公共秩序的维持以及司法权不受干扰等。② 近代的刑法就是国家刑法，任何犯罪都被认为是对统治秩序的违犯，是对国家法益的威胁乃至侵害。但是，这种对犯罪本质化的理解并不妨碍利用法益的区分机能来界定一类特殊的犯罪，即针对国家法益的犯罪——以直接攻击国家本身的法益为要素的犯罪群。对国家法益给以特别保护的根据，外国刑法理论基本有两种观点：一种观点是基于国家主义、全体主义刑法观，认为国家法益是国家权威、国家的不可侵犯性，这种法益超越个人法益，因而应当得到重视；另一种观点是基于个人主义的刑法观，认为国家只不过是为了国民的生活与福利而存在的机构，因此针对国家法益的犯罪就侵害了多数国民的利益。③ 针对国家法益的犯罪，一般可以分为针对国家存立的犯罪和针对国家作用的犯罪，前者包括内乱罪、外患罪以及妨害国家关系的犯罪，后者包括国民从外部侵害国家作用的犯罪与公务员从内部侵害国家作用的犯罪。④ 就我国而言，《刑法》分则规定的第一章危害国家安全罪、第六章妨害社会管理秩序罪中的妨害司法罪、妨害国（边）境管理罪、第七章危害国防利益罪、第八章贪污贿赂罪中的贿赂罪、第九章渎职罪以及第十章军人违反职责罪都属于危害国家公法益的犯罪。当然，对外国人而言，其触犯的只可能是其中的部分犯罪。

针对国家私法益的犯罪，主要是指针对国家财产所有权进行侵害的犯罪。当犯罪行为指向国家财产时，如国家所有的建筑物、车辆等，即可以视为是针对国家私法益进行侵害，也属于“对中华人民共和国国家”犯罪。就外国人在中国领域外实施的这类犯罪而言，如针对中国驻外使领馆、车辆进行焚烧、破坏等，即可以认为是针对我国之私法益形成侵犯，可以根据《刑法》第 8 条主张保护管辖权。

危害国家基本经济秩序的犯罪，是指针对国家所保障的基本经济秩序进行侵

① 张明楷著：《法益初论》，中国政法大学出版社 2000 年版，第 239 页。

② 马克昌、杨春洗、吕继贵主编：《刑法学全书》，上海科学技术文献出版社 1993 年版，第 618 页。

③ 张明楷著：《外国刑法纲要》，清华大学出版社 1999 年版，第 738 页；甘添贵：《犯罪除罪化与刑事政策》，载《罪与刑——林山田教授六十岁生日祝贺论文集》，五南图书出版有限公司 1998 年版，第 623 页。

④ 张明楷著：《外国刑法纲要》，清华大学出版社 1999 年版，第 738 页。

害的犯罪。现代国家的职能，除了为其人民提供基本安全保障和秩序保障外，很重要的职能是维系并发展国民经济，而基本经济制度和秩序也日益构成国家力量的组成部分，因此，对国家基本经济秩序的侵害，即应视为对国家法益的侵害。就我国刑法而言，《刑法》分则第三章中规定的走私罪、破坏金融管理秩序罪、危害税收征管罪等即属于此种类型。对于《刑法》第 8 条的适用而言，外国人如果在中国领域外针对我国基本经济秩序进行破坏的，即应认为是“对中华人民共和国国家”犯罪，应根据此条行使保护管辖权。例如，外国人在中国领域外伪造中国货币，以及在中国领域外可使用人民币的地方使用伪造的人民币的，即可据此行使保护管辖权。例如，新加坡公民郝某于 2005 年用自己手中的外币与我国在新加坡旅游观光者兑换成人民币，并购置了伪造货币所需的印模、药水、纸张及器械。而后以其兑换的人民币为“母币”，大量伪造人民币。当其在我国旅游期间使用伪造的人民币时被抓获。经司法机关审查，郝某交代了大量伪造我国货币的犯罪事实。司法机关在其居住地宾馆查获一批伪造的人民币，据其交代，仍有一些伪造的人民币存放在其新加坡的家中。① 本案中，外国公民郝某在中国领域外实施伪造中国货币的行为，其行为即构成伪造货币罪，而该行为在新加坡也被规定为犯罪，因而对该案应适用我国刑法追究犯罪人的刑事责任。需要注意的是，本案中，郝某使用伪造的人民币的行为在中国领域内发生，而使用假币的行为达到一定数额，也构成犯罪。不过，对于伪造货币并使用的，属于吸收犯，应以伪造货币罪进行处罚，而不再对使用假币罪单独予以处罚。

（二）“对中华人民共和国公民犯罪”的界定

如上所述，“中华人民共和国公民”即指具有中国国籍的自然人。而对中国公民犯罪，即指针对中国公民的人身权利、财产权利等进行侵犯的行为。就个人权利而言，其都有独立性的一面，并不因为同时存在更重要的利益而否定个人权利的存在。例如，通说认为，放火罪的客体为公共安全，即指不特定或者多数人的人身利益和财产利益，虽然如此，在具体犯罪中，被害人个人的人身权利和财产权利并不因为该罪的客体为公共安全而被吸收或者否定。如此，外国人在中国领域外实施的、在我国学理被认为是针对公共安全的犯罪，如果被害人中有中国公民，同样应将该犯罪行为视为针对中国公民实施，即符合适用《刑法》第 8 条的前提。例如，外国人在中国以外的 A 国，针对 B 国在 A 国的外交机构实施放火行为，而放火行为导致居住在附近的中国公民死亡，则该放火行为即应视为对中国公民犯罪，应适用《刑法》第 8 条。

具有港澳台居民身份的中国公民，在中国领域外被害的，中国之刑事法制应

① 赵秉志主编：《刑法教学案例》，法律出版社 2007 年版，第 18 页。

为其提供保护。由于《刑法》不适用于我国香港、澳门和台湾地区，且依循"一国两制"之法理，对于外国人在中国领域外针对具有中国公民身份的港澳台居民犯罪的，应适用我国香港、澳门或者台湾地区之刑法，而不适用《刑法》。如果该外国人在中国内地被发现的，内地司法机关应依照相关法律程序，将该外国人移交被害人所居住之法域，由该法域依循保护管辖权予以刑事追究。

三、对"按本法规定的最低刑为三年以上有期徒刑"的理解

对此，学界有两种不同认识：[①] 一种观点认为，这里的最低刑应指《刑法》分则对行为人所犯的具体犯罪规定的最低的量刑起点，如此理解，则只有故意杀人、放火、爆炸等法定最低刑为3年以上有期徒刑的犯罪才属于根据保护管辖原则适用我国刑法的范围；倘若外国人在中国领域外针对我国公民实施故意伤害、诈骗等罪行，因这些犯罪的法定最低刑为3年以下有期徒刑，则即便对我国公民造成严重伤害后果，或者诈骗到巨额财产，亦不能适用《刑法》第8条规定主张保护管辖。另一种观点认为，这里的最低刑应该理解为《刑法》分则有关具体犯罪之法条所规定的、对犯罪人应适用刑罚的法定刑幅度之最低刑。后一种观点是值得肯定的，如此，一来可以充分保障我国公民的合法权利；二来可以保证不同犯罪适用上的基本平衡。例如，根据《刑法》第234条之规定，故意伤害罪的法定刑包括三个量刑幅度，其中故意伤害致人轻伤的，处3年以下有期徒刑、拘役或者管制。如果外国人在中国领域外故意伤害中国公民并导致其轻伤的，对行为人只可能在这一法定刑幅度适用刑罚，因其最低刑为管制，即不属于《刑法》第8条中"按本法规定的最低刑为三年以上有期徒刑的，可以适用本法"的情形；而如果外国人在中国领域外故意伤害中国公民并导致其重伤的，则应在行为人所应处刑罚在3年以上有期徒刑的其他两个法定刑幅度以内裁量，即属于"按本法规定的最低刑为三年以上有期徒刑"的情形。

四、对"按照犯罪地的法律不受处罚"的理解

对于外国人在中国领域外针对中国国家或者公民犯罪的，根据《刑法》第8条规定，只有犯罪地的法律也处罚该行为的，才能适用我国刑法予以追究。"按照犯罪地的法律不受处罚的除外"实际上即是我国行使保护管辖权的一种限制，学理上称之为"双重犯罪"原则。在国际刑事司法合作方面，该原则也是一条非常重要的原则。"犯罪地的法律"即犯罪地所在国家或者地区的刑法，"不受处罚"是指不受刑罚处罚。

---

① 高铭暄、马克昌主编：《中国刑法解释（上卷）》，中国社会文献出版社2005年版，第115页。

由于各国法律习惯不同，对同类危害行为，各国所使用的罪名及罪状表述会有一定差异。因此，只要“犯罪地的法律”将某一行为规定为犯罪或者对其以刑罚相威吓，即属于“按照犯罪地的法律”予以处罚。对此，可以借鉴引渡中关于“双重犯罪”原则的理解。在有关引渡的国际法律实践中，对“双重犯罪”存在两种解释方法；一是具体解释，即指控被请求引渡人所犯罪行根据请求国和被请求国法律不仅都是犯罪行为，而且罪名和罪行的种类也要相同。二是抽象解释，即指控被请求引渡人所犯罪行根据请求国和被请求国法律都是要受刑罚处罚的行为即可，可不拘泥于罪名和罪行种类是否相同。传统上，德国、美国等国家采取具体解释方法，而法国等国家采取抽象解释方法。不过，现在抽象解释的方法已经为国际法普遍采纳，即只要同一行为同时触犯了请求国和被请求国的法律而应受到刑事处罚，即认为符合双重犯罪的条件。联合国《引渡示范条约》第2条第2项即规定，在确定某一犯罪行为是否构成违反缔约国双方法律的犯罪行为时，不应计较缔约国双方法律是否将构成该犯罪的作为或不作为列入同一犯罪类别或者是否对该罪行采取同一用语，而应对由请求国提出的作为或不作为作整体考虑，而不论根据缔约国双方法律规定该犯罪行为的组成部分是否有别。对于《刑法》第8条中所体现的“双重犯罪”原则，即应采用抽象解释的方法。进言之，外国人在中国领域外实施的、针对中国国家或者公民的犯罪，即便与中国刑法及司法解释对同样行为的性质、分类乃至罪名的规定不同，只要“犯罪地的法律”规定为犯罪，也就属于“按照犯罪地的法律”予以处罚；同理，如果根据中国刑法的规定，外国人在中国领域外实施的、针对中国国家或公民的行为构成犯罪，而行为地的法律并未规定为犯罪的，进言之，完全无刑事违法性可言的，即属于《刑法》第8条所说的“按照犯罪地的法律不受处罚”。

第三节　与保护管辖相关的其他问题

在理解和适用《刑法》第8条有关保护管辖的规定时，还应特别注意以下三个具体问题。

一、外国籍单位在中国领域外针对中国国家或公民犯罪的情形

《刑法》第8条中的“外国人”是否包括外国籍单位？对此，存在两种观点：一种观点认为，刑法适用范围是针对犯罪主体规定的适用原则，由于《刑法》关于犯罪主体的规定并没有排除单位，因此，刑法有关自然人犯罪适用范围的规定，也适用于单位犯罪。另一种观点认为，根据《刑法》第8条的规定，适用我国刑法的前提之一就是“按本法规定的最低刑为三年以上有期徒刑”，而我国刑法对单位犯罪仅设置了“罚金”；很多国家刑法没有规定单位犯罪，因而

很难想象犯罪地所在国会“引渡”该单位给我国受审；对于外国单位在我国领域外对我国国家和公民犯罪的，我国实际上也只能够对相关的自然人进行审判。[①] 考虑到我国《刑法》第8条规定的具体内容，后一种观点是应当予以肯定的。不过，如果从立法论考虑，则我国刑法立法实际应考虑将保护管辖权的适用范围及于外国籍法人，理由在于：首先，经济全球化使外国籍法人的影响越来越大，而目前法人所实施的各种犯罪行为也非常普遍，对我国国家和人民利益的影响也日益明显，因此有必要通过刑罚加以威吓；其次，世界各国承认法人犯罪的国家亦不在少数，尤其是英美法系国家普遍认可法人犯罪，一些国际公约也认可法人犯罪；最后，将外国法人“引渡”我国受审虽然难以想象，但是，如果我国刑法将保护管辖权及于外国法人，我国即可针对外国法人在我国境内的资产或者在他国的资产予以刑事没收，进而有效补偿被损害的经济利益。

从《刑法》第8条规定出发，如果外国法人在中国领域外针对中国国家或者公民犯罪的，可以对该法人的有关主管人员和直接责任人员追究刑事责任。从一定意义上讲，法人的行为不可能脱离自然人的行为而存在，而对法人中自然人的行为仍可以进行违法性评价，进而作出刑事违法性的判断。如果依照我国《刑法》分则有关具体犯罪的规定，外国法人中的自然人的行为已经构成犯罪的，即便对该外国法人不能适用我国刑法，但是对该自然人仍可以适用我国刑法。在这种情形下，还要注意区分自然人的国籍问题：如果该外国法人中应负刑事责任的自然人为中国公民，则应适用《刑法》第7条来主张属人管辖权；如果为外国公民或无国籍人，则应适用《刑法》第8条来主张保护管辖权。此外，还应注意该法人的国籍问题，依照我国法律，外国法人应指在外国登记注册的法人，包括私法人和公法人。

二、外国人在中国领域外针对中国籍单位的犯罪

对于外国人在本国领域外针对本国法人实施犯罪的情形，一些国家的法律有相应的规定。例如，《土耳其刑法典》第12条第2款规定，如果外国人在外国实施的“在分则中有规定的犯罪是针对……根据土耳其法律设立的法人实施的，而且行为人未曾因为同一行为在该外国被判决有罪，如果发现其正处于土耳其境内的，可以依据被害人的请求按照土耳其刑法进行追诉”。又如，《瑞典刑法典》第3条也规定，“在不属于任何国家的区域针对……瑞典社团或者私有机构……犯罪”，由瑞典法院依照瑞典法律裁决。从瑞典的立法例看，这种情形的适用条件是，该社团或者私有机构位于不属于任何国家的区域，如公海、无主地上时；

① 高铭暄、马克昌主编：《中国刑法解释（上卷）》，中国社会文献出版社2005年版，第115页。

如果瑞典社团或者私有机构位于他国领域内时，则不适用该条规定。

《刑法》第8条仅就外国人在中国领域外针对中国国家或者公民犯罪作出规定，而没有就外国人在中国领域外针对中国籍单位犯罪作出规定。例如，外国人在中国领域外针对中国籍法人之驻外的、独立核算的分支机构进行诈骗的，即无法依据《刑法》第8条主张保护管辖权。这可以看做我国刑法有关保护管辖规定的一个漏洞。对此，应通过立法予以完善。

三、合理区分《刑法》第8条与《刑法》第6条第3款的适用范围

《刑法》第6条第3款是有关隔地犯的规定，即只要犯罪行为或者犯罪结果有一项发生于我国领域内的，即认为是在我国领域内犯罪，适用我国刑法。根据该条规定，如果外国人在中国领域外实施犯罪行为，而其犯罪结果发生于中国领域内的，即认为在我国领域内犯罪，对该人实施的行为适用《刑法》第6条规定予以处罚。例如，外国公民A制作炸弹邮包后将其邮寄至我国境内，并在我国境内某一地点爆炸的，对此可以适用我国刑法追究A的刑事责任。值得注意的是，在实践中如何区分《刑法》第6条第3款和第8条适用范围上的差异。具体而言，当外国人在中国领域外针对中国国家或者公民犯罪的，哪些情形应适用《刑法》第8条，哪些情形应适用《刑法》第6条第3款?

对于该问题，区分二者适用范围的关键在于，行为人实施的犯罪是否会在中国领域内产生“结果”，如果在中国领域内能够产生结果，或者希望在中国领域内产生结果，则属于在中国领域内犯罪，适用《刑法》第6条第3款；不能在中国领域内产生结果，至多形成一定的间接影响的，则不能认为是在中国领域内犯罪，而应考虑适用《刑法》第8条。如此，判断何谓《刑法》第6条第3款中的“结果”就显得十分重要。如本书第二章第二节所述，这里的“犯罪结果”，应仅指物质性结果，即现象形态表现为物质性变化的危害结果，不应包含非物质性结果。循此理解，若外国人在中国领域外针对中国国家或者公民犯罪，只能对中国领域刑法所保护的社会关系形成一定的影响，但是不能形成物质性结果的，即不应适用《刑法》第6条第3款之规定，而应考虑适用《刑法》第8条之规定。

第五章　普遍管辖原则的适用

《刑法》第9条规定："对于中华人民共和国缔结或者参加的国际条约所规定的罪行，中华人民共和国在所承担条约义务的范围内行使刑事管辖权的，适用本法。"该条即是对普遍管辖原则的规定。1979年《刑法》并没有确立该原则。全国人民代表大会常务委员会《关于对中华人民共和国缔结或者参加的国际条约所规定的罪行行使刑事管辖权的决定》规定："对于中华人民共和国缔结或者参加的国际条约所规定的罪行，中华人民共和国在所承担条约义务的范围内，行使刑事管辖权。"本章就普遍管辖原则的一般理论及《刑法》第9条的理解与适用问题进行分析和论述。

第一节　普遍管辖原则的一般理论

普遍管辖原则，也称世界性原则、世界法原则。关于普遍管辖原则的界定，目前刑法学界占主流的界定是：凡是我国缔结或者参加的国际条约所规定的罪行，不论犯罪分子是中国人还是外国人，也不论其罪行发生在我国领域内还是我国领域外，只要犯罪分子在我国境内被发现，我国就应当在所承担条约义务的范围内行使刑事管辖权。[①] 张明楷教授则认为，普遍管辖原则以保护各国的共同利益为标准，凡是国际条约所规定的侵犯各国共同利益的犯罪，不管犯罪人的国籍与犯罪地的属性，缔约国或参加国发现罪犯在其领域之内时便行使刑事管辖权。[②] 二者相比较，前者从我国刑法出发作出界定，而后者则试图作出一个更为普适性的定义。不过，二者其实都强调，该原则的适用条件之一就是不论犯罪人是否为本国人，犯罪地是否在本国。

以上关于普遍管辖原则的界定，是从国际刑法而非国内刑法作出的。从各国

① 高铭暄、马克昌主编：《刑法学》，北京大学出版社、高等教育出版社2011年版，第36页。

② 张明楷著：《刑法学》，法律出版社2011年版，第78页。

国内刑事立法的实践看，属地管辖原则对于国内刑法中规定的犯罪一般都具有普遍适用的效力，属人管辖原则和保护管辖原则一般具有选择适用的效力，普遍管辖原则只具有补充适用的效力。但是对国际刑法而言，“唯有普遍管辖原则，由于它主张每个国家都有对国际犯罪实行刑事管辖的权力而不论犯罪地、犯罪人和受害人的国度，因此，按照普遍管辖原则确立对国际犯罪的刑事管辖，不仅不排除和妨碍按照国家主权原则对国际犯罪进行刑事管辖的各项原则，而且可以包容属地管辖、属人管辖、保护管辖等原则适用于国际犯罪时的各种情况”。① 对上述观点，笔者认为，从我国《刑法》第 9 条关于普遍管辖原则的规定出发，从国内刑法的视角作出界定，这一原则是指根据我国缔结或参加的国际公约，即便犯罪行为并未发生于中国领域内，行为人并非中国公民，犯罪对象也非中国国家或者中国公民，只要该行为人在中国领域内被发现，即适用中国刑法行使刑事管辖权。前述两种定义方式很容易将普遍管辖原则的运用与《刑法》第 6 条、第 7 条、第 8 条所规定的属地管辖原则、属人管辖原则、保护管辖原则的适用相混淆。

一、普遍管辖原则理论与实践的发展历程

普遍管辖原则最早萌芽于古罗马帝国的《查士丁尼法典》中。该法典规定，刑事案件的管辖权，不仅由犯罪地法院行使，也可由罪犯逮捕地法院行使。逮捕地法院的管辖权包括居住地法院的管辖权。这一规定已经体现了普遍管辖原则的思想，即罪犯所在地法院和罪犯逮捕地法院有权对其罪行进行审判，而不论罪犯是什么人，罪行发生于什么地方。② 及至中世纪，意大利各城邦针对海盗罪提出普遍管辖原则；③ 根据适用于伦巴第诸城市之间关系的法律，当杀人犯等若干种类的凶恶犯人在自己的城市里因不受处罚而逍遥法外时，该城市的法院可以传唤其到庭进行审判。④ 后来，意大利和土耳其等国主张，对外国人在外国犯有损害外国国家或外国人的重罪或比较重的罪行，如果外国没有惩罚这些犯罪分子，那么世界各国都可以根据本国的刑法对其加以惩罚，只要这些犯罪在本国境内被发现。⑤

17 世纪初，格劳秀斯在近代历史上第一次提出并论证了普遍管辖原则。17

① 张智辉著：《国际刑法学通论》，中国政法大学出版社 1999 年版，第 92 ~ 93 页。

② 参见高铭暄主编：《刑法学原理(第一卷)》，中国人民大学出版社 1993 年版，第 296 页。

③ 林欣、李琼英著：《国际刑法新论》，中国人民公安大学出版社 2005 年版，第 53 页。

④ [日] 森下忠著，阮齐林译：《国际刑法入门》，中国人民公安大学出版社 2004 年版，第 76 页。

⑤ 林欣、李琼英著：《国际刑法新论》，中国人民公安大学出版社 2005 年版，第 53 页。

世纪后，在这种思想的影响下，荷兰、德国进一步发展了承认逮捕地法院拥有管辖权的学说。荷兰的学说被英国接受后进而传播至北美。[①] 19 世纪以来，西方国家在同发生在公海上的海盗行为作斗争中，逐渐形成了一种习惯国际法，即对于海盗罪，各国都有进行管辖的权力。由于海盗行为危害人类共同利益和各国之航海安全，因而习惯国际法将其宣布为“人类公敌”，并将实施这种犯罪的人排除在其国籍国的法律保护之外，视为“法外之人”。凡是在公海上犯有海盗罪行的人，任何国家都可以从保护全人类利益的需要出发对其加以逮捕；凡是被指控犯有海盗罪的人，任何国家在其权力可及时都可予以审判和惩罚。[②]

19 世纪末 20 世纪初，随着国际交往的日益频繁，犯罪国际化现象日益突出。在这种形势下，建议对某些重大犯罪进行普遍管辖的呼声日益高涨。在这段时间里，许多国际会议决议、国际公约、双边或多边条约以及国内立法中，都建议或者规定了普遍管辖条款。国际法学会在 1883 年的慕尼黑会议上，作出重大犯罪应当适用普遍管辖的决议；1889 年《蒙得维的亚国际刑法公约》第 13 条规定，对海盗行为适用普遍管辖原则。1922 年 2 月 6 日订于华盛顿的《关于在战争中使用潜水艇和有毒气体的条约》（未生效）第 3 条建议，服务于任何国家的任何人，在海战中如违犯对商船进行攻击、拿捕和破坏的现行法的人道原则，不论他是否奉有上级命令，一概认为是对战争法规的破坏，将按照海盗罪行受审判和惩罚，且该违法者在哪一个国家法律管辖的区域内被发现，即受哪一个国家的民事或军事法庭审判。这一规定对行使刑事管辖权的国家，没有按照属地或属人原则作出任何限制，只要在其权力所及的范围内发现犯有该罪行之人，任何国家都可以对其进行审判。1927 年在波兰华沙召开的“关于统一刑法的国际会议”上，提出了对海盗行为、伪造货币、买卖奴隶、买卖妇女儿童等犯罪采用世界主义的倡议；1928 年的布斯台曼法对一系列重大犯罪也规定了普遍管辖原则。1937 年 11 月 16 日订于日内瓦的《防止和惩治恐怖主义公约》中，在规定犯罪地国对恐怖主义罪行进行刑事管辖的权力的同时，规定了有限的普遍管辖。按照该公约第 10 条的规定，在满足该条所规定的条件的前提下，在外国犯了恐怖主义罪行而在一缔约国领土上发现的外国人如同在该国领土内犯罪一样，以同样方式予以追诉和惩罚；这些条件包括：（1）引渡的请求已经提出，但拒绝引渡的理由与犯罪事项本身无关；（2）庇护国法律承认对外国人在外国的犯罪有权管辖；（3）外国人的国籍国对外国人在外国的犯罪承认有权管辖。

第二次世界大战结束后，根据 1945 年 8 月 8 日苏联、美国、英国、法国在

---

① ［日］森下忠著，阮齐林译：《国际刑法入门》，中国人民公安大学出版社 2004 年版，第 76 页。

② 张智辉著：《国际刑法学通论》，中国政法大学出版社 1999 年版，第 82 页。

伦敦签订的《关于控诉和惩处欧洲轴心国主要战犯的协定》及所附《国际军事法庭宪章》，对犯有反和平罪、战争罪和反人道罪的战争罪犯，国际军事法庭行使普遍管辖权予以追诉。同时，纽伦堡国际军事法庭宣布一条原则：各国可以设立法庭，对本国境内抓获的犯有战争罪的人进行审判和处罚。上述管辖原则为1946年12月11日联合国大会决议所确认。联合国战争罪犯委员会也曾明确指出，每个独立国家都有权像惩罚海盗罪那样惩罚战争罪犯。1949年8月12日日内瓦四公约在规定战争犯罪的同时，均明确规定，各缔约国有义务搜捕被控为曾犯有或者曾命令他人犯有战争罪行的人，并应将此种人不分国籍送交各该国法庭。1958年的日内瓦《公海公约》和1982年的《联合国海洋法公约》，进一步确认了习惯国际法对海盗罪的管辖原则，用公约的形式明确了这一原则。此后，在一系列的国际条约中，都在一定程度上体现了普遍管辖原则。①

二、普遍管辖原则的法理根据

格劳秀斯提出并论证普遍管辖原则的出发点是基于自然法的观点。他认为，存在着人类普遍社会和存在着违反自然法的犯罪是问题的两大前提，而违反自然法的犯罪是对全人类的共同危害。因此，国际社会应当履行共同的义务，各国通力合作，对违反自然法的犯罪予以惩处。对于违反自然法的犯罪，世界各国均有普遍的管辖权：对任何违反了自然法的犯罪人，罪犯所在国都应对犯罪采取要么将罪犯引渡给有属地、属人、保护管辖权的国家，要么按照本国法律规定对其追究犯罪责任。这就是为当前国际刑事合作所认可的“或引渡或起诉”原则。②

对于普遍管辖原则，古今中外很多学者对其作出过不同角度的理论概括，其中较有代表性的有两种：一种是从本国刑法确定管辖权的范围角度对普遍管辖原则所作的传统解释，认为犯罪行为不论发生于何地，也不论罪犯是哪国人，对社会总是一种危害。因此，国家有权根据本国刑法对该罪犯进行追诉和处罚。这一观念显然是不能成立的，如此则过度地扩张了一国的刑事管辖权。另一种是西方传统国际法理论以“犯罪对文化世界的连带性”的观念为基础所作的解释，认为普遍管辖原则的含义是：一切国家对于侵害其所保护的超国家的文化利益的犯罪，不问罪行发生于何地及犯罪人国籍如何，可以适用本国刑法予以审判和制

① 参见高铭暄主编：《刑法学原理（第一卷）》，中国人民大学出版社1993年版，第302~304页；张智辉著：《国际刑法学通论》，中国政法大学出版社1999年版，第82~84页。

② 高铭暄、马克昌主编：《中国刑法解释（上卷）》，中国社会文献出版社2005年版，第117~118页；高铭暄主编：《刑法学原理（第一卷）》，中国人民大学出版社1993年版，第302~304页。

裁。[1] 后一种观念为德国刑法学界的通说。对此，耶塞克教授即认为："如果从最广义上来理解，给予每一个国家在毫不顾及行为地和行为人的国籍情况下，适用本国之刑罚权的权力。在这种不受限制的形式下，世界法原则'在科学上是站不住脚的，在实践上也是不可能推行的'，因为如果这样的话，那么，国家的刑罚权将会毫无限制。只有当犯罪行为是针对超越国境的文化财富，对其进行保护符合所有国家利益（如抑制毒品交易、奴隶交易、拐卖人口、淫秽出版物、伪造货币、保护越洋光缆、防止劫持飞机、劫持人质、刑讯和恐怖主义、环境犯罪、战争犯罪、反人类犯罪），那么，世界法原则在国内才是正当的，也才能得到国际法的承认。只有在此等情况下，才涉及'文化世界在针对犯罪上的相互合作'和'针对危险的国际犯罪的斗争'，人们建立世界法原则也是基于该思想"。[2] 后一种观念实际上仍是从法益保护的角度来理解普遍管辖原则，而这一法益就是"超国家的文化财富"。

无论是从自然法观念来理解普遍管辖原则，还是从保护超国家的文化财富来诠释普遍管辖原则的正当性，都是从全人类共同利益的角度来理解确立普遍管辖原则的根据问题。在笔者看来，普遍管辖原则的理论基础应从三个方面来理解：(1) 维护并实现安全、平等等基础性的价值。世界上虽然因文化、地域、种族、民族等因素而形成若干独立之国家，但人们对于安全、平等等基础性价值都是一致且共通的，当然对于安全、平等等价值的具体内容会存在认识上的不同。各国通过缔结国际公约的方式提倡并要求各缔约国对某些犯罪行使普遍管辖权，最终目的即在于实现这些人类的共同价值。而这一价值并非天赋，也非自然法则，实际上表现为现实的利益。(2) 一个主权国家对保护人类普遍价值的义务。一个主权国家的主要职能在于保护处于本国主权之下的各种利益，不过，当今世界各国的利益交织在一起，甚至可以说，各国正相互依赖而存在。从这个角度看，维护本国之外的利益也会对本国形成积极意义。而从人类相互依存的关系看，一个国家即有义务来保障处于其他地域人们的安全等价值及利益。(3) 一国行使普遍管辖权来自于国际法的效力，存在其他国家的事先承诺和认可。一个主权国家有义务保护世界上其他地域人们的正当利益，不过，这一义务首先只是道德性的，来源于人们之间的相互救助义务，只有在国际公约有规定的情况下，一个主权国家才有法律上的这种义务。如果没有国际法上的根据，径行履行这种道德义务，会形成对其他国家主权的不当干涉，而不侵犯他国主权、不干涉他国内政对

① 高铭暄主编：《刑法学原理（第一卷）》，中国人民大学出版社 1993 年版，第 304 ~ 305 页。

② ［德］汉斯·海因里希·耶赛克、托马斯·魏根特著，徐久生译：《德国刑法教科书》，中国法制出版社 2001 年版，第 206 ~ 210 页。

一个国家而言是一种法律上的义务，优越于其具有的道德义务。国际公约是各缔约国的合意，各缔约国缔结或加入某一国际公约，实际上即认可并尊重该公约的效力，进而依照这一公约享有相应的权利和义务。在某一公约中规定了普遍管辖原则的情况下，一缔约国就有义务履行对公约所规定的犯罪予以普遍管辖的法律义务，除非声明对公约相关条款予以保留，而一旦其确实行使普遍管辖权时，相关缔约国由于存在事先的承诺和认可，对行使普遍管辖权的国家的这一法律行为即表示尊重并认可其行为的效力，而不存在任何侵犯他国主权的问题。

如果以我国《刑法》第9条普遍管辖原则的适用范围来看，普遍管辖原则实质上是对于逮捕罪犯国和罪犯所在国刑事管辖权的一种法律概括，它是在突破地域、国籍、利益保护三种管辖联系因素（即连接点）的基础上形成的。具体而言，可以从以下六个方面来理解：[①]（1）适用普遍管辖原则进行追诉的罪行未发生在本国领域内，也不在悬挂本国国旗的船舶或者在本国登记的航空器上；（2）适用普遍管辖原则进行追诉的外国人不具有本国国籍；（3）适用普遍管辖原则进行追诉的犯罪，从其根本性质看，具有危及人类整体利益的倾向，即便可能对本国国家或者国民的利益未造成直接的损害；（4）犯罪人在本国境内被逮捕或者在本国境内居住，或者罪犯由本国有关部门采用不侵犯他国主权并符合国际刑法要求的方式在国际领域内抓获；（5）适用普遍管辖原则进行追诉的犯罪，必须是那些有关国际公约规定可予以普遍管辖并在世界上得到公认的危害国际社会的罪行；（6）适用普遍管辖原则进行追诉的犯罪，原则上不应受到双重审判，进言之，一国在一般情况下不能因为该罪行与本国有某种法律联系而否定外国法院的既判力，而对罪犯再行起诉。

三、有关普遍管辖原则的立法例

各国立法例在普遍管辖原则上存在不同做法：（1）绝对的世界主义的做法是，不问犯罪地、犯罪人的国籍以及被害人的国籍，也不考虑行为地国的刑法如何规定，对该犯罪一概适用国内刑法。（2）附条件的世界主义（限制的世界主义）的做法是，对于普遍管辖原则的适用作出一定限制，如要求缔约国为犯罪地、缔约国为犯罪人的国籍国、得到非缔约国的同意等。（3）义务的世界主义的做法是，本国只在所承担的义务范围内行使管辖权，这种义务既包括国际条约规定的义务，也包括国内法设定的义务。（4）自主的世界主义的做法是，不考

① 高铭暄主编：《刑法学原理（第一卷）》，中国人民大学出版社1993年版，第306～307页。

虑国际条约的规定，自主地根据犯罪性质确定普遍管辖的犯罪范围。[①] 按照这种分类方式，我国的立法例应属于第三种，即义务的世界主义的做法。第一种和第二种做法，实际是在一定程度上将普遍管辖原则与属地管辖原则、属人管辖原则（包括积极的属人管辖原则和消极的属人管辖原则）以及保护管辖原则予以混合式地加以规定。

当今世界很多国家在其刑法中都有关于普遍管辖的规定。按照不同标准进行区分，可以看出各国立法例存在的差异，也能从中看出不同国家对行使普遍管辖权法律根据的认识上的差异。

（一）是否以国际条约规定为适用普遍管辖权的前提作为区分标准

按照是否以国际条约规定为适用普遍管辖权的前提，可以分为三类：以本国缔结或参加的国际条约为前提行使普遍管辖权的立法例，以本国法律规定和缔结或参加的国际条约为前提行使普遍管辖权的立法例和以本国法律规定为前提行使普遍管辖权的立法例。

1．以本国缔结或者参加的国际条约为前提行使普遍管辖权的立法例

就这种立法例而言，本国行使刑事管辖权应以本国已经缔结或者参加相关国际条约为前提，作为承担国际条约的一项义务对国际条约所规定的犯罪行使刑事管辖权。例如，《日本刑法典》第 4 条之二即规定，“除第 2 条、第 3 条、第 4 条规定外，对于在日本国外犯该法第 2 编[②]规定之罪，而且依据条约即使在日本国外实施时也应处罚的一切人，适用本法”。日本这种立法方式被称为“概括主义”，是指一种设置概括性法律内容的立法方式，即条约规定的应当作为国外犯受处罚的犯罪人，均可适用处罚国外犯的规定。[③]

又如，《瑞士刑法典》第 6 条 a 第 1 款规定：“在外国实施按照国际条约瑞士负有追诉义务的重罪或轻罪，适用本法，但以该行为在行为地也被认为是犯罪，且行为人在瑞士、未被引渡给外国者为限。如果行为地法律对行为人的处罚较轻的，适用行为地之法律。”该款即是关于普遍管辖权的规定，并以双重犯罪原则作为适用的限制。此外，该条第 2 款对适用普遍管辖权作出了其他限制，即“具备下列情形之一的，行为人不再受处罚：如其重罪或轻罪被行为地国家宣告无罪，或者如其在外国判处的刑罚已经执行完毕、被赦免或时效期间已经经过的”。

---

① ［日］森下忠著：《刑法适用法的理论》，成文堂 2005 年版，第 119 页。转引自张明楷著：《刑法学》，法律出版社 2011 年版，第 78 页。

② 该编即是关于具体犯罪的规定。

③ ［日］森下忠著，阮齐林译：《国际刑法入门》，中国人民公安大学出版社 2004 年版，第 84 页。

再如,《越南刑法典》第6条第2款规定:“外国人在越南社会主义共和国领域外犯罪,越南社会主义共和国签订或者参加的国际条约有规定时,可以依照本法追究刑事责任。”

2. 以本国法律规定和缔结或参加的国际条约为前提行使普遍管辖权的立法例

在这种立法例中,又区分概括式规定的立法例和列举式规定的立法例。前者如,《法国刑法典》第113-12条规定:“在法国领海之外实行的犯罪,在国际条约与法律有规定时,适用法国刑法。本条之规定适用于法国的海外领土、新喀列多尼亚以及马约特地方领地。”《法国刑事诉讼法典》第九编第一章“法国法院的管辖权”对如何适用普遍管辖权作出具体规定。[①]

后者如,《德国刑法典》第6条规定,无论行为地法律如何规定,在国外的下列犯罪行为同样适用德国刑法:(1)灭绝种族(第220条a);(2)第307条和第308条第1款至第4款、第309条第2款和第310条规定的核能、爆炸物和放射线犯罪;(3)攻击空中和海上交通(第316条c);(4)人口交易(第180条b第181条);(5)非法销售麻醉品;(6)第184条第3款和第4款规定的传播淫秽书刊;[②](7)伪造货币和有价证券(第146条、第151条和第152条),伪造支付卡和欧洲支票的票样(第152条a第1款至第4款)及其预备行为(第149条、第151条、第152条和第152条a第5款);(8)诈骗救济金(第264条);(9)根据对德意志联邦共和国有约束力的国际条约的规定而应予以追诉的国外行为。从德国刑法例可以看出,该国适用普遍管辖权时有两个特点:一是不考虑双重犯罪原则;二是适用普遍管辖权以本国法律和国际条约的规定为前提。比较而言,依据国际条约规定而行使普遍管辖权是补充性的。[③]

3. 以本国法律规定为前提行使普遍管辖权的立法例

在这种立法例中,在属于可行使普遍管辖权的规定中,只列明本国刑法分则

① 参见罗结珍译:《法国刑事诉讼法典》,中国法制出版社2006年版,第410~415页。

② 该条第3款规定:“利用含有强奸、对儿童的性滥用或人与动物的性行为为内容的文书从事下列活动之一,如果淫秽文书是以对儿童的性滥用为对象的,处于3个月以上5年以下自由刑;其他情况下处3年以下自由刑或罚金刑:1. 散发;2. 公开陈列、张贴、放映或以其他途径公布于众的,或3. 意图使淫秽文书或其节录供第1款或第2款犯罪之用,或使他人的使用成为可能而加以制造、购买、供应、保存、预告、宣传、进口,或出口的。”该条第4款规定:“在第3款情况下淫秽文书是以对儿童的性滥用为对象,并反映事实或接近事实真相的,如果行为人是作为为继续实施此等犯罪而成立的犯罪团伙成员为此等行为的,处6个月以上10年以下自由刑。”

③ 参见[德]汉斯·海因里希·耶赛克、托马斯·魏根特著,徐久生译:《德国刑法教科书》,中国法制出版社2001年版,第215页。

中规定的罪名，而没有提及国际条约的规定以及履行国际条约的义务。例如，《奥地利刑法典》第 64 条“国外应受刑罚处罚的行为”之中既包括属人管辖原则、保护管辖原则的适用规定，也包括普遍管辖原则的适用，对于后者并没有提及是否依据国际条约而规定或者为履行国际条约而行使普遍管辖权。例如，该条第 1 款第 5 项规定，“劫持飞机或者与劫持飞机有关的针对身体和生命的应受刑罚处罚的行为，如果飞机在奥地利降落，且行为人仍在飞机内，或者行为人在奥地利逗留且未能被引渡的”；第 9 项规定，“恐怖主义集团或者恐怖主义犯罪，如果行为人在行为时是奥地利人，在奥地利逗留且未能被引渡的”；第 10 项中规定，“资助恐怖主义犯罪，如果行为人在行为时是外国人，在奥地利逗留且未能被引渡的”，对上述这些情形可适用奥地利刑法。这些规定即体现了普遍管辖原则。

（二）是否以独立的法条规定普遍管辖原则作为区分标准

在一些国家的立法例中，如日本、德国、法国等国家立法例，在其刑法典中都是以单独的法条作出规定。我国《刑法》第 9 条亦是如此。

而有些国家则将普遍管辖权的行使与属人管辖权和保护管辖权规定在一个法条之中，通过法条内不同款项来加以区分，如此立法的根据在于，这些情形都属于国外犯的情况。例如，《俄罗斯联邦刑法典》第 12 条是有关该法在俄罗斯联邦境外实施犯罪的人的效力的规定，其中包括属人管辖权、保护管辖权和普遍管辖权的规定。该条第 3 款规定：“不在俄罗斯联邦境内常住的外国公民和无国籍人在俄罗斯联邦境外实施犯罪的……及在俄罗斯联邦签订的国际条约规定的情况下，犯罪人在外国未被判刑和正在俄罗斯联邦境内被追究刑事责任的，应依照本法典承担刑事责任。”这一规定就是“从俄罗斯的国际法义务产生的刑事法律空间效力的普遍原则”①。又如，《意大利刑法典》第 7 条体现了属人管辖原则、国家保护原则和普遍管辖原则的内容，其中第 5 项规定，公民或者外国人在外国实施的，“根据法律的特别规定或者国际条约对其可适用意大利刑法的任何其他犯罪”，依照意大利法律处罚。再如，《巴西刑法典》第 7 条即是有关国外犯罪适用巴西法律的规定，其中即包括“条约或者公约规定巴西有义务管辖的犯罪”。对于这类犯罪行使管辖权，该法还作出特别限制，即必须同时具备以下条件：（1）行为人进入巴西国境；（2）其行为根据犯罪地国的法律也应当追究刑事责任；（3）属于巴西法律允许引渡的犯罪；（4）行为人未曾因此行为在国外被作出无罪或者未曾被执行刑罚；（5）行为人未曾因此行为在国外被赦免，或者因

① 黄道秀译：《俄罗斯联邦刑法典释义（上册）》，中国政法大学出版社 2000 年版，第 17 页。

为其他原因而使其没有依据对其有利的法律的规定使其刑罚消灭的。《丹麦刑法典》第 8 条体现了对保护管辖、普遍管辖和代理管辖原则的规定，其中第 5 项规定，发生在丹麦领域外的，根据“国际公约规定的犯罪行为，且丹麦有义务根据该公约对该行为提起诉讼程序”，无论行为人具有何种国籍，均在丹麦刑事司法管辖范围之内。

此外，有的国家的刑法典中并没有关于普遍管辖原则的规定，如《韩国刑法典》和《埃及刑法典》即是如此。对此，韩国学者认为：“（韩国）刑法并没有世界主义的规定。只是第 5 条第 4 号处罚外国人的国外犯，和处罚外国人在外国伪造外国通货行为的外国通货伪造、变造罪的规定可能被视为基于世界主义的规定，但这不过是有关保护主义的规定而已。然而依据宪法签署、公布的条约具有国内法的效果，所以，依据韩国批准的条约对外国人的国外犯适用刑法可以说是依据世界主义的，如对外国人在外国实行劫机适用韩国航空器航运安全法就是此例。”①

四、国际条约中有关普遍管辖原则的规定

如上所述，19 世纪末一些国际公约中即开始确立普遍管辖原则，第二次世界大战后这一趋势更为明显，在一系列有关世界各国共同打击犯罪的公约中都确立了这一原则，并在实践中运用这一原则打击犯罪。② 我国全国人大常委会颁布《关于对中华人民共和国缔结或者参加的国际条约所规定的罪行行使刑事管辖权的决定》时，即在该决定之后附加了我国缔结或者参加的国际条约的有关内容：（1）《关于防止和惩处侵害应受国际保护人员包括外交代表的罪行的公约》第 3 条第 2 款规定：“每一缔约国应同样采取必要措施，于嫌疑犯在本国领土内而本国不依第八条规定将该犯引渡至本条第一款所指明的国家时，对这些罪行确定其

---

① ［韩］李在祥著，韩相敦译：《韩国刑法总论》，中国人民大学出版社 2005 年版，第 39 页。

② 最典型的案例是 1961 年的“艾希曼案”。艾希曼是第二次世界大战期间德国政府犹太人事务局的头目，在纽伦堡国际军事法庭上被控犯有参与屠杀 400 万犹太人的反人道罪。但是由于艾希曼潜逃隐匿，纽伦堡国际军事法庭当时未能对其进行审判和惩罚。按照联合国大会决议所确认的纽伦堡审判原则，艾希曼所犯的反人道罪属于各国可对其实行普遍管辖的国际犯罪。1960 年 5 月，以色列情报机构得知艾希曼化名藏匿在阿根廷，便派人秘密将其绑架回以色列，由以色列法院审理。以色列法院认为，艾希曼所犯的是战争罪行之一种，按照纽伦堡国际军事法庭的审判原则，每个国家都有权对其进行管辖，以色列亦不例外。对以色列法院的主张，联合国安理会未表示异议，只是指出以色列采取私自绑架的方式在阿根廷绑架艾希曼并将其运出阿根廷的做法，侵犯了阿根廷的国家主权。张智辉著：《国际刑法学通论》，中国政法大学出版社 1999 年版，第 93 ~ 94 页。

管辖权。”第7条规定：“缔约国于嫌疑犯在其领土内时，如不予以引渡，则应毫无例外，并不得不当稽延，将案件交付主管当局，以便依照本国法律规定的程序提起刑事诉讼。”（2）《海牙公约》（即《关于制止非法劫持航空器的公约》）第4条第2款规定：“当被指称的罪犯在缔约国领土内，而该国未按第八条的规定将此人引渡给本条第一款所指的任一国家时，该缔约国应同样采取必要措施，对这种罪行实施管辖权。”第7条规定：“在其境内发现被指称的罪犯的缔约国，如不将此人引渡，则不论罪行是否在其境内发生，应无例外地将此案件提交其主管当局以便起诉。该当局应按照本国法律以对待任何严重性质的普通罪行案件的同样方式作出决定。”（3）《蒙特利尔公约》（即《关于制止危害民用航空安全的非法行为的公约》）第5条第2款规定：“当被指称的罪犯在缔约国领土内，而该国未按第八条的规定将此人引渡给本条第一款所指的任一国家时，该缔约国应同样采取必要措施，对第一条第一款（甲）、（乙）和（丙）项所指的罪行，以及对第一条第二款所列与这些款项有关的罪行实施管辖权。”（4）《核材料实物保护公约》第8条第2款规定：“每一缔约国应同样采取必要措施，以便在被控犯人在该国领土内而该国未按第十一条规定将其引渡给第一款所述任何国家时，对这些罪行确立其管辖权。”（5）《反对劫持人质国际公约》第5条第2款规定：“每一缔约国于嫌疑犯在本国领土内，而不将该嫌疑犯引渡至本条第一款所指的任何国家时，也应采取必要措施，对第一条所称的罪行确立其管辖权。”第8条第1款规定：“领土内发现嫌疑犯的缔约国，如不将该人引渡，应毫无例外地而且不论罪行是否在其领土内发生，通过该国法律规定的程序，将案件送交该国主管机关，以便提起公诉。此等机关应按该国法律处理任何普通严重罪行案件的方式作出判决。”

此后，在我国缔结或参加的一些国际公约中也体现了这一原则。例如，《制止危及海上航行安全非法行为公约》第6条第4款规定：“如被指称的罪犯出现在某缔约国领土内，而该缔约国又不将他引渡给根据本条第1款和第2款确定了管辖权的任何国家，该缔约国应采取必要措施，确定其对第三条所述罪行的管辖权。”《制止危及大陆架固定平台安全非法行为议定书》第3条第4款规定：“如被指称的罪犯出现在某缔约国领土内，而该缔约国又不将他引渡给根据本条第1款和第2款确定了管辖权的任何国家，该缔约国应采取必要措施，确定其对第2条所述罪行的管辖权。”《联合国禁止非法贩运麻醉药品和精神药物公约》第4条第2款（b）规定：“当被指控的罪犯在其领土内，并且不把他引渡到另一缔约国时，也可采取可能必要的措施，对其按第三条第1款确定的犯罪，确立本国的管辖权。”《禁止酷刑和其他残忍、不人道或有辱人格的待遇或处罚公约》第5条第2款规定：“每一缔约国同样应采取必要的措施，确立其对在下列情况中发生的罪行的管辖权：被指控的罪犯在该国管辖的任何领土内，该国不按第8条规定将他引渡至本条第1款所述的任何国家。”第7条第1款规定：“缔约国如在其管辖的领土内发现有被指控犯有第4条所述任何罪行的人，属于第5条提到的情况，倘不进行引渡，则应把该案件交由主管当局进行起诉。”《制止恐怖主义爆炸事件的国际公约》第6条第4款规定：“如被指控的罪犯出现在某缔约国领土内，而该缔约国不将其引渡给根据本条第1款和第2款确定了管辖权的任何国家，该缔约国也应酌情采取必要措施，确定其对第2条所述罪行的管辖权。”《联合国打击跨国有组织犯罪公约》第15条第4款规定：“各缔约国还可以采取必要措施，在被指控人在其领域内而其不引渡该人时确立其对本公约所涵盖的犯罪的管辖权。”

第二节　《刑法》第9条的理解与适用

对我国《刑法》第9条有关普遍管辖规定的理解与适用，主要是应解决两个问题：(1) 与《刑法》第6条、第7条和第8条相比，《刑法》第9条的适用范围应如何界定？(2) 如何理解“中华人民共和国缔结或者参加的国际条约”和“中华人民共和国在所承担条约义务的范围内”？(3) 如何理解“本法”？其中第三个问题，本书第三章的论述已经涉及，“本法”应指我国最高立法机关制定的刑法规范，不限于刑法典，其理由在本节中不再赘述。以下着重探讨前两个问题。

一、《刑法》第9条的适用范围

从《刑法》第9条的规定看，该条并没有对我国刑事普遍管辖权的事实前提作出限制，即没有对犯罪人的国籍、犯罪地以及保护利益的归属作出限制。如前所述，《刑法》第9条的适用，不以犯罪行为与本国具有连接点为前提，这与《刑法》第6条有关属地管辖、《刑法》第7条有关属人管辖和《刑法》第8条有关保护管辖的规定明显不同。在我国缔结或参加的一些国际公约关于刑事管辖权的规定的具体条目中，实际上很多情形下，缔约国行使刑事管辖权是因为该国与犯罪人或者犯罪行为存在一定的连接点，完全无连接点的情形，主要是犯罪人在该国，但该人不能被引渡给他国受审的情况下，该国才行使普遍管辖权。如前所述，对我国刑法规定普遍管辖权内涵的界定，应从我国刑法出发，而不应从国际刑法的角度加以界定，以保证各种不同管辖原则的适用不会出现不必要的交叉和重叠。同样，对我国《刑法》第9条适用范围的界定，也应从我国刑法出发作出判断。

根据我国《刑法》第9条规定，我国根据普遍管辖原则行使刑事管辖权，应适用我国刑法对在中国领域外、由非中国公民实施的、未侵害我国国家或者公民利益的行为予以刑事追究。换言之，只有犯罪人、犯罪行为或者犯罪对象与我国均无关系，而只因我国缔结或者参加的国际公约要求我国行使刑事管辖权时，才可以行使普遍管辖权。但凡因犯罪人国籍、犯罪地以及保护利益的归属（即犯罪对象）与我国刑事管辖权存在连接点，即应适用我国《刑法》第 6 条、第 7 条和第 8 条规定分别行使属地管辖权、属人管辖权和保护管辖权。行使刑事管辖权，并不意味着一定要对犯罪人进行审判，只要根据我国刑法和刑事诉讼法的规定，对其犯罪行为进行侦查、采取强制措施等，即标志着我国已经行使刑事管辖权。①

二、对“中华人民共和国缔结或者参加的国际条约”和“中华人民共和国在所承担条约义务的范围内”的理解

《刑法》第 9 条所说的“国际条约”，是指由多个国家通过国际会议缔结的多边条约，从具体范围看，基本上是指国际法中所称之“公约”。我国《刑法》第 9 条只是概括性地规定，我国应在缔结或者参加的国际条约的条约义务范围内行使管辖权。至于这些“国际条约”究竟何指，法律并没有作列举式规定。当然，从刑法立法技术看，也没有必要加以列举。如果采取列举方式的话，则需要不断通过刑法修改的方式予以明确。如此，就应当认识到，该条实际上指向一类国际公约，即只要符合《刑法》第 9 条的规定，即可援用国际条约有关刑事管辖权的规定来确定我国的普遍刑事管辖权。

从《刑法》第 9 条规定出发，“中华人民共和国缔结或者参加的国际条约”具有以下两个特征：

一是我国缔结或者参加了这一条约。“缔结”，是指我国政府直接参与了条约的制定过程，而后签署并批准某一国际条约；“参加”，是指我国参加已经签订的条约，从而成为缔约国的一种方式，“参加”即意味着我国要接受条约的约束。判断我国是否缔结或者参加某一条约，应根据《缔结条约程序法》来进行判断。该法第 3 条规定：“中华人民共和国国务院，即中央人民政府，同外国缔结条约和协定。中华人民共和国全国人民代表大会常务委员会决定同外国缔结的条约和重要协定的批准和废除。中华人民共和国主席根据全国人民代表大会常务委员会的决定，批准和废除同外国缔结的条约和重要协定。中华人民共和国外交部在国务院领导下管理同外国缔结条约和协定的具体事务。”根据该条规定以及该法其他相关规定，有关条约的谈判与签署由国务院负责，而对条约和重要协定的批准，其权力则归属于全国人大常委会。所谓“批准”，是指缔约国的有权机

① 高铭暄、马克昌主编：《中国刑法解释（上卷）》，中国社会文献出版社 2005 年版，第 120 页。

关对其全权代表所签署的条约的认可并同意承受条约约束的行为。[①] 就我国而言，只有我国最高立法机关的常设机构全国人大常委会批准之后，我国政府此前签署的国际条约对我国才能生效，同时也表明，我国将受该国际条约所规定的义务的约束。如果我国政府只是签署某一条约，但尚未批准该条约的话，就不能认为该条约对我国生效，我国也不受其规定义务的约束。[②]

二是我国未对签署和缔结的国际条约中的相关事项作出保留。所谓“保留”，是指“一国于签署、批准、接受、赞同或加入条约时所作之片面声明，不论措辞或名称如何，其目的在于排除或更改条约中若干规定对该国适用之法律效果”[③]。就我国而言，如果我国对缔结或者参加的国际条约中某一条款提出保留，在批准该条约后，即不受该条款所规定义务的限制。就刑事管辖权问题而言，如果我国政府在签署某一国际条约时，对该条约规定的刑事管辖权问题作出保留，则在缔结或参加该条约后，不受该条款所规定义务的限制。

“所承担条约义务”，是指对我国生效的国际条约中存在条约义务条款，除非我国对该条款作出保留，则在该条款所规定事实条件存在的情况下，我国应根据条约履行相应的义务。就普遍管辖权问题而言，即便犯罪人、犯罪行为或者犯罪对象与我国刑事管辖权没有连接点，作为一种履行国际条约义务的具体形式，我国应行使刑事管辖权追究犯罪人的刑事责任。

第三节　与普遍管辖相关的法律问题

本节对与普遍管辖相关的五个具体问题进行理论分析。

一、如何处理适用我国刑法与履行国际条约义务的关系

在行使普遍管辖权的时候，应特别注意适用我国刑法与履行国际条约所规定的缔约国义务的关系问题。就一般法理学而言，国际条约是我国法律的表现形式，即法律的形式渊源。但是，就刑法的法律渊源而言，国际条约的规定却并非刑法的法律渊源。我国《刑法》第 3 条罪刑法定原则所说之“法律”应指刑法，是由全国人大及其常委会制定之法律，而不包括其他立法主体所制定之法律，更不包括国际条约。从一定意义上说，正是由于我国最高立法机关在刑法中规定了普遍管辖原则，才使得我国司法机关可以根据该原则来行使刑事管辖权，否则，

① 邵津主编：《国际法》，北京大学出版社、高等教育出版社 2011 年版，第 380 页。

② 例如，我国政府于 1998 年 10 月 5 日在联合国总部签署《公民权利和政治权利国际公约》，但迄今为止，全国人大常委会尚未批准该公约。

③ 邵津主编：《国际法》，北京大学出版社、高等教育出版社 2011 年版，第 382 页。

即便我国缔结或者参加了国际条约，我国也不能直接根据该条约行使普遍管辖权。因此，从一定意义上说，我国司法机关行使普遍管辖权的法律根据直接在于刑法。

曾有观点认为，对于我国缔结或参加的国际条约所规定的罪行行使普遍管辖时不适用我国刑法，[①] 这一观点是错误的。从我国刑法与国际条约的一般关系看，根据我国缔结或者参加的国际条约，只是确定我国是否具有普遍管辖权，而判断涉嫌犯罪行为是否构成犯罪，则应依据我国刑法判断是否具有刑事违法性。具体而言，首先，我国刑法立法已将该种行为规定为犯罪。将国际条约规定的罪行以我国国内法的形式规定为犯罪，是我国履行国际条约义务的具体表现。在我国州法立法实践中，一些刑法规范的设立和修改，都体现着履行国际条约义务的一面。只有在刑法有规定的情况下，才能对属于国际条约所规定的某一罪行予以刑事追究。作为履行国际条约的义务表现，我国刑法立法应与国际条约规定中对罪行的界定保持一致。当然，考虑到我国刑法的特点，并不要求罪名完全一致，也不要求犯罪归类上完全一致。[②] 其次，在适用法律方面，应根据我国刑法判断该行为的刑事违法性。具体而言，对涉嫌犯罪行为触犯哪一刑法规范，是否符合该刑法规范所规定之主客观构成要件，以及是否存在排除犯罪性的情形，都应依照我国刑法予以判断。在具体案件的处理过程中，在有关适用普遍管辖权问题上，引用法律时，应同时引用我国《刑法》第 9 条规定和相关国际条约有关刑事管辖权的规定；在定罪量刑问题上，则应根据我国刑法规定作出。

此外，在认识上还需强调一点，应注意区分一国行使普遍管辖权与国际刑事审判机构行使刑事管辖权。对于后者而言，特定国际刑事审判机构的设立根据在于国际公约，而适用法律根据亦在于国际公约，其审理的犯罪也属于典型的国际犯罪，如灭绝种族罪、反人类罪、侵略罪等。这与前者有着明显的不同。前者的设立根据是国内法，适用法律根据也是国内法，其行使普遍管辖权的权力来源为本国最高立法机关，而非直接来自于国际条约。

---

① 林准主编：《中国刑法教程》，人民法院出版社 1989 年版，第 22 页。

② 例如，《联合国打击跨国有组织犯罪公约》第 6 条规定，“明知财产为犯罪所得，为隐瞒或掩饰该财产的非法来源，或为协助任何参与实施上游犯罪者逃避其行为的法律后果而转换或转让财产”，“各缔约国均应依照其本国法律基本原则采取必要的立法及其他措施”，将其故意行为规定为犯罪。我国《刑法》第 191 条有关洗钱罪规定的上游犯罪，只限于毒品犯罪、黑社会性质的组织犯罪、恐怖活动犯罪、走私犯罪、贪污贿赂犯罪、破坏金融管理秩序犯罪、金融诈骗犯罪，而对于其他上游犯罪所形成的犯罪所得和犯罪收益，则通过《刑法》第 312 条“掩饰、隐瞒犯罪所得、犯罪所得收益罪”加以处罚。因而，从处罚范围上看，我国《刑法》通过第 191 条和第 312 条来对应该公约有关洗钱行为刑事定罪的规定。这当然是妥当地履行该公约规定的义务，同时兼顾了我国刑事立法的现实情况。

例如，被告人奥格雷系前苏联公民，是前苏联雅库特共和国雅库茨克联合飞行中队副驾驶员。1985 年 12 月 19 日，奥格雷与机长阿布拉米杨·维·谢等机组人员驾驶 47845 号安—24 型民航客机执行雅库茨克民航局 101、435 航班飞行任务。被告人奥格雷登机时，把事先准备好的一把折叠刀和一块重达 2.8 公斤的长条锰钢块带入飞机驾驶舱。当日北京时间 7 时 30 分许，该机载客 38 人，由雅库茨克飞往伊尔库茨克。12 时 30 分许，当该机飞至东经 118°06′00″、北纬 52°40′00″上空时，奥格雷趁领航员上厕所之机，以客舱出现机械故障为由，将机械师骗出驾驶舱，扭动自动驾驶仪，持刀威胁机长，要其“老实些，不然就杀死你”。机长当即发出了报警信号。奥格雷发觉后，即威逼机长关闭信号。机长被迫改变航向，飞越我国领空。14 时 30 分许，该机降落在我国黑龙江省甘南县长吉岗乡农田里。前苏联要求引渡奥格雷，提出由前苏联对其进行审判。[①] 我国法院认为，奥格雷的行为危害公共安全，已经构成犯罪。在被告人行为时，我国政府已经签署《关于在航空器内的犯罪和犯有某些其它行为的公约》、《关于制止非法劫持航空器的公约》、《关于制止危害民用航空安全的非法行为的公约》三个关于航空器方面犯罪的国际公约，而且我国最高立法机关已经批准上述条约，因而我国应履行上述条约规定的义务，具体而言，我国应依照上述公约规定行使刑事管辖权。由于我国 1979 年《刑法》没有规定劫持航空器罪，对外国人劫持航空器到我国只能适用类推予以定罪，因而法院类推适用 1979 年《刑法》第 107 条规定以劫持飞机罪判处奥格雷有期徒刑 8 年。该判决经最高人民法院核准，作为终审判决。

二、行使普遍管辖权是否受到双重犯罪的限制

如果我国司法机关根据《刑法》第 9 条行使普遍管辖权，是否要考虑犯罪地所在国家是否将该行为规定为犯罪，或者将之视为犯罪，即是否适用双重犯罪原则呢？从《刑法》第 9 条看，对这一问题并未作出规定。实际上，国际条约中规定的罪行，都属于严重罪行，世界上大多数国家刑法都会将之规定为犯罪，不过，对某一具体案件的定性却会存在认识上的不一致，如对于恐怖主义组织的界定，相关国家就存在不一致的认识。

对于该问题的态度，一些国家在其刑法中有所规定，具体分为两类：（1）不要求双重犯罪原则的立法例。例如，《德国刑法典》第 6 条规定，“根据对德意志联邦共和国有约束力的国际条约的规定而应予以追诉的国外行为”，“无论行为地法律如何规定，在国外的下列犯罪行为同样适用德国刑法”。（2）要求双重犯罪原则的立法例。例如，《瑞士刑法典》第 6 条 a 规定，在外国实施按照国

① 赵秉志主编：《刑法教学案例》，法律出版社 2007 年版，第 20 页。

际条约瑞士负有追诉义务的重罪或轻罪，适用本法，但“以该行为在行为地也被认为是犯罪”为适用条件之一。《巴西刑法典》第 7 条中也规定，对于条约或者公约规定巴西有义务管辖的犯罪，即使该行为在巴西国外发生也适用巴西刑法，不过，必须以“其行为根据犯罪地国的法律也应当追究刑事责任”为条件。从这两种不同立法例能够看出不同国家立法者对该问题的态度，就前一种立法例而言，其体现了对国际性罪行予以无例外惩罚的倾向，然而，其立场亦存在问题，即其判断标准是否带有明显的本国倾向，以及犯罪人的守法义务的来源问题亦存在疑问；后一种立法例则充分考虑了犯罪地法律的立场，也有益于对犯罪人利益的保障。

就我国《刑法》第 9 条而言，虽然其没有明确规定双重犯罪原则，但在适用第 9 条时仍应在一定程度上强调，行为地国家将同一性质行为规定为犯罪，是我国适用普遍管辖权的前提条件，但不要求行为地国家有关机关认为某一具体行为是犯罪。如此理解的根据在于：只有行为地国家规定为犯罪的情况下，才能够认为其行为具有违法性，是为当地法律所不容许的。换言之，只有如此，才能认为行为人违反了法律所要求的义务。对于行为人而言，尊重当地法律是其义务，而作为一个自然人，其没有遵守国际条约的义务。同时，在一国将某一性质的行为规定为犯罪，但该国执政当局对于具体行为也存在认识上的不一致时，如对恐怖主义组织的界定、对反叛或灭绝种族行为的界定会存在具体认识上的差异，对此，应从人类社会的一般认识出发予以判断，即推己及人，只要无论种族、民族为何，都认为该行为侵犯了作为人的基本价值的时候，都应认为其已经实际上违反了法律，具有了现实的违法性。

总之，对该问题的基本态度是：我国根据《刑法》第 9 条行使普遍管辖权时，在违法性的判断上，应以行为地国家已有相应犯罪规定为前提，但不要求该国执政当局认为该行为是犯罪为必要条件；判断是否具有刑事违法性，则应根据我国刑法进行判断。

三、行使普遍管辖权之事实条件限制

从我国缔结或者参加的国际条约规定看，条约缔约国行使普遍管辖权存在两个事实条件：一是犯罪人在该国领域内，二是犯罪人未引渡给其他国家。例如，《关于制止非法劫持航空器的公约》第 7 条规定，在其境内发现被指称的罪犯的缔约国，如不将此人引渡，则不论罪行是否在其境内发生，应无例外地将此案件提交其主管当局以便起诉；该当局按照本国法律以对待任何严重性质的普通罪行案件的同样方式作出决定。《联合国打击跨国有组织犯罪公约》第 15 条第 4 款也规定，在被指控人在其领域内而其不引渡该人时，各缔约国还可以采取必要措施确立其对该公约所涵盖的犯罪的管辖权。在一些国家的刑法中也作如此规定。

例如，《瑞士刑法典》第6条a即规定，瑞士依据该条行使管辖权，应以“行为人在瑞士、未被引渡给外国者为限”。

我国《刑法》第9条对于行使普遍管辖权并进行审判的事实条件并未予以规定，参照我国缔结或者参加的国际条约的规定，也应作出如上限制，即：(1)犯罪人在我国领域内且被我国司法机关发现；(2)其他国家未向我国提出引渡，或者根据我国《引渡法》之规定拒绝引渡的。对于第一点，自然毫无疑问，因为只有犯罪人在我国领域内，我国才有行使普遍管辖权的必要和可能，从法理上看，也只有此时，我国才事实上根据有关国际条约以行使刑事管辖权的方式来履行义务。对于第二点，则应充分考虑我国《引渡法》的规定作出判断，必要时还应考虑我国与提出引渡请求国家之间已经签署的引渡条约的规定。例如，我国《引渡法》第8条第7项规定，“被请求引渡人在请求国曾经遭受或者可能遭受酷刑或者其他残忍、不人道或者有辱人格的待遇或者处罚的”，我国应当拒绝引渡。如果因该理由拒绝引渡，对属于《刑法》第9条规定的情形，我国应行使刑事管辖权，并依据我国刑法定罪量刑。

四、与行使普遍管辖权相关的刑法溯及力问题

与行使普遍管辖权相关的刑法溯及力问题，主要包括两个方面：一是行为发生时，根据我国刑法判断，该行为具有刑事违法性，但我国尚未参加有关国际条约的，则在我国参加有关国际条约并依照该条约有义务行使刑事管辖权后，能否对该行为适用我国刑法？二是行为发生时，我国虽然已经加入有关国际条约并依照该条约有义务行使刑事管辖权，但我国刑法并未予以规定，则在我国刑法立法作出规定后，能否对该行为适用我国刑法？

对于第一个问题，笔者认为，应适用我国刑法予以处罚。理由在于：我国参加某一国际条约并由此有义务对特定性质的罪行行使刑事管辖权，使我国之司法权与发生于我国领域外的特定罪行形成联系，换言之，条约义务是我国对这类特定罪行行使刑事管辖权的前提。只要具备这一前提，即应根据我国刑法规定来进行各个具体问题的判断。就刑法溯及力而言，由于行为时我国法律已有规定，即已经满足《刑法》第12条规定的适用我国刑法的时间效力的条件，即应适用行为时的我国刑法予以定罪量刑，除非审判时我国刑法的相关规定不认为是犯罪或者处刑较轻。

同理，对于第二个问题，笔者认为，不应适用审判时我国刑法来予以处罚，应根据行为时我国刑法认为其无罪。理由在于：行为时，虽然根据有关国际条约我国有义务行使刑事管辖权，但在行为时，由于我国刑法未作出犯罪化的规定，那么该行为就不是犯罪。因此，同样根据《刑法》第12条有关时间效力的规定，即不应适用审判时我国刑法予以追诉。

五、我国行使普遍管辖权时的量刑问题

如前所述，根据《刑法》第 9 条确定我国具有刑事管辖权，只为适用我国刑法提供前提，而判断发生在中国领域外的某一罪行是否为犯罪，应根据我国的具体刑法规范来进行判断。同样，在量刑问题上，也当然应根据我国刑法规定予以量刑。这里值得注意的是，我国刑法规定的刑罚种类与世界一些国家存在明显不同，尤其是死刑和财产刑方面比较突出。

就死刑而言，如果犯罪地或者犯罪人国籍国未规定死刑的话，我国司法机关能否根据我国《刑法》分则相关规定适用死刑呢？答案是肯定的。对于置于我国刑事管辖权之下的犯罪人，应完全根据我国刑法规定予以处罚，而在具有死州问题规定的国际公约中，也不反对相关国家适用死刑。例如，《公民权利和政治权利国际公约》第 6 条第 2 款规定，“在未废除死刑的国家，判处死刑只能是作为对最严重的罪行的惩罚，判处应按照犯罪时有效并且不违反本公约规定和防止及惩治灭绝种族罪公约的法律”。就财产刑而言，亦从同理，不过，考虑到刑罚执行问题，在判决中对犯罪人适用财产刑，应以其财产在我国领域内为限。

第六章　外国刑事裁判的承认

我国《刑法》第10条规定："凡在中华人民共和国领域外犯罪，依照本法应当负刑事责任的，虽然经过外国审判，仍然可以依照本法追究，但是在外国已经受过刑罚处罚的，可以免除或者减轻处罚。"该条是有关对外国刑事裁判的消极承认的规定。本章即对外国刑事裁判的承认所涉及的一般法理问题和《刑法》第10条的理解与适用问题进行论述。

第一节　外国刑事裁判的承认的一般理论

外国刑事裁判的承认，是指对于某一刑事案件具有管辖权的国家，对同一案件也具有管辖权的另一国家就该案件作出生效的刑事判决时，承认该判决的法律效力或其执行结果。

一、外国刑事裁判的承认的理论及发展过程

按照国家主权原则，一国法院的司法判决只在其本国境内生效，而国外的生效判决对本国并不当然地产生效力。一国法院判决如果要在外国产生效力，必须通过外国有关主管机关对其既判力和执行力加以认可。对于承认和执行外国判决的理论基础，在不同时期、不同法系国家有着不同理论学说，这些学说主要针对民商事判决的承认，对刑事判决的承认亦有影响：（1）礼让说，认为一国判决原则上只能适用于其境内，而承认外国法院判决的效力则纯属国际礼让，换言之，一国承认外国法院判决并非应尽的义务，而是从本国保护的利益出发而做的自愿选择。（2）义务说，认为外国有管辖权之法院所作出判决，无论在何处均产生被执行的义务。（3）既得权说，认为在一国法院所确认的权利，应当在他国获得同等的承认与保护。（4）共同利益说，认为承认与执行外国判决是为了维护各国当事人合法权益和国家间良好的相互关系，避免重复追诉与审判。[①] 承

① 王铮：《执行刑事判决中的国际司法合作》，载《比较法研究》1997年第3期。

认外国刑事裁判的效力，则是为了维护相关国家正常社会秩序和利益，共同惩治和预防带有涉外因素的犯罪和国际性犯罪。

在国际刑法方面，作为一种国际刑事合作形式，外国刑事裁判的承认与执行是第二次世界大战后首先在一些欧洲国家之间发展起来的。在第二次世界大战前，除了1937年《瑞士刑法典》外，几乎找不到其他国家认可执行外国刑事裁判的立法例，其原因主要在于各国坚持“刑法的国家性原则”，认为坚持国家主权原则观念，即不应考虑执行外国的刑事判决。① 1948年3月18日，丹麦、挪威、瑞典、冰岛和芬兰等北欧五国缔结了《关于承认与执行刑事判决的条约》。1968年9月26日比利时、荷兰、卢森堡三国缔结了《关于执行刑事判决的公约》。1970年5月在欧洲理事会主持下签订的《关于刑事判决国际效力的欧洲公约》第2条规定，欧洲刑事判决执行适用于涉及剥夺自由的制裁、罚金或没收财物和取消资格。根据该公约第1条关于术语的定义，其中“欧洲刑事判决”是指作为刑事诉讼的结果，由一个缔约国的一个刑事法庭作出的任何终审判决；“制裁”是指在欧洲刑事判决或刑事命令中，对于罪犯明确处以惩罚或采取的其他措施；“取消资格”是指一项权利的任何丧失或中止或法律能力的任何禁止和丧失。② 在美洲，1976年11月，美国与墨西哥签订了互相执行刑事判决的条约，而后美国和加拿大同其他美洲国家之间也签订了互相执行刑事判决的公约。③ 在一些多边国际条约中也确认了外国刑事裁判的承认与执行问题。

---

① ［日］森下忠著，阮齐林译：《国际刑法入门》，中国人民公安大学出版社2004年版，第216页。

② 刑事附带民事诉讼的赔偿部分，也可以成为承认与执行外国判决的内容，不过从属性上讲，附带民事诉讼中赔偿部分的裁判仍属于民事裁判。例如，《中华人民共和国和法兰西共和国关于民事、商事司法协助的协定》第19条规定，缔约一方法院的刑事案件中赔偿损失作出的裁决，在缔约另一方领域内应予以承认和执行。《中华人民共和国和波兰人民共和国关于民事和刑事司法协助的协定》第16条第1款也规定，缔约一方在其境内承认或执行缔约另一方境内作出的裁决包括“法院对刑事案件中有关赔偿请求所作出的裁决”。

③ 例如，一名名叫杰姆斯·米切尔的美国国民，因为持有少量大麻而于1973年8月9日在墨西哥被逮捕，随后交付法院审判。1976年8月，他被墨西哥法院判处10年徒刑。他在监狱中双目视力严重衰退，两膝关节脱臼。1977年12月，他被转移给美国执行。1978年1月26日，他被假释。后因未经批准擅自离开住地，于1979年6月14日重新入狱，1979年11月3日再被假释。1979年6月，他向威斯康星联邦东区法院提出申诉，要求法院判断两个问题：他可否反对墨西哥法院的判决；美国能不能执行墨西哥法院的刑事判决。该法院认为，根据美国与墨西哥签订的条约，美国应当执行该刑事判决，他的申诉被驳回。转引自林欣、李琼英著：《国际刑法新论》，中国人民公安大学出版社2005年版，第274页。

二、外国刑事裁判的承认的立法例

通观各国法律实践，对外国刑事裁判的效力问题，在承认的范围和方式上存在一定的差别，可以分为积极承认与消极承认两种类型。张明楷教授认为，主张对外国刑事裁判积极承认的法理根据是国际协同原则，而主张对外国刑事裁判消极承认的法理根据是国家主权原则。[①] 在笔者看来，对外国裁判持积极承认态度，更大的意义在于保障人权，在国际范围内贯彻“禁止双重处罚”原则。

积极承认，又称为法律上的承认，是指一国主动响应作出刑事判决的国家的请求，依照正常渠道和法定或约定的程序，承认该生效判决。例如，《瑞士刑法典》第3条第1款规定：“如果行为人因同一行为在外国已受到处罚，瑞士法官认可之。”第2款规定，经瑞士驻外机构的要求，外国人已受到刑事追诉的，该同一行为在瑞士不再受处罚。第4条第2款规定：“行为人因该行为已在外国执行刑罚或者执行部分刑罚的，对其已执行之刑罚，瑞士法官认可之。”第5条第2款规定：“如果行为人在外国所受之处罚已经执行完毕、被赦免或者时效期间已经经过的，其同一之重罪或轻罪不再处罚。”第3款规定：“如行为人在外国未执行刑罚或者只执行刑罚之一部分的，则在瑞士执行其未执行的刑罚或余刑。”第6条第2项规定：“行为人因重罪或轻罪在外国受审判，经判决确定无罪；或其所受宣判之刑罚已执行完毕，免除或时效完成时，在瑞士即不再受处罚，如其所受宣判之刑罚在外国仅受部分之执行，将其已执行刑罚折抵之。”

消极承认，又称为事实上的承认，即不在法律上明确认同外国判决和执行该判决，但是根据本国法律通过本国法律程序有限度地事实上认可外国判决的实际效果。采取消极承认态度的国家，在具体做法上又有所不同：一是以“一事不再理”为由阻却本国诉讼的进行。二是因被告人在外国被判刑罚且已服刑，可依法免除或减轻其刑罚。[②] 例如，《日本刑法典》第5条规定：“同一行为虽然在外国受到确定判决，仍然可以重新处罚。但犯人在外国已受过所宣判刑罚的全部或一部的执行时，可以减轻或免除其刑罚的执行。”《韩国刑法典》第7条规定：“由于犯罪，在外国已经受到刑罚全部或者一部执行的，可以免除或者减轻处罚。”《巴西刑法典》第8条规定：“行为人因某罪在国外已受刑罚执行后再被巴西法院追诉时，如果在巴西对该罪所判的刑罚与在国外已被执行的刑罚种类不同

---

① 张明楷著：《刑法学》，法律出版社2011年版，第79页。

② 蔡墩铭著：《刑法总论》，台湾三民书局1984年版，第58~63页。

的，应当减轻处罚；如果刑罚种类相同的，应当把国外已受刑罚计算在内。”①

此外，有的国家根据不同情况，同时采取积极承认和消极承认的做法。例如，《泰国刑法典》第11条第1款规定了消极承认：“泰国领域内犯罪或依本法视为在泰国领域内犯罪，经依外国法院之判决已受刑罚全部或一部分执行者，法院得斟酌其已执行之刑罚，处以法定较轻本刑或免除其刑。”该条第2款又规定了积极承认：“在泰国领域内犯罪或依本法视为在泰国领域内犯罪，经外国法院依泰国政府之请求而为追诉，并有下列情形者，不得在泰国国境内再行处罚：（1）经外国法院确定判决为无罪者；（2）经外国法院判决有罪并执行完毕者。”我国对外国刑事裁判效力的立场即采取消极承认的态度。根据我国《刑法》第10条的规定：“凡在中华人民共和国领域外犯罪，依照本法应当负刑事责任的，虽然经过外国审判，仍然可以依照本法追究，但是在外国已经受过刑罚处罚的，可以免除或者减轻处罚。”又如，《巴西刑法典》第8条规定：“行为人因某罪在国外已受刑罚执行后再被巴西法院追诉时，如果在巴西对该罪所判的刑罚与在国外已被执行的刑罚种类不同的，应当减轻处罚；如果刑罚种类相同的，应当把国外已受刑罚计算在内。”第9条还规定：“对于外国的判决，如果依据巴西法律将产生与之相同的法律后果的，出于下列目的，可以承认其在巴西的效力：（1）要求行为人赔偿损失、归还赃物或者履行其他民事义务；（2）要求罪犯接受保安措施。”再如，《丹麦刑法典》第10A条第1款规定：“行为人在行为发生国已经受到法院定罪处罚，其所受之定罪处罚已为《关于刑事审判国际效力之欧洲公约》或者有关《案犯移交法律程序》之法律所包括，若有下列情形之一者，则不得在本国就同一行为提起诉讼：（1）行为人被最终宣告无罪；（2）所适用之刑罚已经执行完毕、正在执行或者根据法院所在国之法律赦免其刑；（3）行为人被定罪，但是没有对其适用刑罚。”第2款规定：“上列第一款之规定不适用以下情况：（1）符合本法第六条规定情形之行为；（2）前列第八条第一项规定之行为，但是受理案件之法院所在国要求丹麦检察机关提起刑事诉讼者除外。”第10B条规定：“在他国已经受到追诉且已经被适用刑罚者，若因为同一行为在本国受到追诉，应当根据其已经在外国所服之刑情况，减轻其在本国适用之刑。”

关于承认外国刑事裁判的形式，除了可以分为积极承认和消极承认外，还可以根据其他标准进行分类。根据对外国刑事裁判的承认是否经过该国的请求，可以分为主动承认和被动承认。主动承认，是指一国根据本国法律的规定或国际条

① 我国台湾地区“刑法”也属于此类。我国台湾地区“刑法”第9条规定：“同一行为虽经外国确定裁判，仍得依本法处断。但在外国已受刑之全部或一部执行者，得免其刑之全部或一部之执行。”

约的规定，在外国刑事裁判符合承认的条件时无须其请求而自动确认其效力；被动承认，是指一国只有经过作出刑事判决国家的请求才根据本国法律或国际条约的规定，审查其符合相关条件后，确认该判决的效力。被动承认由于有利于一国在未经作出刑事判决国家的请求时保留其对同一犯罪的管辖权，因而在国际刑事合作中得到较多运用。根据对外国判决承认内容是否全面，分为完全承认和部分承认。完全承认，是指一国对外国刑事裁判的全部内容予以承认，包括判决认定的事实、法律适用和判决结论等；部分承认，是指一国对外国刑事裁判的部分内容予以承认，如承认缓刑判决的效力。

此外，很多国家的国内刑事程序法律中还确立了关于承认与执行外国刑事裁判的制度，其立法模式可归纳为三种类型：（1）法典式，即在本国刑事诉讼法中予以调整。例如，1988 年《意大利刑事诉讼法典》第 1 编第 4 章对承认与执行外国判决的原则、程序、条件及具体规则等作出规定。2001 年 12 月俄罗斯联邦颁布的刑事诉讼法典也采取这种立法模式。（2）专门立法式，即在关于国际刑事司法合作的专门法律中规定承认与执行外国刑事裁判的制度。例如，《德国刑事司法协助法》第四部分“为执行外国判决而提供的协助”对相关原则、条件和程序作出规定。《瑞士联邦国际刑事协助法》第 5 编“刑事判决的执行”对承认与执行外国刑事裁判的原则和条件、程序等作出规定。（3）结合式，即将前两种模式予以综合使用。例如，《加拿大刑法典》第 12 章即包含有根据外国请求没收和处置有关犯罪收益的规定，《关于执行移交被判刑罪犯条约的法案》中有关于承认和执行监禁刑的合作制度，1999 年《加拿大刑事司法协助法》允许在加拿大境内执行外国司法机关宣告的关于罚金刑或没收财产的判决，并规定了相应的程序和条件，《加拿大被扣押财产处置法》规定司法机关可以根据外国主管机关的请求并且依据有关双边协定，在分享犯罪所得和收益的情况下向外国返还在加拿大境内扣押的财产。①

承认外国刑事裁判，即意味着承认国对作出判决的国家拥有该案刑事管辖权的确认，同时也表明对作出判决的国家审判公正性及定罪量刑结果的认同并使外国法院判决取得与本国法院判决同等的效力，因而按照“一事不再理”原则，承认国就不得以同样理由对被判刑人进行再次审判和作出新的判决，并在本国法律允许的范围内协助作出判决的国家执行该判决。

三、外国刑事裁判的承认的国际条约

在多边国际条约中，往往就外国刑事裁判的承认与执行问题一并加以规定，或者直接对被执行人移管这种国际刑事合作方式作出规定，而被执行人移管实际

① 参见黄风等著：《国际刑法学》，中国人民大学出版社 2007 年版，第 336 页。

上隐含了对外国刑事裁判的承认问题。例如，《联合国禁止非法贩运麻醉药品和精神药物公约》第 6 条第 12 款规定："缔约国可考虑订立双边和多边协定，不论是特别的或一般的协定，将由于犯有本条适用的罪行而被判处监禁或以其他形式剥夺自由的人移交其本国，使他们可在那里服满其刑期。"《联合国打击跨国有组织犯罪公约》、《联合国反腐败公约》中也都作出相似规定。从当前国际社会的实践看，承认和执行的刑事判决包括剥夺自由刑、财产刑、资格刑的判决，以及承认刑事前科以便通过其认定累犯。

从有关国际条约规定内容看，承认外国刑事裁判应遵守以下条件：①

1. 被判决的犯罪行为应符合双重犯罪原则。承认外国刑事裁判涉及一国的国家主权问题，被判决者一般为被请求国的国民或与其有特定关系之人。如果被要求承认的刑事判决所指向的犯罪行为在本国不属于犯罪而被本国所承认，那么，就意味着外国的刑事管辖权优越于本国的刑事管辖权，由此会导致国家主权的不平等。

2. 作出判决的国家对该刑事案件具有管辖权。根据本国法律和有关条约规定，作出判决的国家对该案件应具有刑事管辖权，这是承认外国刑事裁判的基本条件。在多数情况下，只有犯罪地国对其领土上实施的犯罪依照本国法律进行审判而作出的刑事判决才能得到普遍的承认。

3. 被请求承认的刑事判决应是具有合法性的终局判决。被请求承认的刑事判决应当是由作出刑事判决国家的主管机关依照本国实体法和程序法规定，作出的具有终局效力的判决。同时，作为国际刑事合作的一项内容，一国生效的刑事判决要得到他国的承认，还必须符合国际社会公认的一般法律准则，而且基于《国际人权法》的要求，该刑事判决应充分保护被告人基本的诉讼权利。

4. 承认外国刑事裁判不会损害本国主权、公共秩序及基本法律原则。承认外国刑事裁判，既要有利于国际社会利益的实现，又要保证国家的利益，否则就无法予以承认。

第二节　《刑法》第 10 条的理解与适用

对《刑法》第 10 条规定的理解，应注意以下六个关键词语的理解：

一、对"在中华人民共和国领域外犯罪"的理解

《刑法》第 10 条规定的"在中华人民共和国领域外犯罪"，指的是我国具有

① 张智辉著：《国际刑法通论》，中国政法大学出版社 1999 年版，第 378 页；赵秉志主编：《新编国际刑法学》，中国人民大学出版社 2004 年版，第 425～426 页。

刑事管辖权的刑事案件。因此，在理解上，“在中华人民共和国领域外犯罪”应包括以下四种情形：

1. 犯罪行为或者犯罪结果发生于我国，而同一犯罪行为或者结果亦发生于其他国家或者地区的。这种情形即《刑法》第 6 条第 3 款所规定之“隔地犯”。从《刑法》第 6 条来理解，对于该条第 3 款所规定情形，应理解为在中国领域内发生，但是，这种情形下，往往会出现刑事管辖权积极冲突的情况，即犯罪行为或者结果所在国家都可以犯罪发生地在本国而主张属地管辖权。如果其他具有属地管辖权的国家依照其刑法对该罪行进行审理，则我国于其后行使刑事管辖权，除非该国应我国请求放弃管辖权，将其引渡给我国受审。在这种情形下，即便犯罪人在他国受审且被执行刑罚，我国仍有权力对其进行审判，并不因他国已经事实上行使刑事管辖权而否定我国的刑事管辖权。出于行使刑事管辖权必要性的考虑，《刑法》第 10 条“在中华人民共和国领域外犯罪”包括“隔地犯”的情形。

2. 在停留他国的我国船舶或者航空器内发生的犯罪，因该犯罪后果对他国产生影响的情形。在这种情形下，该船舶或者航空器停留国可根据有关国际条约以及本国法规定行使刑事管辖权，并事实上追究犯罪人的刑事责任。当然，在这种情形下，根据《刑法》第 6 条第 2 款之规定，我国仍有权适用我国刑法追究其刑事责任。

3. 中国公民在其他国家或者地区犯罪的情形，即《刑法》第 7 条所规定的情形。在这种情形下，犯罪地国当然可依据属地管辖权追究中国公民的刑事责任，而我国基于属人管辖权亦有权追究该中国公民的刑事责任。

4. 外国人在其他国家或者地区针对中国国家或者公民犯罪的情形，即《刑法》第 8 条所规定的情形。在这种情形下，犯罪地国可行使属地管辖权，而我国则可依据保护管辖原则适用我国刑法。

二、对“依照本法应当负刑事责任”的理解

“本法”，即指我国的刑法规范。对“依照本法应当负刑事责任”的理解，应注意四个方面：（1）依照我国刑法，对在中国领域外的犯罪应适用我国刑法，换言之，我国具有刑事管辖权。（2）依照我国规定，该犯罪行为符合某一具体刑法规范所确立的犯罪构成。（3）符合我国《刑法》第 12 条有关时间效力的规定，即在行为时我国刑法已规定具有同一性质的行为为犯罪。（4）符合我国刑法有关追诉时效的规定，即没有超过法定的追诉时效。上述四个方面最为重要的，就是我国具有刑事管辖权。

需要注意的是，对于我国《刑法》第 9 条有关普遍管辖原则规定的情形，不应再根据《刑法》第 10 条对同一罪行进行审判。《刑法》第 9 条规定的情形，

如前章所述，罪行与我国没有任何连接点，我国行使刑事管辖权的根据在于，履行我国缔结或者参加的国际条约所规定的义务。对于我国可以主张普遍管辖权的罪行，他国已经对犯罪人进行审判，我国即没有理由也没有必要对其再次进行审判。其理由在于：普遍管辖原则在国际法上的确立，目的是防止某些国际性或者跨国性罪行因各国管辖权规定的差异以及行使可能存在空白，进而造成犯罪人无法被追究的现象发生。既然如此，在犯罪人已经被追究的情况下，我国即不必再依据普遍管辖原则对该人进行再次审判。

三、对“经过外国审判”的理解

“经过外国审判”，包括两层意思：一是外国司法机构已经依据其本国刑事程序法律对该犯罪行为进行审判，且诉讼程序终结；二是外国司法机构适用该国刑法进行审理，且作出的刑事裁判已经生效。经过外国审判的刑事裁判，包括有罪判决和无罪判决，而有罪判决的内容包括自由刑和财产刑。“经过外国审判”的刑事裁判应指生效裁判，而某一裁判是否生效应依据该国刑事程序法律作出判断。因此，如果犯罪人在外国司法机构诉讼过程中逃脱，并置于我国权力支配之下时，即不应适用《刑法》第10条的规定，若犯罪人在外国司法机构已经进行的诉讼程序中被羁押，则我国审判机关在裁量刑罚时可考虑酌定从宽处理。

四、对“可以依照本法追究”的理解

“可以”，意味着我国司法机关根据实际情况作出判断，并在一定范围内决定是否依照我国刑法追究。对于《刑法》第10条“可以依照本法追究“的理解，有观点认为，其有三层意思：（1）在原则上，对于在我国领域外发生的我国具有刑事管辖权的案件，我国不放弃对该类案件的刑事管辖权，是否承认外国法院的刑事判决，由我国司法机关根据案件的具体情况自行决定。（2）在一般情况下，对在我国领域外发生的我国具有刑事管辖权的案件，我国司法机关可以承认外国法院相关判决的效力。（3）如果承认外国法院的判决会对维护我国主权、保护我国公民的利益带来不利的后果，我国司法机关就可以不管外国法院判决的形式和内容，自行决定依照我国刑法追究犯罪人的刑事责任。[①] 这一观点是难以成立的。我国在是否承认外国刑事裁判问题上始终坚持国家主权原则，即不受外国刑事裁判的约束，因而对其采取消极承认的态度。消极承认，即不承认和不认可其对我国行使刑事管辖权的约束。无论外国刑事裁判是否有利于我国国家和公民的利益，从《刑法》第10条出发，即应持消极承认态度。

---

① 高铭暄、马克昌主编：《中国刑法解释（上卷）》，中国社会文献出版社2005年版，第123页。

对于《刑法》第10条规定的“可以依照本法追究”，应和《刑法》第7条及第8条联系起来认识。《刑法》第7条第1款规定，“……但是按本法规定的最高刑为三年以下有期徒刑的，可以不予追究”；《刑法》第8条规定，“外国人在中华人民共和国领域外对中华人民共和国国家或者公民犯罪，而按本法规定的最低刑为三年以上有期徒刑的，可以适用本法……”。这两条中的“可以”，意味着这两条都属于授权性规范，即授权我国司法机关根据情况决定是否行使属人管辖权或者保护管辖权。而第10条中的“可以”，实际上即主要考虑《刑法》第7条和第8条中“可以”的规定，并与这两条在适用上保持一致。从事实上考虑，如果属于“在中华人民共和国领域外犯罪”中“隔地犯”的情形，根据我国《刑法》第13条规定属于“情节显著轻微”的，或者我国有关机关在立案时认为，依照我国刑法规定对犯罪嫌疑人的量刑会低于或者相当于该人在外国已受刑罚处罚的，也可以不予追究。此外，如果我国与相关国家缔结有被判刑人移管条约的，我国司法机关对相关国家的刑事裁判应采取承认的态度。

五、对“在外国已经受过刑罚处罚”的理解

“在外国已经受过刑罚处罚”即意味着该犯罪人在外国被审判后，依据生效裁判所确定的刑罚已经被执行全部或者一部。“刑罚处罚”，既包括自由刑之处罚，也包括财产刑之处罚。由于各国关于刑罚种类的规定不尽一致，在有些国家被作为刑罚加以规定的处罚在我国并不属于刑罚。因而对“在外国已经受过刑罚处罚”的理解，应从我国刑法规定的刑罚种类和刑罚执行方式来理解。有的国家的刑法中还规定了保安处分，而保安处分虽然可能涉及对人的自由的一定限制，但无论在这些国家还是在我国，保安处分都不属于刑罚，其执行自然也不在《刑法》第10条之“刑罚处罚”之列。

如果犯罪人在外国被定罪但适用缓刑的，在缓刑期间并未违反该国有关缓刑执行期间应遵守的规定的，对于该国而言，该宣告刑自然不再执行，但是不能视为“已经受过刑罚处罚”。同理，如果犯罪人在外国被执行刑罚，在被执行一段时间后假释的，该犯罪人在假释期间未违反该国有关假释考验期间应遵守规定，则对该人的剩余刑罚不再执行，而我国司法机关对该人进行审判时，其已经被执行的刑罚视为“已经受过刑罚处罚”，而对于虽宣告但实际上并未执行的刑罚则不属于“受过刑罚处罚”的部分。

如果犯罪人在外国司法机关受审期间被羁押的，当生效裁判将审前羁押时间算入刑罚执行时间的，则可以认为审前羁押时间属于“已经受过刑罚处罚”部分，倘若未被算入的，则不应认为属于“已经受过刑罚处罚”部分。犯罪人因非法入境等原因而被外国移民部门羁押的，在该人被引渡或者被遣返回我国受审后，其人身自由被限制或剥夺时间不属于“已经受过刑罚处罚”部分。

六、对“可以免除或者减轻处罚”的理解

从比较法上看，对外国刑事裁判采消极承认的立法例，对外国刑事裁判的效果存在两种倾向：一是“得减原则”，即本国司法机关可以考虑是否对依照外国刑事裁判而执行的刑罚从其作出的新判决中扣除。我国刑法即属于此种类型。二是“必减原则”，即对于已在外国受过刑罚处罚的情况，本国司法机关在作出新判决中必须予以扣除。例如，本章上节提到的《巴西刑法典》第 8 条的规定。

《刑法》第 10 条中的“可以免除或者减轻处罚”，从量刑角度看，属于法定从宽量刑情节。从法理上分析，由于我国一贯坚持国家主权原则，因而对于我国具有刑事管辖权的案件，不承认外国刑事裁判对我国司法权的约束力，这是一种法律上的不承认。同时，出于有利于被告人实际利益的考虑，我国对外国刑事裁判执行后的效果作一种事实上承认的态度，并作为一种法定量刑情节在刑罚之具体适用中予以考虑。就本条中“可以”而言，法律即授权审理案件的司法机关根据实际情况裁量是否予以从宽处罚。一般而言，对于这种情形，司法机关宜作出免除或者减轻处罚的裁判；若设犯罪人人身危险性较高，则应考虑不予从宽处罚。

例如，中国公民蔡某于 2005 年 6 月赴日本广岛大学留学。蔡某在日本留学期间与在中稻田大学留学的女友刘某发生感情危机，怀疑是另一中国留学生汪某从中挑唆所致，遂伺机报复。2006 年 4 月 10 日，蔡某邀约汪某的女友美知子（日本籍学生）和其他两个男性同学外出游玩。当晚住于日本岗山市一家旅馆。当夜 12 点，蔡某以商议出游计划为借口叫开美知子的房门，将美知子强奸。2006 年 5 月，蔡某在日本以强奸罪被判处 2 年徒刑，于 2007 年 5 月刑满释放。同年 6 月，蔡某回国，7 月我国公诉机关以强奸罪对蔡某提起公诉，法院以强奸罪判处蔡某有期徒刑 2 年。[①] 在该案中，法院行使管辖权的根据在于《刑法》第 7 条有关属人管辖的规定。虽然蔡某因强奸行为被日本法院定罪量刑，但根据《刑法》第 10 条的规定，我国司法机关并不受这一刑事裁判效力之约束，仍可以根据我国刑法对其进行追诉。当然，由于蔡某在日本已经被执行刑罚，我国司法机关可以予以从宽处理。根据《刑法》第 236 条第 1 款规定，强奸罪的最低法定刑为 3 年有期徒刑，而就本案而言，法院仅判处其 2 年有期徒刑，实际即考虑到《刑法》第 10 条所规定的这一法定从宽情节，并根据《刑法》第 63 条予以减轻处罚。

---

① 赵秉志主编：《刑法教学案例》，法律出版社 2007 年版，第 17 页。

第三节　与适用《刑法》第10条相关的法律问题

对于我国《刑法》第10条有关外国刑事裁判的消极承认问题，在具体法律适用中应考虑以下两个问题。

一、外国刑事裁判之效果能否构成我国刑法规定的累犯

我国《刑法》第65条和第66条规定了累犯制度。从法律规定看，两条都规定了“刑罚执行完毕或者赦免”以后作为累犯的适用条件之一。那么，如果某一犯罪人在外国司法机关被定罪处刑，在其刑罚执行完毕后再犯新罪的，若我国司法机关对该人所犯新罪进行审理，则外国之前作出刑事裁判并执行的法律效果，是否属于我国《刑法》第65条和第66条所说的“刑罚执行”呢？其回答显然是否定的。这与第10条所遵循法理是一样的，即对于外国之刑事裁判，我国出于国家主权原则之立场持消极承认态度，因而我国并不承认外国刑事裁判之法律效果，其刑罚执行仅是一种事实而已。所以，外国刑事裁判之刑罚执行不属于《刑法》第65条和第66条所规定的“刑罚执行”的范围。

不过，我国司法机关在审理犯罪人所犯新罪时，在量刑时需要考虑该人曾在外国所犯罪行的事实，对其危险人格进行评价，并将其在外国曾经犯罪的事实作为一种酌定量刑情节予以考虑，尤其是犯罪人在外国实施之罪行属于自然犯的情况。

二、被判刑人移管与外国刑事裁判的承认

被判刑人移管是国际刑事司法合作的一种具体形式，又称被判刑人移交、被判刑人转移或被判刑人迁移，即指一国将在本国境内被判处自由刑的犯罪人移交其他国家执行刑罚。被判刑人移管是执行外国刑事裁判最重要的一种形式。被判刑人移管能否开展，首先，应以相关国家缔结有双边条约或者多边条约为前提，其次，请求国应承认被请求国已作出生效裁判的法律效力。我国与乌克兰、俄罗斯、西班牙、葡萄牙、韩国等国家即缔结有被判刑人移管条约。我国《刑法》第10条虽然对外国刑事裁判持消极承认的态度，但如果我国与相关国家已经缔结有被判刑人移管条约，则当我国请求他国，将在他国被执行刑罚的中国公民移管至我国刑罚执行机构执行时，则我国实际上即须承认其已生效裁判的效力。

第七章　中国领域内四法域间刑事管辖权冲突问题

中国领域内存在四个法域，即内地、香港、澳门和台湾地区。笔者认为，现行《刑法》并未对内地、香港、澳门和台湾地区之刑法关系问题作出规定，其根源在于我国宪法性法律规范层面尚缺少调整不同法域法制关系之基本法律，因而不应径行通过刑法解释来解决问题。例如，本书第二至五章中分析认为，如果认为《刑法》第 6 条等条文对此问题进行规定，则既无宪法性法律上的根据，也无法在解释上自圆其说。目前，在缺乏相关宪法性法律规范的情况下，应依循法理解决中国领域内四法域之间刑事管辖权之冲突问题。本章就中国领域内四法域间刑事管辖权冲突问题，即中国区际刑事管辖权冲突问题进行分析、论述。

第一节　中国区际刑事管辖权冲突的形成原因和类型

中国区际刑事管辖权冲突，是指在一个中国范围内，两个以上法域基于各自刑法关于空间效力的规定对特定刑事案件同时具有刑事管辖权，进而形成相互冲突的法律现象。作为一种特殊的刑事管辖权冲突类型，其具有四个主要特征：（1）这种冲突类型是一个主权国家内不同法域之间的冲突；（2）这一冲突是平等法域之间的冲突；（3）这一冲突中不同法域的法制体系属于不同法系；（4）这一冲突虽直接表现为不同法域司法权的冲突，但是其根源还在于不同法域立法权限之间的矛盾。

一、中国区际刑事管辖权冲突的形成原因

中国区际刑事管辖权冲突产生的原因，从不同角度看，可以归纳为历史原因、政治原因和法制原因。第一，历史原因，从四法域所归属的法系就可以清楚其历史的脉络。香港、澳门曾分别为英国、葡萄牙的殖民地，其宗主国在两个地区强制推行的法制体系在回归后作为既成事实被保留下来；在两地回归之前亦存

在相同问题，但是尚不属于一个主权国家内部的冲突，而只有在主权回归后，其冲突的性质才具有了一国性。台湾地区形成事实上的独立法域，其原因是内战与外国势力的干涉，其历史不必在这里详加描述。实际上，自两岸形成分立局面以后，刑事管辖权冲突问题就已经产生，但是在当时更多地被政治问题所掩盖了；而一旦双方敌对局面消解，则这个问题就会重新还原为法律问题的面目。第二，政治原因，“一国两制”的提出是一国多法域的格局形成的政策根据，“一国两制”解决了在保留不同地区原有社会制度的前提下如何实现统一的问题；在政治统一的背景下，法制统一的程度却十分低，客观地说，并没有真正实现法制统一。由此产生不同法域的法律冲突即是理所当然之事了。

第三，法制原因，从法制出发看待这一问题的成因，则可以从法律原因和事实原因两个方面进行分析：

（一）中国区际刑事管辖权冲突的法律原因

形成刑事管辖权冲突的法律原因，即在于一特定法域刑事司法权所可能具有的涉外效力。[①] 刑事管辖权一般包括属地管辖权、属人管辖权、保护管辖权和普遍管辖权。在属地管辖权的行使中是不会出现刑法的涉外效力的，即便在隔地犯这种情形下，犯罪行为实施地与犯罪结果发生地虽处于不同法域，但是由于犯罪行为实施地与犯罪结果发生地一般都被视为犯罪行为地，因而一法域主张属地管辖权仍以犯罪行为地在本法域为根据。属人管辖权、保护管辖权、普遍管辖权使刑法的涉外效力成为可能。刑事管辖权冲突即可能表现为一法域的属地管辖权与他法域的属人管辖权、保护管辖权、普遍管辖权发生冲突，或者一法域的属人管辖权与他法域的保护管辖权发生冲突。

中国区际刑事管辖权冲突的法律原因也在于此。中国内地法域实施《刑法》，其第6条是关于属地管辖权的规定，第7条是关于属人管辖权的规定，第8条是关于保护管辖权的规定，第9条是关于普遍管辖权的规定；[②] 但是，该法并没有对其与香港、澳门地区刑法之间的关系予以明确界定，因而上述法条不能用以解决内地与其他法域之间的刑事管辖问题。将上述法条直接用来确定内地司

---

① 对于学界中有关“法律的域外效力”的提法，有论者提出质疑，认为“法律的域外效力”应指“法律可以在其制定者管辖范围以外被当地司法机构适用的状态”。按照这一界定，刑法空间效力中关于属人原则和保护原则的内容，与其称为“刑法的域外效力”，毋宁说为“刑法的涉外效力”，因为它们解决的问题是刑法对涉外案件的适用问题，而不是刑法在本法域外适用的问题。吕岩峰：《刑法的域外效力辨析》，载《法制与社会发展》1998年第4期。

② 目前解决内地与其他法域之间刑事管辖权冲突时，是否应当适用《刑法》第6、7、8、10条的规定，对此存在争论。从目前的实践看，引用上述条文作为适用根据的情形很多。

法机关对某一涉及其他法域的刑事案件是否有管辖权，确实不妥。笔者认为，在处理目前相关事务中，内地法域可以参照《刑法》有关空间效力的规定，结合特别行政区基本法的规定，来确定内地法域刑事管辖权行使的原则和范围。由于该法实际上只适用于内地，因而在除港、澳、台外的范围内，内地法域可以参照该法行使“地域管辖权”，同时基于对内地居民的保护和管理，而行使“本法域保护管辖权”和“居民管辖权”，针对内地社会基本制度和秩序的犯罪行为亦可行使“本法域保护管辖权”。[①] 我国台湾地区“刑法”第3、4条是关于属地管辖、隔地犯的规定，第5条兼及属人管辖、保护管辖、普遍管辖，第6、7条是关于属人管辖的规定，第8条为保护管辖之规定；由于历史原因和政治原因，该法仍主张其适用范围及于全中国，但是基于事实承认，其实际地位仅是一个中国下的地区刑法。香港特别行政区因沿袭英美法系，在管辖权制度上采取较为严格的属地主义，但是在一定程度上仍承认涉外司法管辖权，其范围主要及于毒品犯罪、酷刑犯罪、危害种族罪、海盗犯罪等。[②]《澳门刑法典》第4条是关于属地管辖的规定，第5条则将属人管辖、保护管辖、普遍管辖混同规定在一起。[③] 基于此，四法域刑法适用范围存在一定的交叉，而使各法域刑事管辖权的行使具有同时出现的可能，因此中国区际刑事管辖权冲突也就具有了法律上的因由。

（二）中国区际刑事管辖权冲突的事实原因

不同法域刑法空间效力的重叠与交叉而形成的冲突还只停留在观念形态上，只有当特定刑事案件出现，才可能形成实际意义上的刑事管辖权冲突。特定刑事案件是作为事实出现的，它同时导致了不同法域刑法实际适用的可能性，使不同法域的司法机关根据本法域刑法具有了侦查、起诉、审判的权力（即便其可能并不实际追诉）。因此，可以把特定的刑事案件的出现称之为刑事管辖权冲突的事实原因。就一般意义而言，这类刑事案件的特点就是跨法域性，即其中具有跨

---

① 按照这一界定，《刑法》第6条规定属地管辖权只用以解决涉及国外的刑法适用问题，第7条规定属人管辖权只用以解决中华人民共和国公民在中华人民共和国领域外犯罪的刑法适用问题，第8条规定保护管辖权则只用以解决外国人在中华人民共和国领域外针对中华人民共和国国家和公民犯罪的刑法适用问题，第10条亦作相应的理解。而在处理中国区际刑事管辖问题上，则相应地确立“地域管辖权”、“居民管辖权”、“本法域保护管辖权”的概念。从概念使用的区分上，使刑法“国家刑法”和“内地刑法”的双重身份得以区分。

② 赵秉志主编：《香港刑事诉讼程序法纲要》，北京大学出版社1997年版，第3页。

③ 香港地区刑法、澳门地区刑法关于管辖权的规定，仍可相应地称为“属地管辖权”、“属人管辖权”、“保护管辖权”，因为其刑法仅具有“地区刑法”的身份，其关于空间效力的规定同样用来解决与内地法域、台湾地区法域的刑事管辖权问题。但为了论述方便，在后文确定解决中国区际刑事管辖权的原则时，以“地域管辖权”、“居民管辖权”、“本法域保护管辖权”来统一指代各法域刑事管辖权冲突时管辖权的类型。

法域因素，具体包括人的要素和事的要素。所谓“人的要素”，即指行为人或者被害人与一法域具有联结点，但是犯罪行为本身发生在他法域；这个联结点在国际刑事管辖权冲突中就是国籍，而在中国区际刑事管辖权冲突中就是居民身份。所谓“事的要素”，即指按照一法域的刑法，对于特定犯罪有权主张刑事管辖权；这类特定犯罪主要是基于国际条约承担义务进而行使普遍管辖权的犯罪，以及根据一法域刑法属于保护管辖的犯罪案件。当“人的要素”或者“事的要素”与犯罪行为地发生分离时，即使一个刑事案件具有了跨法域性。对于隔地犯，由于其犯罪行为实施地和犯罪结果发生地分别处于不同法域，因而会形成刑事管辖权冲突，其主要表现在犯罪行为本身的跨法域性，我们可以将之视为一种特殊的“事的要素”。就中国区际刑事管辖权冲突而言，形成冲突的事实原因可以进一步归纳为“区际性”，即能够引起多个刑事管辖权的刑事案件具有跨区域性，它也同样表现为“人的要素”或者“事的要素”与犯罪行为地的分离，或者犯罪行为跨越两个法域。对于继续犯的情形，如果犯罪行为既遂之前发生在一个法域，而犯罪行为继续阶段发生在另一个法域，对此也可视为类似于隔地犯（或称之为“特殊的隔地犯”）的情形，理由在于：即便犯罪行为已经既遂，但是犯罪行为仍处于持续状态，因而犯罪行为本身超越了一个法域而在多个法域存在。在这种情况下，多个法域都有刑事管辖权，因而也会形成冲突。

形成区际刑事管辖权冲突的事实原因就是具有“区际性”的刑事案件的出现。有论者使用了“区际互涉刑事案件”的概念，并认为区际互涉刑事案件必然会带来不同法域间的管辖权冲突、重合和交叉等问题；[①] 但是，该论者对区际互涉刑事案件的分类中却区分了形式的互涉刑事案件和实质的互涉刑事案件，而“所谓形式的互涉刑事案件，是指不产生刑事管辖权冲突的互涉刑事案件，与之相对应的是形式的跨境犯罪，犯罪的主体、行为、结果等事实均无跨境因素，只不过犯罪人在其所在法域犯罪之后，进入另一个法域的情况”。[②] 显然该论者使用区际互涉刑事案件的概念在界定上前后存在矛盾。对于区际互涉刑事案件的理解，可以从广义、狭义上去理解：（1）从广义上看，区际互涉刑事案件既包括在实体上具有“区际性”的刑事案件，也包括在程序上具有跨区域性的刑事案件，后者如，行为人在 A 法域犯罪后进入 B 法域，如果 B 法域不具有管辖权（排除保护管辖的可能），那么，A 法域要求将行为人引渡时，即应得到 B 法域的允许和配合，而对于 A 法域而言，其行使刑事管辖权即具有了跨区域性，但

① 张文、牛克乾：《试论我国内地与港澳地区互涉刑事案件管辖权的划分》，载赵秉志主编：《新千年刑法热点问题研究与适用》，中国检察出版社 2001 年版。

② 张文、牛克乾：《试论我国内地与港澳地区互涉刑事案件管辖权的划分》，载赵秉志主编：《新千年刑法热点问题研究与适用》，中国检察出版社 2001 年版。

是这种跨区域性仅表现为程序性的。从实体上看，在这种情形下，并没有形成管辖权冲突；而对这种情况亦不妨称之为区际互涉刑事案件。（2）从狭义上看，区际互涉刑事案件仅指实体上具有“区际性”的刑事案件。而只有这类案件才能形成区际刑事管辖权冲突。实际上，该论者在基本概念界定上使用了狭义的“区际互涉刑事案件”的概念，但是在分类上却使用了广义的“区际互涉刑事管辖权冲突”的概念。对于形成中国区际刑事管辖权冲突的事实因素，笔者界定为具有“区际性”的刑事案件，其内涵与狭义的“区际互涉刑事案件”是一致的。

二、中国区际刑事管辖权冲突的类型

关于中国区际刑事管辖权冲突的表现形式，赵秉志教授在论述中国区际刑事管辖权划分问题时针对可能存在的9种情形提出了相应的解决原则；① 王新清教授则归纳了10种情形。② 笔者基本同意这种对不同表现形式的归纳方法；同时，考虑到这些表现形式的出现仍在于具有“区际性”的事实因素发挥作用，因此在本节论述中仍继续以形成中国区际刑事管辖权冲突的原因为基点来探讨中国区际刑事管辖权冲突的类型。

以形成中国区际刑事管辖权冲突的事实要素为标准，可以将中国区际刑事管辖权冲突分为以下三类：

---

① 这9种情形包括：（1）对于犯罪行为仅发生在香港一边或内地一边的刑事案件的管辖；（2）对于同一犯罪跨越内地与香港的刑事案件的管辖；（3）数罪涉及内地与香港的刑事案件的管辖；（4）对于犯罪行为发生在内地和香港以外的其他国家或地区的刑事案件的管辖；（5）对于犯罪行为同时涉及内地、香港和其他国家或地区的刑事案件的管辖；（6）对于香港居民中的中国人与内地居民结伙共同犯罪的刑事案件的管辖；（7）对于背叛祖国、分裂国家等危害国家安全犯罪的刑事案件的管辖；（8）对于涉及国防、外交等国家行为的刑事案件的管辖；（9）对于互派人员在驻在地犯罪的刑事案件的管辖。赵秉志、田宏杰：《中国内地与香港刑事管辖权冲突研究》，载《法学家》1999年第6期。

② 这10种情形包括：（1）犯罪的行为发生在一个法域，犯罪的结果出现在另一个或另两个法域；（2）犯罪的实行行为、预备行为不在一地，兼跨两个或两个以上法域；（3）一人在两地或两地以上分别实施犯罪；（4）一人持续在不同的法域犯有一罪；（5）一法域的居民在他法域犯罪的案件；（6）一法域的居民在他法域针对与自己同一法域的居民犯罪或犯侵犯本法域特殊社会关系的犯罪；（7）不同法域的居民共同犯罪；（8）在一法域登记的船舶、航空器内犯罪，而犯罪时的船舶、航空器在他法域；（9）三地居民涉及国际犯罪的刑事管辖权冲突；（10）驻特别行政区的军人犯有数罪，其中一罪属于职务犯罪，其他罪属于非职务犯罪。王新清：《港澳特别行政区与内地间刑事管辖权的冲突与协调》，载高铭暄、赵秉志主编：《刑法论丛》（第5卷），法律出版社2002年版，第569～570页。

（一）基于人的要素而形成的刑事管辖权冲突

基于人的要素而形成的刑事管辖权冲突，即指一法域的居民在他法域单独地或者与他人共同实施犯罪，由此所产生的一法域基于居民管辖，而另一法域基于地域管辖而形成管辖权冲突。在这一类型冲突中，行为人具有特定法域的居民身份是重要的因素，该身份导致了他的行为要受特定法域刑法的约束；一旦他涉嫌某一犯罪，则该法域司法机关即有权管辖，无论犯罪是否发生在本法域。

对于这一类型的刑事管辖权冲突，需要考虑三种特殊情形：

1. 一法域居民在另一法域参与共同犯罪

这种情形可以描述为：行为人是A法域居民，但是在B法域参与共同犯罪。这种情形与一法域居民在他法域单独实施犯罪并无二致。这种情形下，可能出现的刑事管辖权冲突实际上也是一法域基于居民管辖，而另一法域基于地域管辖而形成。这里可能存在的问题是：行为人居民身份地的法院具有刑事管辖权是没有疑问的，但是对于同案犯则没有管辖权，那么如果事实上由该法院进行追诉，能否做到“事实清楚、证据充分”？

2. 一行为人在不同法域犯数罪的情形，且数罪中任一犯罪行为均无“区际性”

这种情形可以描述为：行为人在A法域犯一罪，进入B法域后又犯另一罪，而两个罪之间没有牵连、连续等可以作为一罪处理的因素。[①] 在这种情形下，不同法域仅应对在本法域内发生的犯罪行使地域管辖；行为人的居民身份地可行使居民管辖。假设不考虑保护管辖、普遍管辖的可能性，那么一法域可能基于地域管辖行使对一罪的管辖权，而基于居民管辖行使对另一罪的管辖权，另一法域则仅基于地域管辖行使对其中一罪的管辖权。例如，行为人在中国内地犯故意杀人罪后，进入香港地区后又犯抢劫罪，那么内地可依地域管辖追诉行为人故意杀人罪的刑事责任，也可依居民管辖追诉行为人抢劫罪的刑事责任；而香港则可根据地域管辖追诉行为人抢劫罪的刑事责任，但无权追诉其故意杀人罪的刑事责任。无论哪一方实际进行了追诉，都不能否定另一方具有刑事管辖权。那么这里可能存在两个问题：（1）如果香港地区先行追诉，其是否可以对行为人犯故意杀人罪进行追诉；如果无权追诉，内地是否可以将管辖权让与香港地区？如果不能让与，是否可以先由香港地区法院审理，而后再由内地法院审理？（2）对于行为人犯数罪的情形，也应考虑对行为人的刑事责任进行整体评价，进而确定相应的刑罚，而如果由不同法域各自追诉并进行审理的话，由此可能导致对行为人刑事

① 在香港有关文件中将之称为“不相关罪行的共同司法管辖权情况”。例如，郑某在内地杀人，为逃避追缉，偷渡到香港，在香港又犯盗窃罪。

责任评价将是个别、片面的，对此如何看待?①

3. 驻特别行政区的军人犯有数罪，其中一罪属于职务犯罪，其他罪属于非职务犯罪

根据《香港特别行政区驻军法》第 20 条第 1 款的规定："香港驻军人员犯罪的案件由军事司法机关管辖；但是，香港驻军人员非执行职务的行为，侵犯香港居民、香港驻军以外的其他人的人身权、财产权以及其他违反香港特别行政区法律构成犯罪的案件，由香港特别行政区法院以及有关的执法机关管辖。"该条第 3 款规定："军事司法机关管辖的香港驻军人员犯罪的案件中，涉及的被告人中的香港居民、香港驻军人员以外的其他人，由香港特别行政区法院审判。"《澳门特别行政区驻军法》第 20 条也作了相似的规定。根据上述规定，如果特别行政区驻军人员犯职务犯罪，则应由军事司法机关管辖，如果犯非职务犯罪，则应由香港特别行政区法院以及有关执法机关管辖，因而如果驻军人员犯单一罪的情况下，刑事管辖权从现实上并没有发生冲突；② 而如果驻军人员在特别行政区既犯职务犯罪，又犯非职务犯罪，也出现类似于前述第二种情形的情况；而如果驻军人员与非驻军人员共同犯罪时，则会出现类似前述第一种情形的情况。当然前述两法对于管辖权冲突提供了解决渠道，也就是说，在该条第 1 款的情形下根据犯罪性质行使管辖权，在第 3 款的情形下根据行为人身份性质行使管辖权；但是同样的问题也存在，即在第一种情形下无法对行为人的刑事责任进行总体性评价，在第二种情形下则要对一个犯罪案件进行分别审理。③

（二）基于事的要素而形成的刑事管辖权冲突

基于事的要素而形成的刑事管辖权冲突，即被追诉的犯罪之客观方面本身具有"区际性"，从而导致刑事管辖权冲突。在这种情形中，人的要素并不起主要作用，各法域主张管辖的根据也不是居民管辖。在这种类型的刑事管辖冲突中，各法域主张管辖的实质理由往往是该犯罪行为侵犯了本地法益，妨害了本法域的社会秩序。

---

① 本节中所提出的问题，基于本书体系的考虑，在本节内暂不回答；相关的探讨在第三章中予以解决。

② 实际上该条规定使内地司法机关放弃了基于属人管辖的追诉权力，因而可以视为《刑法》第 7 条的特别规定。

③ 从目前司法实践看，对于共同犯罪案件中不同被告人进行分别审理是比较普遍的现象；但是这种做法还有诸多值得商榷之处：（1）如何对案件性质进行总体评价？（2）如何对不同犯罪人的刑事责任进行个别评价？如何保证不同判决对犯罪人刑事责任评价的平衡？（3）如何保证案件事实清楚，证据确实充分？

1. 犯罪行为本身或者犯罪行为与结果跨越两个或两个以上法域

这种情形即跨境犯罪案件，具体可以区分为两种情况：一种情况是犯罪行为跨越两个或两个以上法域，如行为人在A法域对他人实施非法拘禁，后转移到B法域对被害人继续进行非法拘禁。另一种情况就是所谓“隔地犯”。四法域在犯罪地的确认上都采取遍在说的立场，即认为行为实施地与结果发生地都是犯罪地，而行为或者是结果有一项发生在一法域内，就适用该法域法。[①]《刑法》第6条第3款规定：“犯罪的行为或者结果有一项发生在中华人民共和国领域内的，就认为是在中华人民共和国领域内犯罪。”对于犯罪行为或者结果有一项发生在内地，其他项发生在他法域的，也应视为在内地法域内犯罪。《澳门刑法典》第7条规定：“行为人作出全部或部分行为之地，即使系以共同犯罪之任一方式作出行为者，或如属不作为之情况，行为人应作出行为之地，均视为作出事实之地；产生符合罪状之结果之地，亦视为作出事实之地。”香港的刑事管辖权原则适用普通法规则，即犯罪的司法管辖权属于犯罪发生地的国家和地区。根据该规则，香港法院审理那些已被法律规定为犯罪，并且犯罪行为或结果有一项发生在香港地域内的犯罪案件”。[②] 我国台湾地区“刑法”第4条在隔地犯问题上也采用“遍在地”说。[③]对于上述两种情况下的刑事案件，相关法域都可以主张地域管辖权。对于这种情形，还需要特别考虑以下几种情况：

（1）犯罪的实行行为、预备行为不在一地，兼跨两个或两个以上法域。

对于《刑法》而言，犯罪预备也是犯罪行为，因而同样可以主张地域管辖权。而《澳门刑法典》第20条规定：“预备行为不予处罚，但另有规定者除外。”我国台湾地区“刑法”也只对个别严重犯罪的预备犯予以处罚。基于此，如果行为人在内地实施犯罪预备行为，而在澳门或台湾地区实施犯罪实行行为，则由于内地惩罚犯罪预备行为，因而内地可以主张地域管辖权，澳门或台湾地区作为犯罪实行行为地也可以主张地域管辖权，在这种情况下，则形成刑事管辖权冲突。若行为人在澳门或者台湾地区为在内地犯罪（不处罚预备犯的犯罪）进行准备，则因两地不视之为犯罪而无地域管辖权，而内地则有地域管辖权，在这种情况下，则不会因地域管辖权而发生冲突。

（2）一人持续在不同的法域犯一罪。

从罪数理论上讲，即指继续犯（又称持续犯）的情形。继续犯，是指犯罪行为自着手实行之时直至其构成既遂、且通常在既遂之后至犯罪行为终了的一定

---

① 赵秉志主编：《刑法基础理论探索》，法律出版社2002年版，第496页。

② 甄贞主编：《香港刑事诉讼法》，河南人民出版社1997年版，第67页。

③ 该法第4条规定：“犯罪之行为或结果，有一个在中华民国领域内，为在中华民国领域内犯罪。”

时间内，该犯罪行为及其所引起的不法状态同时处于持续过程中的罪数形态。[①]在这种情形下，当行为人在一法域内实施犯罪并达既遂，而犯罪行为及其不法状态在另一个法域继续存在，则两个法域对之都可以主张地域管辖权。

2. 行为人在一法域内针对他法域的公民犯罪，或从事颠覆他法域社会制度、推翻他法域政府机构的行为

在这种情形下，即形成了本法域保护管辖权与地域管辖权冲突的问题。《刑法》第8条规定了保护管辖。对于他法域危害内地社会基本制度、政府机构[②]的犯罪，得适用《刑法》追究刑事责任，因而内地法域应具有本法域保护管辖权。《澳门刑法典》第5条第1款的内容即属于保护管辖的规定；我国台湾地区“刑法”第5条、第6条、第8条中规定了保护管辖的条款。基于此，在特定情况下，则可能发生本法域保护管辖权与地域管辖权的冲突。例如，一外国人在台湾地区针对大陆居民犯故意杀人罪，则台湾地区得主张地域管辖，而大陆地区得主张本法域保护管辖。在这种情形下发生的管辖权冲突，有两个基础性问题需要认真研究：（1）双重犯罪原则是否适用？四法域刑法关于“犯罪圈”的划定还是存在一定差距的，这样就有可能出现一法域视为犯罪，而另一法域则不作为犯罪处理的情形。那么，当行为人在一法域实施在该法域不视为犯罪或不作为犯罪处理的行为，而另一法域却认为已经侵犯其法域利益而构成犯罪时，是否存在管辖权冲突？从积极的方面看，一法域有管辖权，而另一法域无管辖权似应认为无管辖权冲突。然而从现实角度讲，如果适用“双重犯罪”原则，由于行为人实施行为所在地法域既然不承认该行为是犯罪，则可能拒绝另一法域引渡之请求。对此，笔者认为，这是一种特殊的管辖权冲突，即“消极的管辖权与积极的管辖权的冲突”。关于中国区际刑事司法互助中是否承认双重管辖原则，还需要进一步研究。（2）关于本法域保护管辖的适用问题。一般认为，保护管辖的内容即为“国家利益和国民利益”；[③]在中国范围内，各法域是否应当相互主张保护管辖？从本书的基本立场出发，各法域有各自相对独立的利益，因而相互主张保护管辖是有根据的：一是从香港、澳门特区的立法看，其刑事立法基本上从本法域角度（本法域利益）出发。香港特区沿袭普通法系传统，坚持较为严格的属地

---

① 赵秉志主编：《刑法新教程》，中国人民大学出版社2001年版，第264页。

② 从逻辑上讲，这里的“内地法域政府机构”应仅指内地法域的地方政府机构，“内地法域社会基本制度”应指社会主义制度和相应的其他政治制度。但是，由于中央政府直接代行管理内地法域，因而他法域危害中央政府的行为亦可适用《刑法》。换言之，危害中央政府亦同时侵害内地法域基本利益。当然按照特别行政区基本法的规定，特别行政区亦应维护国家安全，对于危害中央政府和国家基本社会制度的行为追究刑事责任。

③ 赵秉志主编：《海峡两岸刑法总论比较研究》，中国人民大学出版社1999年版，第82页。

原则，因而在保护管辖方面是比较消极的；而澳门特区则承认保护管辖，且将保护管辖的视域及于澳门境外（包括内地），因而澳门特区基于本地法在其他法域主张保护管辖是有根据的。二是从大陆与台湾地区的现实关系看，虽然两地将“领域”范围及于全中国，但是如前所述，从务实的角度应承认台湾地区在本地事实上的治权（包括司法权），因而大陆刑法的空间效力不宜及于台湾地区，因而如果在台湾地区针对大陆居民、社会制度等实施犯罪行为的应依据本法域保护管辖权追诉之。三是强调中国范围内可以相互主张保护管辖，有利于确认特别行政区的高度自治权，有利于保护不同法域的居民利益和社会制度。

（三）基于人的要素、事的要素共同作用而形成的刑事管辖权冲突

这种类型的刑事管辖权冲突更为复杂，表现为多个法域、多种性质的刑事管辖权交叉、重叠而发生冲突。例如，不同法域居民共同实施跨区域犯罪。在这种情形下，由于行为人的特定居民身份、犯罪客观方面中的危害行为、危害结果、犯罪行为侵害的对象等因素而形成联结点，并因此形成复杂的刑事管辖权冲突，往往既有多个属人管辖权同时出现，又有多个属地管辖权或者其他类型管辖权同时出现。随着“一个中国”范围内四地经济交流、人员往来的日益紧密，中国范围内经济一体化的逐渐形成，这种类型的刑事管辖权冲突将出现得更加频繁，且更为复杂。

第二节　解决中国区际刑事管辖权冲突的原则

确立中国区际刑事管辖权冲突的解决原则，提出解决具体刑事案件管辖冲突的一般规则，是中国区际刑事管辖权冲突问题的核心所在。解决该问题的基本政治原则包括：（1）一个中国原则。即要求中国范围内各法域之间在处理相关问题上不能适用国际条约，同时也要求各法域应当共同维护国家主权统一与安全。（2）法域地位平等原则。即要求反对一法域的刑法具有全国范围内的普遍适用效力，反对刻意强化本法域的管辖权限，弱化或忽视另一法域的管辖权限，在具体实践中应进行平等协商。（3）相互承认原则。即要求在一个中国范围内不同法域之间相互承认各自的社会制度及其法制体系。在处理刑事管辖权冲突问题上坚持“一事不再理”原则。（4）有效惩治和预防犯罪原则。即要求不同法域在打击犯罪活动中积极配合，相互协调立场，共同制定有针对性的防范措施。在坚持这些基本政治原则的基础上，在实践中应坚持以下法律原则。

关于解决中国区际刑事管辖权冲突的法律原则，赵秉志教授提出，以地域管辖原则为主，以合理、有效地惩治防范犯罪原则为辅，是合理划分内地与港澳特

区刑事管辖权冲突的必然选择。[①] 王新清教授则认为，应坚持“犯罪地管辖为主、居住地管辖为辅”的原则，即刑事案件一般由犯罪地的司法机关行使管辖权；对于特殊案件，由犯罪地管辖不便或不能管辖的，才由犯罪人居住地的司法机关行使刑事管辖权。[②] 赵国强教授在论述解决澳门与内地刑事管辖权的划分问题时则提出，从“一国两制”的角度分析，最合适的原则莫过于属地原则；并认为“坚持属地原则的实质，也就是突出属地原则，使属人原则、保护原则和普遍管辖原则都服从属地原则”。[③] 有论者撰写硕士论文时也曾提出该原则。[④] 关于这个问题，还存在持不同观点的论述。例如，有论者提出，在解决区际刑事管辖权冲突时，应坚持属地原则为主、限定的属人原则和便利主义为补充的原则；[⑤] 有论者认为，应当着重考虑犯罪地管辖为优和先理为优的管辖原则，同时，兼顾被告人居住地管辖原则、主要犯罪地管辖原则、履行条约义务原则；[⑥] 也有论者认为，从尊重各法域刑事法制的平等地位和保护当事人的合法权益出发，以属地（即犯罪地）原则为主而以便利审判原则为补充来解决对普通犯罪案件的管辖问题是可取的，即无论被告人和被害人是哪一个法域的居民，也无论犯罪发生在哪一个法域，首先应以属地原则来解决案件管辖问题，属地原则不能解决的，再以便利审判原则来解决；[⑦] 还有论者认为，应采用以属地原则为基础、注重先理为优和实际控制原则，兼采属人原则。[⑧] 上述观点具有相似性，其中共同之处即都认为应以属地管辖原则作为优先考虑予以适用的原则。但有论者持不同意见，提出中国区际刑事管辖权冲突之解决原则有一般原则与具体原则两

① 赵秉志：《中国内地与港澳特别行政区刑事管辖权合理划分论纲》，载《法学家》2002 年第 4 期。

② 王新清：《港澳特别行政区与内地间刑事管辖权的冲突与协调》，载高铭暄、赵秉志主编：《刑法论丛》（第 5 卷），法律出版社 2002 年版，第 573－574 页。

③ 赵国强：《论澳门与内地刑事管辖权之划分》，载高铭暄、赵秉志主编：《中国区际刑法与刑事司法协助研究》，法律出版社、中国方正出版社 2000 年版，第 138 页。

④ 张晓明：《香港特别行政区与内地间的刑事法律关系展望》，中国人民大学硕士研究生论文。

⑤ 倪德锋：《论中国区际刑事管辖权的冲突与解决》，载《福建政法管理干部学院学报》2000 年第 1 期。

⑥ 单长宗、赵松岭、刘本荣：《试论中国内地与澳门特区刑事司法管辖权的划分》，载高铭暄、赵秉志主编：《中国区际刑法与刑事司法协助研究》，法律出版社、中国方正出版社 2000 年版，第 131 页。

⑦ 吕岩峰：《论中国跨法域刑事犯罪的管辖权冲突及其解决》，载《湖南社会科学》2000 年第 5 期。

⑧ 张文、牛克乾：《试论我国内地与港澳地区互涉刑事案件管辖权的划分》，载赵秉志主编：《新千年刑法热点问题研究与适用》，中国检察出版社 2001 年版，第 662 页。

个层次：一般原则包括“一国两制”原则，平等、自愿、协商、尊重原则，合法、合理原则；具体原则包括最初受理原则与一部受理全部受理原则。① 按照其观点，属地管辖并不具有优先性。陈忠林教授虽在一定程度上认可上述观点的合理性，但是又表示相当的怀疑，他认为，“由于这种冲突在现实中实际表现为享有平等司法权和终审权的司法体系之间的冲突，在上述主张尚未成为各法域解决冲突的共识之前，各法域的司法机关实际上只能按照各特别行政区基本法规定的‘依法平等协商’这一基本原则办事，在协商不能达成共识的情况下，各法域实际控制犯罪人的司法机关不论是按照属地原则、属人原则，还是实际控制原则、优先受理原则处理，都不存在不尊重或侵犯他法域司法管辖权的问题”。② 按照其观点，中国区际间发生刑事管辖权冲突时，应首先采用“依法平等协商”的原则。

在合理吸收以往论者观点的基础上，笔者认为，解决中国区际刑事管辖权冲突问题，应采用综合性的原则模式，即：以地域管辖权优先行使为一般原则；针对特定人、特定刑事案件得分别适用居民管辖权优先或本法域保护管辖权优先行使的原则，以先理优先原则为补充。

一、一般原则：地域管辖权优先行使

在解决中国区际刑事管辖权冲突问题上，坚持地域管辖权优先行使，既是从法理得出的有力结论，也符合“一国两制”与特别行政区基本法的要求，同时也有利于惩治犯罪，维护犯罪地的秩序与利益。其理由在于：

1. 不同种类管辖权存在位阶关系是地域管辖权（属地管辖权）优先的法理基础

中国各法域中，在香港，除了例外的个别规定，一般来说，其刑法只适用于香港区域内的犯罪行为，即采取较为严格的属地管辖原则。而内地、澳门、台湾地区在刑事管辖权方面都采以属地管辖为基础，兼采其他原则的方式；在这些法域中，虽然各原则在适用范围上从理论层面被区分为一般与补充，但是这些原则之间是否存在效力上的差别，则在立法上没有澄清。实际上，就一个特定法域而言，其也没有澄清的必要，因为这四种管辖权的行使针对了不同情形，相互之间一般不会发生冲突；而只有两个以上法域同时主张管辖权时，才出现不同类型管辖权之间的效力等级之争。笔者提出，不同刑事管辖权应当按照一定的次序予以

① 杨凯：《论我国区际刑事管辖冲突之解决的原则》，载赵秉志主编：《新千年刑法热点问题研究与适用》，中国检察出版社 2001 年版，第 656 页。

② 陈忠林：《关于祖国统一中的几个刑法问题》，载赵秉志主编：《新千年刑法热点问题研究与适用》，中国检察出版社 2001 年版，第 651 页。

行使，因而提出“不同刑事管辖权之位阶”的概念来确定不同管辖权在适用上存在的先后顺序。

关于国际上刑事管辖权冲突的协调问题，有许多论者提出自己的主张。例如，张智辉博士提出“优先管辖原则”，认为“享有优先管辖权的国家，当罪犯在其实际控制之下时，可以径直对其进行起诉；被指控的罪犯不在其实际控制之下时，可以请求罪犯所在地国将其引渡给本国以便起诉，被请求国应当根据有关国际公约的规定首先考虑将被指控的罪犯引渡给享有优先请求权的国家。只有当享有优先管辖权的国家放弃管辖时，其他国家才可以依次提出引渡罪犯的请求，对其进行起诉和审判”，并提出对国际犯罪的刑事管辖权应当按照“犯罪地国”、“犯罪人国”、“受害国”的顺序决定优先的次序。[①] 在赵秉志教授主编的《国际区际刑法问题探索》一书中，张智辉博士进一步完善了其主张，并提出确定刑事管辖权的顺序应当为：第一，领域管辖权。这既符合主权原则，又符合有利于打击犯罪、顺利开展刑事诉讼的原则。第二，登记国管辖权。即在一国登记的船舶、航空器内犯罪，由登记国管辖。第三，属人管辖权。在犯罪发生地国放弃行使领域管辖权时，由被告人所属国或被告人永久居住地国行使刑事管辖权。第四，保护管辖权。当上述国家都放弃管辖权时，国家利益受到侵害或所属公民受到侵害的国家，可以行使刑事管辖权。第五，普遍管辖权。在上述国家放弃刑事管辖权时，享有普遍管辖权的国家才可以行使刑事管辖权。[②] 有论者在论及内地与澳门之间刑事管辖权划分的解决途径时，亦提出不同管辖原则应排列的次序，即：犯罪地、被告人居住地、最初受理地、主要犯罪地；对于履行条约（协定）义务原则和国家公务人员、驻澳军人特别管辖原则，应作特殊考虑。[③] 有的国际条约即采用了属地管辖权优先的原则。例如，1973 年 12 月 3 日联合国《关于侦察、逮捕、引渡和惩治战争罪犯和危害人类罪犯的国际合作原则》第 5 条规定，“有证据证明犯战争罪和危害人类罪的人应在犯罪地国家受审，如经判定有罪，由犯罪地国家加以惩治”。又如，《防止及惩治灭绝种族罪公约》规定，“凡被诉犯灭绝种族罪或有第三条所列其他行为之一者，应交由行为发生地国家的主管法

---

① 参见张智辉著：《国际刑法通论》，中国政法大学出版社 1999 年版，第 96 页。

② 参见赵秉志主编：《国际区际刑法问题探索》，法律出版社 2003 年版，第 154 ~ 155 页。

③ 参见单长宗、赵松岭、刘本荣：《试论中国内地与澳门特区刑事司法管辖权的划分》，载高铭暄、赵秉志主编：《中国区际刑法与刑事司法协助研究》，法律出版社、中国方正出版社 2000 年版，第 132 页。

院，或缔约国接受其管辖权的国际刑事法庭审理之。”①

笔者认为，在协调国际刑事管辖权冲突问题上，对同时出现的不同种类的刑事管辖权进行次序排列，尤其是应当将属地管辖权予以优先适用；在具体结论上，笔者同意张智辉博士的观点。依法理推论，不同类型的管辖权之间存在效力上的位阶，处于较高位阶上的管辖权优先于较低位阶上的管辖权得以适用：（1）第一个位阶——属地管辖权。在国际私法上，一般认为，解决侵权行为的法律适用问题即以侵权行为地法为准据法。例如，《民法通则》第八章“涉外民事关系的法律适用”第146条第1款规定：“侵权行为的损害赔偿，适用侵权行为地法律。当事人双方国籍相同或者在同一国家有住所的，也可以适用当事人本国法律或者住所地法律。”其主要根据在于侵权行为破坏了行为地的公序良俗。与此相应，一般而言，犯罪首先对行为地的法秩序及利益构成侵犯，且刑法要保护的和罪行所侵害的法益多在同一地域；而基于国家主权原则，一国对其领域内的事务具有最高管辖权，“在一个国家领土上不允许其他的国家主权行为的存在”。② 因此，当不同性质的管辖权被主张时，属地管辖权应当予以优先适用；由一国登记的处于航行状态的船舶或飞行状态的航空器内在国际法上被视为登记国之领土，其内部发生的犯罪即应由登记国管辖，且管辖权类型同样为属地管辖权。③（2）第二个位阶——属人管辖权。④ 属人管辖权的主张根据同样是基于国家主权原

① 类似的公约规定还有：《核材料实物保护公约》；《关于防止和惩处侵害应受国际保护人员包括外交代表的罪行的公约》；《关于在航空器内的犯罪和犯有某些其它行为的公约》；《反对劫持人质国际公约》；《禁止酷刑和其他残忍、不人道或有辱人格的待遇或处罚公约》；《联合国禁止非法贩运麻醉药品和精神药品公约》；《关于制止非法劫持航空器的公约》；《制止危及海上航行安全非法行为公约》；等等。

② ［德］沃尔夫冈·格拉夫·魏智通主编，吴越等译：《国际法》，法律出版社2002年版，第263页。

③ 在洛克比空难案的管辖上即可以看出这一点：在该案中，被告人阿明·哈利法·费希列、阿卜杜拉·巴塞特·阿里·迈格拉希均为利比亚人；被炸飞机属于泛美航空公司，因而美国是主要的被害国；空难发生地为英国苏格兰的洛克比，可视为犯罪结果地。虽然由于政治原因法院地在荷兰的宰斯特，但是法官为苏格兰人，适用的法律则为英国法，犯罪人的执行地也设在苏格兰格拉斯哥监狱。可见，属地管辖权在该案中被予以优先考虑，当然这与英美法系坚持较为严格的属地管辖有关。

④ 在国际法理论中，在使用属人管辖的概念时，区分了主动的属人管辖与被动的属人管辖，前者指国家有权管辖国外的本国公民；后者指国家只有当本国公民在国外受到伤害时，才将外国人的行为置于本国司法管辖（参见［德］沃尔夫冈·格拉夫·魏智通主编，吴越等译：《国际法》，法律出版社2002年版，第263页）。而按照国内法的理论，尤其是刑法理论，所谓被动的属人管辖被作为保护管辖的一种情形。本文在使用上述概念上，仍以国内通说为准。

则，即对于所属公民具有最高管辖权。属人管辖权不能对抗属地管辖权，其理由在于犯罪更为主要地侵犯了行为地的法秩序及利益，而对行为人而言，他在行为时更应当遵守行为地的法律（尤其是强行法），而不仅仅是其属人国的法律。行为地国与属人国都基于国家主权主张刑事管辖权，由行为地国最终管辖也在情理之中。[①]（3）第三个位阶——保护管辖权。属人管辖权与保护管辖权同时出现，是以属地管辖权的出现为条件的，因而属地管辖权应优先行使；[②]当行为地国认可侵害他国或其公民利益的行为为犯罪并行使管辖权时，被侵害国的利益即被确认和维护，因而并无再行提起的必要。当属地管辖权被放弃时，才存在属人管辖权与保护管辖权的冲突。保护管辖权得以主张的根据是，国为维护其国家与公民的利益；这与属地管辖权、属人管辖权以国家主权原则为基础是不一样的。属人管辖权优先于保护管辖权行使，实际上也是基于尊重属人国主权的考虑，而由其行使管辖权，一般也会使被害国或其公民的利益得以确认。（4）第四个位阶——普遍管辖权。将普遍管辖权置于最后考虑，主要是因为行使普遍管辖权时，被追诉的犯罪及其行为人与该国没有连接点；在这种情况下，由有连接点的国家行使管辖权更为妥当。需要强调的是，上述关于不同种类刑事管辖权位阶的论述，是以主张管辖权的国家相互承认各自的主权和法制为基本前提；如果缺少这一前提，则有管辖权的国家（无论是基于何种管辖）都可能基于实际控制而追究犯罪。

解决中国区际刑事管辖权冲突问题，也应确立不同种类管辖权位阶的观念，即按照这一既定的位阶排列作为解决冲突的一种基本途径；当然在立论的基础上，与协调国际刑事管辖权之间的关系不尽相同。在中国范围内只存在一个统一的主权，港、澳特别行政区依照基本法的规定享有高度自治权，台湾地区是在事实上享有治权。坚持刑事管辖权的位阶排列，以优先行使地域管辖权为一般原则，主要是出于维护不同法域治权（尤其是司法权独立）的考虑。对于中国范围内的法律问题，在坚持一个中国原则的前提下，应当尽可能在法制框架内寻求解决渠道。就刑事管辖权冲突问题，除特别情形外，地域管辖权即应当优先予以

---

① 在国际法理论中，国籍原则（属人管辖原则）也被视为辅助性原则，特别是与属地原则出现冲突时，更居从属地位。参见凌兵：《内地与香港刑事管辖权冲突及引渡问题研究》，载赵秉志主编：《世纪大劫案：张子强案件及其法律思考——中国内地与香港刑事管辖权冲突问题》，中国方正出版社 2000 年版，第 323 页。

② 《刑法》第 8 条“但是按照犯罪地的法律不受处罚的除外”。这一规定也表达了相同的旨趣，也就是犯罪地的消极刑事管辖权优于我国的积极保护管辖权适用。详言之，第 8 条前半句规定了我国保护管辖权，但是以行为地法律认为是犯罪为条件；只有行为地认可犯罪（形成积极的属地刑事管辖权），该条才可能得以适用，反之行为地不认为是犯罪（形成消极的刑事管辖权），该条则不能得以适用。

适用；只有犯罪地司法机构放弃了行使该权力时，才依次考虑其他种类管辖权的行使。

2.“一国两制”的客观要求——地域管辖权优先的法律根据

内地法域适用《刑法》，其关于刑事管辖权的规定即贯彻了以属地管辖为主，兼采属人管辖、保护管辖、普遍管辖的原则；在处理涉及港、澳、台刑事案件时，则应当确立以地域管辖为主，居民管辖、本法域保护管辖为补充的原则。根据《香港特别行政区基本法》、《澳门特别行政区基本法》的规定，两个特别行政区均享有包括刑事立法权在内的高度自治权，因而其刑事司法管辖权在中国范围内具有独立性，可以依据本法域刑法对其范围内的刑事案件进行管辖；香港刑法关于刑事管辖权的规定即采较为严格的属地原则，而澳门刑法也采用与内地刑法基本一致的管辖权原则。对于台湾地区法制，应从事实上予以承认，其“刑法”关于刑事管辖权的规定也与大陆一致。可见，四法域都坚持以地域（属地）管辖为主，从而存在相当的共识。因此，基于相互承认原则，“地域管辖权优先”在各法域存在共同的法律基础，符合各法域独立行使司法权的客观需要，这也是贯彻“一国两制”基本方针的客观要求。

3. 有利于打击犯罪的客观需要——地域管辖权优先的现实根据

坚持地域管辖权优先行使，对于维护犯罪地的法秩序、司法权威、居民利益都具有重要意义。英国刑法学者 G . Williams 曾提出所谓的“最大利益”原则来证明属地原则应该是普通法的最基本的原则，即：通常来说，犯罪发生地是该犯罪最大的、最直接的受害者，对审判该犯罪而言，犯罪发生地具有最大的利益，最有必要去惩罚该犯罪人；同时，犯罪发生地最有可能去发现和搜集证据，更能有效地惩罚犯罪。[①] 某一特定犯罪除了构成对犯罪地的法秩序侵犯外，还往往对特定法益形成实害或危险；犯罪地也因此往往是犯罪线索和证据集中的地方，由犯罪地刑事侦查机构进行侦查更为便利。就中国各法域现有法制现实分析，各法域法制自成体系，尤其是刑事诉讼制度差异性很大。对于在本法域内发生的犯罪进行属地管辖，依照本法域的刑事诉讼法进行追诉，由本地法院进行审判，有利于维护其司法权威，实现本地居民对本地法治的确信，即本地法秩序的不可侵犯性；同时，坚持地域管辖权优先，也有利于实现犯罪地所在法域的社会稳定，有效地预防犯罪，实现刑罚的一般预防功能。

---

① 傅华伶：《从张子强案看香港与内地的刑事管辖权》，载赵秉志主编：《世纪大劫案：张子强案件及其法律思考——中国内地与香港刑事管辖权冲突问题》，中国方正出版社 2000 年版，第 210 页。

二、对于一法域居民在他法域侵犯本法域或同一法域居民的刑事案件，可采居民管辖权优先行使的原则

坚持地域管辖权优先行使，并不意味着他法域的居民管辖权或者其他种类管辖权消失，只是因为地域管辖权的行使而被排斥并丧失了实际行使的可能性。对于一法域居民在他法域侵犯本法域或者同一法域居民利益的犯罪，可以采取居民管辖权优先行使的原则。

《香港特别行政区基本法》、《澳门特别行政区基本法》第 13 条第 2 款规定，中华人民共和国外交部在香港、澳门设立机构处理外交事务；两部基本法第 22 条也都规定，中央人民政府所属各部门、各省、自治区、直辖市可根据需要在特别行政区设立机构，但须经特别行政区政府同意，并经中央人民政府批准。同样，香港、澳门特别行政区政府也可以根据需要在内地成立办事机构，处理相关事务。对于上述机构人员，一般被称为“互派公务人员”，其如果在被派往地犯罪，由哪一法域行使刑事管辖权？赵秉志教授认为，可以参照基本法关于特别行政区驻军人员刑事管辖的规定，即：“互派人员在驻在地实施的职务犯罪案件，应由派出地法院或者有关的执法机关管辖；互派人员非执行职务的行为，以及侵犯驻在地的利益和社会秩序，或者其他违反驻在地法律构成犯罪的案件，应由驻在地法院以及有关的执法机关管辖，但如果认为由对方管辖更为适宜，经双方协商一致后，也可以移交对方管辖。”①

笔者同意赵秉志教授所表达的立场，当然该主张尚缺少相应的法律根据。从我国现行法律中即可以看出类似法理的适用。《民法通则》第 146 条第 1 款规定，“当事人双方国籍相同或者在同一国家有住所的，也可以适用当事人本国法律或者住所地法律”。这也是“侵权行为适用侵权地法”的一个例外，即当侵权人与被害人国籍相同或者住所在同一国家内，则适用国籍国法或者住所地法。对于跨法域犯罪而言，如果犯罪人和被害人是同一法域居民，或者侵犯了本法域的法益，那么由该法域行使管辖权更为适宜。这里可以引入“地域管辖权让位”的概念来进行阐释：在这种情况下，犯罪地所在法域的法秩序虽然被侵犯，但是犯罪行为直接侵害的是犯罪人居民身份地法域的利益，因而出于尊重被侵害法域法秩序以及有利于打击犯罪的考虑，犯罪地所在法域应放弃行使地域管辖权，即形成“地域管辖权让位”，由犯罪人居民身份地法域进行管辖。在具体操作层面

---

①　赵秉志：《中国内地与港澳特别行政区刑事管辖权合理划分论纲》，载《法学家》2002 年第 4 期。单长宗、赵松岭、刘本荣：《试论中国内地与澳门特区刑事司法管辖权的划分》，载高铭暄、赵秉志主编：《中国区际刑法与刑事司法协助研究》，法律出版社、中国方正出版社 2000 年版，第 135 页。

上，如果犯罪人居民身份地法域已经实际控制犯罪人，则犯罪地所在法域不宜再提起刑事管辖权要求，前者可请求后者提供相应的司法协助；如果犯罪地所在法域实际控制犯罪人，犯罪人居民身份地法域若主张管辖权，犯罪地所在法域在不违背本地法制的情况下应予移交。①

此外，《香港特别行政区驻军法》第20条规定："香港驻军人员犯罪的案件由军事司法机关管辖；但是，香港驻军人员非执行职务的行为，侵犯香港居民、香港驻军以外的其他人的人身权、财产权以及其他违反香港特别行政区法律构成犯罪的案件，由香港特别行政区法院以及有关的执法机关管辖。军事司法机关和香港特别行政区法院以及有关的执法机关对各自管辖的香港驻军人员犯罪的案件，如果认为由对方管辖更为适宜，经双方协商一致后，可以移交对方管辖。军事司法机关管辖的香港驻军人员犯罪的案件中，涉及的被告人中的香港居民、香港驻军人员以外的其他人，由香港特别行政区法院审判。"《澳门特别行政区驻军法》第20条也作出了相同的规定。

三、特定情形下本法域保护管辖权优先行使的原则

强调在特定情形下本法域保护管辖权优先适用，主要是出于现实的考虑。内地与港、澳特别行政区之间，严格地说，保护管辖权由于其处于较低的位阶而不会被行使。基于一个中国原则，一法域行使属地管辖权后，保护管辖权所维护的利益同时也可以得以实现；而基于相互承认原则，一法域自行管辖本法域内事务，他法域对之予以尊重，而没有必要刻意维护本法域治权的完整性。大陆与台湾地区之间，在一般情况下，也应持相同的认识，也就是贯彻一个中国原则与相互承认原则；但是，毕竟两岸尚未统一，相互之间对立的局面并没有消除，对于一些基本政治问题还没有达成共识。如前所述，对于两岸之间法律问题之解决应贯彻相互承认之原则，但是应当有所保留。因而对于危害中华人民共和国国家安全的犯罪，即应采取本法域保护管辖权优先行使的原则，适用《刑法》进行追诉。

四、补充原则——先理为优原则

先理为优原则，简称先理原则，是指当不同法域的刑事管辖权同时出现，按

① 在国际刑法上，即有"刑事管辖权的国际转移"的概念，特指对某一刑事案件的管辖权由一个国家转移到另一个国家（参见赵秉志主编：《国际区际刑法问题探索》，法律出版社2003年版，第136页）。地域管辖权让位与这一概念相通，但是拥有更多的内涵：（1）它指一法域放弃可以优先行使的地域管辖权，而交由他法域实际管辖，因而从管辖权的位阶上，就表现为一种让位。（2）让位的条件是，待追诉的案件具有一法域居民在他法域侵犯本法域或同一法域居民利益的事实。（3）让位后实际管辖的法域基于居民管辖权进行追诉。

照前述原则不能判断由哪一法域行使刑事管辖权更为适宜的，由最先受理案件法域的司法机关行使管辖权。相对于前述三条法律原则，先理原则是在无法确定哪一管辖权应优先行使时，为及时、有效地追诉犯罪，而采取的一条比较务实的补充原则；由于该原则并不直接作为优先行使管辖权的根据，因而正如王新清教授所言，其是“一个备用的原则”。① 需要强调的是，先理原则的适用必须以该法域有管辖权为前提，且同时出现的管辖权应处于同一位阶；如果处于不同位阶，自然可以通过位阶的高低来确定应优先行使的管辖权。按照笔者的理解，并非同时出现处于同一位阶的刑事管辖权，即一概适用该原则；同时出现的同一位阶的刑事管辖权，由于犯罪事实本身的因素使然，会因在不同法域造成的客观危害不同等原因，而可以客观地区分出由哪一法域行使管辖权更为妥当。进言之，只有不能继续通过犯罪事实的因素来判断由哪一法域行使管辖权更为适宜，才有必要考虑先理原则的适用。②

当然这里有一个问题，即：犯罪事实是待查的对象，而刑事管辖权的行使实际从侦查机关立案时即已经开始；而当时犯罪事实是不清楚、不全面的，那么，在通过犯罪事实进行判断由哪一法域行使管辖权可能并不确切，实际上是以案发时已知所有事实来判断。如果考虑以提起公诉时的事实为判断根据，似乎更为妥当；但是，由于刑事案件的追诉已经启动，刑事管辖权已经被行使，则由此可能再行变换刑事实际管辖即显得不够经济，也不利于及时处理案件，有违“刑罚的及时性”目标的实现。基于此，应以案发时已知的所有事实，作为判断同一位阶的刑事管辖权冲突中以何者优先行使的事实判断根据。

① 王新清：《港澳特别行政区与内地间刑事管辖权的冲突与协调》，载高铭暄、赵秉志主编：《刑法论丛》（第5卷），法律出版社2002年版，第574页。

② 《刑事诉讼法》第25条规定：“几个同级人民法院都有权管辖的案件，由最初受理的人民法院审判。在必要的时候，可以移送主要犯罪地的人民法院审判。”这一条即体现了“先理为优”的精神，这也是出于有利于追诉犯罪的考虑。当然该条规定不能作为解决中国区际刑事管辖权冲突的法律根据，但其规定的根据值得借鉴。

第八章 刑事管辖权与国际刑事司法合作

本书前七章集中论述了刑事管辖的基本理论以及我国刑法中刑事管辖原则的理解与适用问题，并对中国区际刑事管辖权冲突及其解决问题进行了探讨。可以说，根据一个国家或者地区之刑法只是确定对符合哪些条件的刑事案件具有管辖权，然而，一个国家或者地区在事实上是否能够行使刑事管辖权，则受到诸多因素的限制。例如，当依照《刑法》第 6 条第 3 款，我国具有属地管辖权的时候，如果犯罪人在我国领域外，或能够证明犯罪的部分事实发生在我国领域外，则我国行使刑事管辖权并予以追究时，就如何追捕犯罪人、如何获得相应的证据等即存在诸多障碍；再如，当依照《刑法》第 7 条、第 8 条规定，我国具有属人管辖权和保护管辖权时，由于犯罪事实发生在我国领域外，则如何获得相应的证据也会存在相当大的困难。对于如此种种在行使刑事管辖权中存在的困难，就要依赖于国际刑事司法合作来加以解决。为此，本章将结合国际刑事司法合作的一般理论，根据我国与其他国家缔结的有关引渡条约、刑事司法协助条约、被判刑人移管条约的规定，着重介绍我国与其他国家开展刑事司法合作的具体形式及相关规定。①

第一节 引 渡

一、引渡的概念

引渡（extradition），是一国（被请求国）应另一国（请求国）的请求，将在其境内被请求国指控犯有某种罪行或定罪的人，根据双边引渡条约或者以互惠为条件移交该人给请求国进行审判或者执行刑罚的一种国际刑事合作法律制度。

① 截至 2009 年 3 月，我国共对外缔结了 104 项双边刑事司法合作类条约。其中，刑事司法协助条约 47 项，引渡条约 31 项，移管被判刑人条约 6 项，打击三股势力协定 6 项。除上述双边条约外，中国还参加了含有司法协助、引渡和被判刑人移管条款的 28 项多边公约。引自司法部网站。

引渡是用于防止罪犯因跨越边境而逃避法律追究的制度。[①] 引渡作为一项法律制度，具有国际性与国内性的双重特征：引渡涉及国家与国家之间的双边或多边关系，因而需要接受国际法的调整。虽然是否决定将特定人员引渡给他国进行审判或执行，属于一国主权范围内的事情，但是，如果一国加入规定引渡义务的国际公约或与他国签订双边或多边引渡条约，则该国就具有应履行引渡的条约义务。同时，引渡制度涉及条件、程序等纯粹属于国内法的事宜，因而一国必然在国内法上予以规定，或以单独的“引渡法”形式予以规定，如英国《2003 年引渡法》对所有涉及引渡问题的实体和程序问题予以了全面规定；或者在刑法典、刑事诉讼法典中予以规定，如意大利在宪法、刑法和刑事诉讼法中都规定有引渡的内容。我国于 2000 年 12 月 28 日颁布了《引渡法》。

引渡与庇护是相联系的概念。对于遭受追诉或受迫害而到一国避难的外国人，该国可以决定是否准予其入境和居留，并提供保护而拒绝将其引渡给他国，这种制度即称为庇护。同引渡一样，庇护是国家的主权行为，国家有权对在其境内的除享有外交特权和豁免权的人以外的任何人，行使管辖和保护。各国一般在宪法或相关法律中规定庇护。我国《宪法》第 32 条第 2 款规定：“中华人民共和国对于因为政治原因要求避难的外国人，可以给予受庇护的权利。”

引渡与遣返是不同的概念。遣返，是指一国（遣返国）根据有关出入境或移民的法律规定，将不具有合法居留资格的外国入境者遣送出国的一种法律制度，是遣返国为维护本国安全和秩序而进行的单方面决定。与遣返不同，引渡则是一种典型的国际刑事法律合作行为。不过，在实践中，一国如果不能通过引渡合作而缉拿犯罪人（如缺少双边引渡条约的情况下），有时可以通过吊销有关人员合法旅行证件、证明有关人员犯有严重罪行等手段，设法使该人不能在躲藏国获得合法居留地位或剥夺其已经获得的居留地位，从而达到将其遣返回国进行刑事追究的目的，从客观结果上看与引渡相同，因而也被称为事实引渡。[②] 我国法律中的驱逐出境与遣返的客观效果相似。具体而言，对于非法入境者的驱逐出境与遣返在内容上基本是一致的，根据《外国人入境出境管理法》第 29、30 条规定，对于违反该法，非法入境、出境的，在我国境内非法居留或者停留的，未持有效旅行证件前往不对外国人开放的地区旅行的，伪造、涂改、冒用、转让入境、出境证件的，情节严重的，公安部可以处以限期出境或驱逐出境的处罚；对于作为刑罚种类的驱逐出境，则根据我国《刑法》第 35 条规定，适用于犯罪的外国人，其法律根据是因外国人的犯罪行为，而非单纯性违反入境出境管理规定

---

① 参见沃尔夫冈·格拉夫·魏智通主编，吴越等译：《国际法》，法律出版社 2002 年版，第 321 页。

② 参见黄风等著：《国际刑法学》，中国人民大学出版社 2007 年版，第 212 页。

的行为。当然，无论是作为行政处罚的驱逐出境，还是作为刑罚的驱逐出境，都是一国主权内的行为，而非国际刑事司法合作行为，与引渡是明显不同的。

在我国历史上也曾出现类似引渡的做法。在东周列国时期即有相互移交逃犯的做法。1689 年中俄尼布楚条约中对逃犯引渡有着具体规定，即“嗣后有逃亡者，各不收纳，并应械系遣还”。[①] 新中国成立以后很长一段时期，在引渡方面的国内立法一直处于空白状态，与外国缔结的双边引渡条约也付诸阙如。20 世纪 70 年代以后，我国陆续加入一些包含有引渡条款的国际公约，如 1978 年 11 月 14 日加入《关于在航空器内的犯罪和犯有某些其它行为的公约》，1980 年 9 月 10 日加入《关于制止非法劫持航空器的公约》和《关于制止危害民用航空安全的非法行为的公约》等。20 世纪 90 年代后，我国与一些国家缔结了双边引渡条约，从 1993 年开始，截至目前，我国与 31 个国家缔结了引渡条约。[②] 在加入多边公约和缔结双边引渡条约的同时，我国加快了国内立法的脚步，2000 年 12 月 28 日《引渡法》公布，并自公布之日起施行。

二、引渡的要件

（一）引渡的义务

从目前世界各国的实践看，关于引渡的义务的问题，基本上采两种态度：（1）以引渡条约来确定引渡义务；（2）以互惠（reciprocity）原则为基础，以国际礼让或善意为根据来进行，在这种情形下，不根据条约也可进行引渡，因而引渡义务并不存在，而引渡则被视为基于国家主权内决定的事务。对于以引渡条约作为引渡义务基础的模式，被称为条约前置主义或条约前置原则。传统上，英美法系国家一般采取这一模式。1840 年美国联邦最高法院作出判决，认为除依据条约以外，引渡义务不存在。《美国法典》第 209 章第 3181 条规定：“与移交外国犯罪人有关的各条款，仅在与该国政府签订的任何引渡条约存续期间有效。”以互惠原则为基础的模式，即引渡不以条约前置为原则，被称为互惠原则或非条约前置原则。大陆法系国家一般采取此种模式。法国在 1827 年的判决中即承认该项原则。1880 年的国际法协会也支持这一观点。1927 年《法国引渡法》第 1 条对此作了明文规定。德国《刑事司法协助法》第 5 条也规定：“只有当请求国作出的保证可以推定该国将执行德国的类似请求时，才允许引渡。”卢森堡《外国罪犯引渡法》第 1 条规定：“政府可以在互惠的条件下，将在其本国境内犯有任一罪行而被外国法院指控犯有轻罪、重罪或判刑的外国人移交给外国政府。”

---

① 参见成良文著：《刑事司法协助》，法律出版社 2003 年版，第 44 页；马进保著：《国际犯罪与国际刑事司法协助》，法律出版社 1999 年版，第 55～58 页。

② 中国与几个西方国家虽已签订引渡条约，但尚未生效，因而不属于已缔结条约之列。

我国《引渡法》也确认了该种模式，其第3条第1款规定：“中华人民共和国和外国在平等互惠的基础上进行引渡合作。”第15条还规定：“在没有引渡条约的情况下，请求国应当作出互惠的承诺。”日本也是采取此种模式的国家。我国与日本之间没有引渡条约，两国开展引渡合作即是基于互惠原则而进行的。[①]

（二）引渡的主体和对象

引渡作为一种国家主权行为，其主体即请求引渡者与被请求引渡者只能是主权国家。[②] 引渡的被请求国即被引渡对象现时所在国家。引渡的请求国必须对特定案件具有管辖权。引渡的请求国包括三种情形：（1）犯罪行为发生地国，即犯罪行为全部或部分发生在其领域内的国家。（2）犯罪结果发生地国，即犯罪的实害结果发生地所在国家。（3）罪犯国籍所属国。

如果两个以上有管辖权的国家对同一人都提出引渡请求，则出现所谓的“引渡请求竞合”的现象。我国《引渡法》第17条规定：“对于两个以上国家就同一行为或者不同行为请求引渡同一人的，应当综合考虑中华人民共和国收到引渡请求的先后、中华人民共和国与请求国是否存在引渡条约关系等因素，确定接受引渡请求的优先顺序。”对于该条进行解释，除了该条明确列举的收到引渡请求先后和是否存在引渡条约关系外，根据国际惯例，还应考虑的因素包括犯罪发生地、犯罪的严重性、被请求引渡人的国籍、再引渡的可能性等。[③]

引渡的对象是被某国指控为罪犯或被判刑的人，可以是请求引渡国的国民，也可以是被请求引渡国的国民，还可以是第三国的国民。很多国际公约规定，引渡罪犯只限于外国人，本国公民不予引渡，只有英美等少数国家才不拒绝引渡本国公民，但是这些国家与外国订立有关条约时有时也加入了本国公民不引渡的条款。如果引渡第三国公民，请求引渡国没有义务通知该第三国，但是在国际实践中，被请求引渡国一般会把有关事宜通知犯罪人的国籍国。

---

① 1989年12月16日，我国公民张某某将国航一架波音747客机劫持到日本福冈。我国政府向日本政府提出引渡请求，张某某提出政治避难申请。次年，日本认定张某某不属于政治犯，可以引渡。1990年4月，张某某被引渡回国。

② 《国际刑事法院罗马规约》和联合国有关成立特设国际刑事法庭的决议中规定，国际刑事法院和特设国际刑事法庭与特定国家之间也存在请求移交特定人员的问题，其形式和内容均相似于引渡，但是其法律用语一般为移交（surrender）。

③ 例如，美国人切斯和哈威·卡莫迪在香港租用房屋，并购置印刷假币用的机器和印版制造假美元，再通过单线联系与在美国、法国、西班牙、德国等国境内的犯罪人串通，利用各种途径流通假币。1975年1月28日，在香港警方的协助下，美国警方逮捕了切斯和哈威·卡莫迪。当日，美国警方和法国警方分别在本国逮捕了与此案有关的罪犯。切斯和哈威·卡莫迪被引渡到美国后，各被判处15年徒刑。在本案中，美国既是主要罪犯的国籍国，又是受害国。引自西北政法学院科研处编：《国际法案例选》（第一辑），第83页。

（三）可引渡犯罪的范围

可引渡犯罪，即指可以允许引渡犯罪人的一定种类的犯罪。可引渡犯罪的范围根据条约和国内法的规定来确定。从有关国际条约和一些国家立法例来看，对此基本上有两种规定方式：（1）列举式，即在有关引渡的国内法或国际条约中明确列举可进行引渡合作的犯罪。（2）概括式，即不列举具体的罪名，只概括地规定可移交之罪的最高或最低刑罚标准。例如，英国《2003 年引渡法》第 64 条（可引渡的犯罪：没有因犯罪而被判刑的人）、第 65 条（可引渡的犯罪：因犯罪而被判刑的人）也采取这种模式。我国也采取此种方式。我国《引渡法》第 7 条规定："外国向中华人民共和国提出的引渡请求必须同时符合下列条件，才能准予引渡：（一）引渡请求所指的行为，依照中华人民共和国法律和请求国法律均构成犯罪；（二）为了提起刑事诉讼而请求引渡的，根据中华人民共和国法律和请求国法律，对于引渡请求所指的犯罪均可判处一年以上有期徒刑或者其他更重的刑罚；为了执行刑罚而请求引渡的，在提出引渡请求时，被请求引渡人尚未服完的刑期至少为六个月。对于引渡请求中符合前款第一项规定的多种犯罪，只要其中有一种犯罪符合前款第二项的规定，就可以对上述各种犯罪准予引渡。"我国与其他国家签订的双边引渡条约也采取这种模式。例如，《中华人民共和国与俄罗斯联邦引渡条约》第 2 条"可引渡的犯罪"规定："一、本条约所称'可引渡的犯罪'，系指根据缔约双方法律均构成犯罪，且：1. 依照中华人民共和国法律，可处一年以上有期徒刑或者其他更重刑罚；2. 依照俄罗斯联邦法律，可处一年以上剥夺自由的刑罚或者其他更重刑罚。二、如果被请求引渡人因任何可引渡的犯罪已由请求的缔约一方法院处以本条第一款规定的刑罚，只有在尚未执行的刑期至少为六个月时，方可予以引渡，以便执行判决。三、在决定引渡及确定某一行为根据缔约双方法律是否均构成犯罪时，不应因缔约双方法律是否将构成该犯罪的行为归入同一犯罪种类或者使用同一罪名而产生影响。四、如果引渡某人的请求涉及几个行为，每个行为根据缔约双方法律均应处以刑罚，但其中有些行为不符合本条第一、二款规定的条件，在该人至少因一个可引渡的行为而被允许引渡时，被请求的缔约一方也可因这些犯罪行为允许引渡该人。"

（四）引渡的拒绝事由

引渡的拒绝事由，是指有关引渡的国际条约和国内法所明确列举引渡的排除条件，其可被援引用以拒绝引渡。引渡的拒绝事由可分为程序上的拒绝事由和实体上的拒绝事由。

程序上的拒绝事由，即缺乏形式上要件的情况，具体而言是指，如果请求国提供的作为引渡请求基础的材料缺乏，并未在规定期限内提供必要的补充资料的，被请求国可以拒绝该引渡请求。我国《引渡法》第 18 条也规定："外交部对请求国提出的引渡请求进行审查，认为不符合本法第二章第二节和引渡条约的规定的，可以要求请求国在三十日内提供补充材料。经请求国请求，上述期限可以延长十五日。请求国未在上述期限内提供补充材料的，外交部应当终止该引渡案件。请求国可以对同一犯罪再次提出引渡该人的请求。”

实体上的拒绝事由，即因被请求对象的国籍、涉嫌犯罪类型、刑罚类型等实体性事由而拒绝引渡。从各国实践看，实体上的拒绝事由可以分为两类：绝对禁止引渡的事由和相对禁止引渡的事由。

1. 绝对禁止引渡的事由

绝对禁止引渡的事由，又称为强制性理由，当出现此类情形时，被请求国主管机关应当拒绝引渡。这类事由具体包括以下八个方面：

（1）本国国民不引渡。从目前各国实践看，基本上存在两种立场：大陆法系国家一般持不引渡本国公民的态度；英美法系国家则承认引渡本国公民。英美法系国家之所以采取此种态度，是因为其对本国刑法的适用采取比较严格的属地原则，只有在特殊情况下，才处罚国外犯罪的本国公民，在传统上，也不承认本国公民与非本国公民在作为引渡对象方面存在特殊的差别。①

在国内法中明确规定不引渡本国国民的国家所规定的，“本国国民不引渡”，属于绝对禁止引渡的情形。这些国家在刑事司法管辖问题上持属人主义立场，认为本国对其国民拥有优先管辖权，同时也是出于保护本国国民的考虑。我国即采取这一立场，《引渡法》第 8 条第 1 项规定，“根据中华人民共和国法律，被请求引渡人具有中华人民共和国国籍的”，应当拒绝引渡。《中华人民共和国和俄罗斯联邦引渡条约》第 3 条第 1 项也规定，“被请求引渡人系被请求的缔约一方国民”，不应予以引渡。不过，我国与一些国家签订的双边引渡条约在这一问题上也存在例外，如《中华人民共和国和泰王国引渡条约》即没有将之列为强制性拒绝理由，而是灵活地规定：“缔约双方有权拒绝引渡其本国国民。”关于认定国民身份的时间界限，国际上存在三种标准：一是以犯罪实施之时为准。二是以被请求国就引渡请求作出决定之时为准。例如，《欧洲引渡公约》第 6 条第 1 款第 3 项规定，“国籍应依就引渡作出决定之时确定”，不过，如果在作出决定和等待移交期间，被请求引渡人被首次承认为被请求方国民，被请求方可将其视为本国国民而有权拒绝引渡。《中华人民共和国和立陶宛共和国引渡条约》第 3 条第 1 项规定，“在就引渡作出决定时，被请求引渡人为被请求方国民”，不予引渡。三是以被请求国收到引渡请求时为准。例如，《中华人民共和国和阿塞拜疆共和国引渡条约》第 3 条第 4 项规定，“在被请求方收到引渡请求时，被请求

① 参见［日］森下忠著，阮齐林译：《国际刑法入门》，中国人民公安大学出版社 2004 年版，第 158～160 页。

引渡人是被请求方国民”，应当拒绝引渡。①

（2）特定犯罪不引渡。根据有关国际条约和许多国家国内法的规定，对于以特定犯罪提出的引渡请求，被请求国应当拒绝引渡该引渡对象。从目前国际惯例看，这类犯罪包括政治犯罪、军事犯罪、财税犯罪。

其一，政治犯罪不引渡。政治犯罪（Political Offence）不引渡，是从19世纪初以来被逐渐认可的一条拒绝引渡的原则。贯彻这一原则，必须首先澄清何为“政治犯罪”。对此历来看法不一。英国国际法学者奥本海在《国际法》一书中对政治犯罪给予明显定义表示悲观。② 日本学者岛田征夫认为：“所谓政治犯，是指犯有政治罪的人。所谓政治犯罪，一般是指以变更特定国家的政治形态为目的的犯罪。政治犯罪，一般分为纯粹的政治犯罪和相对的政治犯罪。纯粹的政治犯罪是指阴谋革命和组织非法的政治结社等专门侵害政治秩序的行为；相对的政治犯罪是指犯有与侵害政治秩序有关的普通犯罪，它又分为复合罪和结合罪两种：前者如为推翻君主制而暗杀君主的情况，只有一个行为，却同时构成政治罪和普通罪；后者如参加革命暴动、进行放火等情况，有两个以上的行为，分别构成政治罪和普通罪。这种相对的政治罪，如果普通罪因素超过政治罪因素，就要进行罪犯的引渡，反之，则适用政治犯不引渡原则。”③ 日本学者森下忠在《国际刑法入门》中则提及，现有学说一般把政治犯罪分为四个种类：一是绝对的

① 从目前有关引渡合作的国际实践看，也存在着一些滥用本国国民不引渡原则的情况。例如，意大利公民Zorzi涉嫌策划1969年12月12日在意大利米兰喷泉广场附近的国家农业银行中央大厅内发生的爆炸案。该案中有17人死亡，88人受伤。随后，Zorzi移居日本并于1989年加入日本国籍，更名为Hagen Roi。意大利司法机关于1997年对其发出逮捕令，2000年3月向日本正式提出引渡请求，日本主管机关以本国国民不引渡为由拒绝其请求。再如轰动一时的秘鲁前总统藤森案。藤森于2000年11月利用出国参加会议之机，突然改道日本并宣布辞去总统职务。2001年秘鲁司法机关以渎职罪对藤森发出国际通缉令，2003年7月以谋杀罪等罪名向日本提出引渡请求，日本政府以不允许引渡本国国民为由拒绝引渡藤森。但实际上，藤森本人一直坚持其秘鲁国籍，并试图参加新一届秘鲁总统大选，而日本并不承认双重国籍，因而藤森在法律上已经丧失了日本国籍。引自黄风等著：《国际刑法学》，中国人民大学出版社2007年版，第219页。

② 奥本海说：“关于‘政治犯’的概念，一直到现在，对这个名词规定一个满意的概念的一切尝试都失败了，而且事理也许永远排斥找出一个满意的概念或定义的可能，这种困难的原因在于所谓的‘相对政治罪’或复合罪——即一个事件。”参见［英］劳特派特修订，王铁崖等译：《奥本海国际法》（第1卷，第2分册），中国人民外交学会编译委员会1954年出版，第208页。

③ ［日］寺泽一、山本草二主编，丁全等译：《国际法基础》，中国人民大学出版社1983年版，第332～333页。李万熙著的《引渡与国际法》中也采取同样观点。参见［韩］李万熙著，马相哲译：《引渡与国际法》，法律出版社2002年版，第206～207页。

政治犯罪，如内乱罪、外患罪、间谍罪、危害国家安全为内容的犯罪，又称为纯粹的政治犯罪；二是混合的政治犯罪，即在政治动机支配下侵害个人法益的犯罪，是绝对的政治犯罪和普通犯罪混合在一起的犯罪；三是与政治有关的犯罪或相关联犯罪，即直接实行绝对的政治犯罪或混合的政治犯罪，或者为实行该类犯罪创造便利条件或为了包庇这些犯罪的人而构成的犯罪，如在政治动乱中实施抢劫、抢夺军械库的枪支弹药的行为，属于有关联性的政治犯罪；四是相对的政治犯罪，即在政治性质为主导的状态下实施的普通刑事犯罪，也有把它定义为与政治行为有机结合在一起的普通刑事犯罪，如为筹集革命活动经费而抢劫银行。①

从目前的国际实践看，各国逐渐形成共识，即将某些原来认为是政治性质的犯罪排除于政治犯罪之外，主要表现在三个方面：（1）“行刺条款”的规定。这一规定的形成起源于1856年的一起刺杀事件。两名法国人在比利时准备炸毁法国皇帝拿破仑三世乘坐的列车，但是未遂。法国政府要求比利时政府引渡二人，但是，比利时政府以政治犯不引渡为由，拒绝将二人引渡给法国。后来比利时害怕法国对其开战，于同年在其引渡法中增加了“行刺条款”，即杀害外国元首及其家庭成员，不论既遂或未遂，都不得视为政治罪行。② 该条款后来逐渐被各国所接受。到1935年，在欧洲、美洲和亚洲国家之间签订的近50个双边引渡条约中都规定了这个条款。1957年《欧洲引渡公约》第3条第3款规定：“为本公约之目的，剥夺或企图剥夺国家元首或其家庭成员的生命，不得被视为政治犯罪。”1973年12月联合国大会通过的《关于防止和惩处侵害应受国际保护人员包括外交代表的罪行的公约》也确认了“行刺条款”。（2）恐怖主义行为。将恐怖主义行为从政治犯罪中排除，始于19世纪末。例如，1977年1月27日订于斯特拉斯堡的《惩治恐怖主义的欧洲公约》即将恐怖主义行为排除于政治犯罪之外。1999年12月9日联合国第54届大会通过的《消除国际恐怖主义的措施》第3条也重申，“为了政治目的而企图或蓄意在一般公众、某一群人或特定的人之中引起恐怖状态的犯罪行为，不论引用何种政治、思想、意识形态、种族、人种、宗教或其他性质的考虑作为理由，在任何情况下都是无可辩护的”。（3）国际犯罪行为。第二次世界大战后，通过纽伦堡审判和东京审判，国际法理论和实践上把破坏和平罪、战争罪和反人类罪排除于政治犯罪之外。此后一些多边国际条约亦作出相应规定。

我国《引渡法》中对何为“政治犯罪”并没有作出规定，也没有就政治犯

① 参见［日］森下忠著，阮齐林译：《国际刑法入门》，中国人民公安大学出版社2004年版，第154页。

② 引自林欣、李琼英著：《国际刑法新论》，中国人民公安大学出版社2005年版，第240页。

罪例外情形予以列举。对此，考虑到我国已经加入的国际公约和双边条约，实际上，也将上述“刺杀条款”、国际罪行、恐怖罪行等排除于“政治犯罪”之外。例如，《中华人民共和国和泰王国引渡条约》第3条第1项规定，政治犯罪不应包括谋杀或企图谋杀国家元首、政府首脑或其家庭成员。《中华人民共和国和西班牙王国引渡条约》第3条第1项规定，被请求方认为引渡请求所针对的犯罪是政治犯罪，为此目的，恐怖主义犯罪和双方均为缔约国的国际公约不认为是政治犯罪的行为均不视为政治犯罪。《中华人民共和国和巴西联邦共和国引渡条约》第3条第2款规定，被请求方认为引渡请求所针对的犯罪是政治犯罪，为此目的，双方均为缔约国的国际公约不视为政治犯罪的罪行在任何情况下均不被认为是政治犯罪。

其二，军事犯罪不引渡。军事犯罪不引渡为国际刑事司法合作所普遍接受，其根据在于：军事犯罪仅是针对该国的军事或国防利益，具有明显狭隘的国家局限性，而且各国对军事犯罪的审理是由专门的军事司法机构进行，犯罪嫌疑人、被告人或被判刑人正常的诉讼权利或待遇可能受到一定限制。有关引渡的国际条约一般将军事犯罪排除于引渡合作范围之外，但是仅限于纯粹的军事犯罪，即违反特定军事义务的犯罪，如果同时构成普通犯罪的，则被排除于不得引渡之军事犯罪之外。联合国《引渡示范条约》第3条第3项规定，作为请求引渡原因的犯罪行为系军法范围内的罪行，而并非普通刑法范围内的罪行，不得准予引渡。

我国《引渡法》第8条第5项也规定，“根据中华人民共和国或者请求国法律，引渡请求所指的犯罪纯属军事犯罪的”，应当拒绝引渡。该项中“纯属军事犯罪”，即某一犯罪仅具有军事性质、军事特点或军事原因，且不含有任何普通犯罪的要素，如军人违抗命令、投降、逃避军事服役义务、遗弃武器装备、战时临阵脱逃等，而诸如战时残害居民、掠夺居民财物、虐待俘虏等犯罪则不在“纯属军事犯罪”之限。我国与一些国家签订的双边引渡条约中也反映了同样旨趣。例如，《中华人民共和国和突尼斯共和国引渡条约》第3条即规定，“纯粹的军事犯罪”不予引渡。

其三，财税犯罪不引渡。财税犯罪不引渡，是指涉及税收、海关监管、金融等有关国家和经济管理领域的犯罪，不予引渡的情形。传统理论认为，财税犯罪侵犯的是犯罪行为实施地国家经贸管制秩序，而这种秩序与政治管制秩序一样，是为了维护狭隘的国家利益，而不具有普遍的社会危害性，[1] 而且财税犯罪在认定时需要以经济性行政法规为依据，甚至通过经济性法律直接予以规定，而这些法律法规的适用往往偏离刑事法律的基本原则，且具有较大的行政随意性，因而应当把财税犯罪与普通犯罪区分开来。[2] 1957 年《欧洲引渡公约》第 5 条（财税犯罪）即规定："对于有关税收、税务、关税和汇兑方面的犯罪，只有在缔约方就上述任何犯罪或上述种类的犯罪同意引渡的情况下，才能根据本公约的规定准予引渡。"但是随着国家对财政经济秩序的管理与民生、社会福利日益紧密，而财税犯罪往往会涉及其他严重破坏社会秩序的犯罪，并向有组织犯罪方向发展，因而打击财税犯罪逐渐成为国际刑事司法合作的内容之一，国际条约中则将财税犯罪排除于不得引渡的犯罪之外。1978 年 3 月 17 日订于斯特拉斯堡的《欧洲引渡公约第二附加议定书》第 2 条对《欧洲引渡公约》第 5 条进行了修改："一、对于有关税收、税务、关税和汇兑方面的犯罪，如果根据被请求方法律，请求引渡所针对的犯罪相当于公约中的某同类犯罪，应根据公约的规定准予在缔约方间引渡。二、不得因被请求成员国法律与请求成员国法律相比，未规定征收相同类型的税，或未包含相同类型的税收、税务、关税或汇兑法规，拒绝引渡。"2000 年《联合国打击跨国有组织犯罪公约》第 16 条第 15 款规定："缔约国不得仅以犯罪也被视为涉及财政事项为由而拒绝引渡。"2003 年《联合国反腐败公约》第 44 条第 16 款也作了内容相同的规定。

我国《引渡法》中没有将财税犯罪明确规定为拒绝引渡的事由，在个别双边引渡条约中对此进行了明文规定。例如，《中华人民共和国和罗马尼亚引渡公约》第 2 条将财税犯罪作为可引渡的犯罪，并规定："就财税犯罪而言，被请求方不得以其法律未规定与请求方法律同类的捐税或关税，或者无同样的有关捐税、关税、海关或货币汇兑的法规为由拒绝引渡。"

（3）死刑犯不引渡。死刑犯不引渡是第二次世界大战后逐渐形成确立的一条不予引渡的原则，[3] 其背景是人权理念的发展以及由此形成的废除死刑运动的影

---

① 贝卡里亚在《论犯罪与刑罚》中曾说过，"走私是地地道道的侵犯君主和国家的犯罪"；"人们看不出走私对自己有什么损害，甚至还经常从中受惠，人们只看到给君主造成的损害，所以也就不像对待盗窃私人财物、伪造笔迹和其他一些他们可能遇到的坏事那样，重视取消对走私者的敬重。"见［意］贝卡里亚著，黄风译：《论犯罪与刑罚》，中国大百科全书出版社 1993 年版，第 80 页。

② 参见黄风等著：《国际刑法学》，中国人民大学出版社 2007 年版，第 229 页。

③ 在历史上，可能被判处死刑的罪犯都是可以引渡的。例如，英国与法国之间发生的默尼埃案，在引渡前，法国法院曾对默尼埃作出缺席判决并宣告死刑，默尼埃被引渡后被执行了死刑。引自赵秉志主编：《新编国际刑法学》，中国人民大学出版社 2004 年版，第 385 页。

响。在一些国际多边和双边条约中都明确规定了具有该项内容的条款。例如，1957 年《欧洲引渡公约》第 11 条（死刑）规定：“如果按照请求方法律，引渡请求所针对的犯罪可受到死刑处罚，并且就该项犯罪而言，被请求方法律未规定死刑或通常不执行死刑，则可拒绝引渡，除非请求方作出使被请求方认为足够的有关不执行死刑的保证。”联合国《引渡示范条约》第 4 条第 4 项将之作为酌情拒绝引渡的事项，即规定：“按请求国的法律作为请求引渡原因的罪行应判处死刑，除非该国作出被请求国认为是充分的保证，表示不会判处死刑，或即使判处死刑，也不会予以执行。”1983 年《美国与意大利引渡条约》规定，根据请求方的法律，要求引渡的罪行可处以死刑，但是被请求方的法律对此项罪行没有这样的规定，则引渡应被拒绝，除非请求方作出保证，不判处死刑，或者判处死刑但不执行。①

我国《引渡法》中没有规定死刑不引渡的内容。作为保留死刑的国家，我国对外请求引渡时，死刑不引渡原则即形成相当大的障碍。《中华人民共和国和西班牙王国引渡条约》中首次规定了死刑不引渡的内容，即：“根据请求方法律，被请求引渡人可能因引渡请求所针对的犯罪被判处死刑，除非请求方作出被请求方认为足够的保证不判处死刑，或者在判处死刑的情况下不执行死刑。”对于与其他国家的引渡，如果涉及死刑问题，则可根据《引渡法》第 50 条的规定，② 考虑作出不适用死刑的承诺，以避免由此产生法律上的障碍。③

（4）酷刑不引渡。酷刑不引渡，是指不得将逃犯引渡至有遭受酷刑风险的国

---

① 例如，1988 年在荷兰与美国之间发生的肖特案。肖特是美军驻荷兰军事基地的一名军士。1988 年 3 月，他因杀死妻子而被荷兰当局逮捕。美国政府向荷兰政府提出将他引渡回国受审，而在美国，他可能被处以死刑。该案交由海牙地方法院审查。1988 年 5 月 9 日，该法院签发命令，要求荷兰政府与美国政府谈判，以得到美国方面不执行死刑的保证。在谈判中，美国认为，根据《北大西洋公约缔约国关于其军队地位的协定》的规定，美国对肖特有行使管辖权的优先权，并拒绝对不执行死刑判决作出保证。当荷兰政府准备将肖特移交美国当局时，肖特再次向海牙地方法院提出请求，该法院院长再次签发命令，不得将他移交给美国当局。荷兰政府而后向上诉法院提出上诉，上诉法院裁定荷兰政府胜诉。最终，肖特向荷兰最高法院上诉。荷兰最高法院认为，荷兰作为废除死刑的《欧洲人权公约第六议定书》的成员国，有义务遵守该公约而拒绝引渡，并最终裁定：在美国不提出不判处死刑或者判处死刑不被执行的书面保证的情况下，不得将肖特引渡给美国当局。引自林欣、李琼英著：《国际刑法新论》，中国人民公安大学出版社 2005 年版，第 252 ~ 253 页。

② 该条规定：“被请求国就准予引渡附加条件的，对于不损害中华人民共和国主权、国家利益、公共利益的，可以由外交部代表中华人民共和国政府向被请求国作出承诺。对于限制追诉的承诺，由最高人民检察院决定；对于量刑的承诺，由最高人民法院决定。在对被引渡人追究刑事责任时，司法机关应当受所作出的承诺的约束。”

③ 参见黄风等著：《国际刑法学》，中国人民大学出版社 2007 年版，第 233 页。

家。1984 年 12 月 10 日联合国《禁止酷刑和其他残忍、不人道或有辱人格的待遇或处罚公约》第 3 条规定：“1. 如有充分理由相信任何人在另一国家将有遭受酷刑的危险时，任何缔约国不得将该人驱逐、推回或引渡至该国。2. 为了确定是否有这样的根据，有关当局应该考虑到所有有关的因素，包括在适当情况下，考虑在有关国家内是否存在一贯严重、公然、大规模地侵犯人权的情况。”关于酷刑的定义，该公约第 1 条第 1 款规定，“‘酷刑’系指为了向某人或第三者取得情报或供状，为了他或第三者所作或被怀疑所作的行为对他加以处罚，或为了恐吓或威胁他或第三者，或为了基于任何一种歧视的任何理由，蓄意使某人在肉体或精神上遭受剧烈疼痛或痛苦的任何行为，而这种疼痛或痛苦又是在公职人员或以官方身份行使职权的其他人所造成或在其唆使、同意或默许下造成的。纯因法律制裁而引起或法律制裁所固有或随附的疼痛或痛苦则不包括在内。”

我国《引渡法》第 8 条第 7 项规定，“被请求引渡人在请求国曾经遭受或者可能遭受酷刑或者其他残忍、不人道或者有辱人格的待遇或者处罚的”，应当拒绝引渡。

（5）基于人权保护条款而拒绝引渡。人权保护条款，又称为差别条款（Discrimination Clause），是指引渡请求的对象因为其种族、宗教、国籍、政治见解等原因，被请求国追诉，在刑事程序方面遭受不利，或者有足够重大的理由确信在刑事制裁上会遭受加重处罚之时，规定被请求国拒绝协助请求的条款。[①] 因种族等原因而进行刑事追诉，被称为“不正当的追诉目的”，在有的国家引渡法（如英国）中被称为“非分考虑（Extraneous Consideration）”。[②] 人权保护条款包括两种情形：一是被请求引渡人可能因其种族、宗教、国籍、性别、政治见解乃至身份等方面的原因而被提起刑事诉讼或执行刑罚；二是被请求引渡人在司法程序中可能因为宗教等原因而受到不公正待遇。

我国《引渡法》第 8 条第 4 项也规定，“被请求引渡人可能因其种族、宗教、国籍、性别、政治见解或者身份等方面的原因而被提起刑事诉讼或者执行刑罚，或者被请求引渡人在司法程序中可能由于上述原因受到不公正待遇的”，应当拒绝引渡。

（6）因时效丧失或赦免而拒绝引渡。犯罪已经逾越时效或者犯罪人被赦免，都是刑罚消灭事由。根据各国的国内法，时效丧失和赦免意味着刑罚权的丧失，有权机关不得再行追诉。因此，在引渡合作中，如果出现已过时效或者犯罪人被赦免的情形，则因该犯罪人丧失可追诉性或可惩罚性而不得再行引渡。联合国

① 参见［日］森下忠著，阮齐林译：《国际刑法入门》，中国人民公安大学出版社 2004 年版，第 156 ~ 157 页。

② 参见黄风等著：《国际刑法学》，中国人民大学出版社 2007 年版，第 225 页。

《引渡示范条约》第3条第5项规定，“根据缔约国任何一方的法律，被要求引渡者因时效已过或大赦等任何原因而可免予起诉和惩罚”，不得准予引渡。不过，对于重大国际罪行，则不应将该事由作为拒绝引渡的理由。例如，1968年11月26日联合国大会通过的《战争及危害人类罪不适用法定时效公约》即规定，对于经联合国大会决议或国际公约确认的战争罪、危害人类罪以及灭绝种族罪，均不适用法定时效，不问犯罪发生在何时均应予以追究；在引渡问题上，不应援引时效理由将这类犯罪排除于国际合作范围之外。

我国《引渡法》第8条第6项规定，“根据中华人民共和国或者请求国法律，在收到引渡请求时，由于犯罪已过追诉时效期限或者被请求引渡人已被赦免等原因，不应当追究被请求引渡人的刑事责任的”，应当拒绝引渡。对于本项中的“赦免”应作广义解释，即应涵盖大赦和特赦，而不仅仅限于我国《宪法》所规定的特赦（第67条第17项和第80条）。刑法时效制度分为两种：追诉时效和行刑时效。我国《刑法》只规定了追诉时效，《引渡法》也只规定了追诉时效。对于一些国家存在行刑时效的情形，在我国与一些国家签订的引渡条约中则有规定。例如，《中华人民共和国和俄罗斯联邦共和国引渡条约》第3条第3项即规定，“在收到引渡请求时，根据被请求的缔约一方法律，由于时效或者其他法律理由不能提起刑事诉讼或者执行判决”，不予以引渡。该条即包括了追诉时效和行刑时效已过的情形。

（7）因缺席审判而拒绝引渡。由于缺席审判在法律和事实上剥夺了被告人的辩护权和其他基本诉讼权利，因而为很多国家所禁止。同样，在一些国际条约和国内法中，将缺席审判作为拒绝引渡的理由，当然因缺席审判而拒绝引渡只限于执行引渡的情形，即请求国根据对被请求引渡人的缺席判决要求将该人引渡回国执行刑罚的情形。联合国《引渡示范条约》第3条第7项规定，“请求国的判决系缺席判决，被定罪的人未获有审判的充分通知，也没有机会安排辩护，没有机会或将不会有机会在其本人出庭的情况下使该案获得重审”，不得准予引渡。

我国《引渡法》第8条第8项规定，“请求国根据缺席判决提出引渡请求的”，应当拒绝引渡，“但请求国承诺在引渡后对被请求引渡人给予在其出庭的情况下进行重新审判机会的除外”。显然，该项规定也只适用于拒绝执行引渡的情形。

（8）以一事不再理为由拒绝引渡。一事不再理原则，又称为一罪不二罚、禁止双重危险规则（Rule Against Double Jeopardy），是指对判决已经发生法律效力的案件，除法律有特别规定之外，对同一犯罪人不得再行追诉或审判。《欧洲引渡公约》第9条（一案不再理）规定：“如果被请求方主管机关已经对被请求引渡人就引渡请求所针对的犯罪作出最终判决，则不得准予引渡。如果被请求方主管机关已就相同犯罪决定不予起诉或终止诉讼，可拒绝引渡。”

我国《引渡法》第 8 条第 2 项规定，“在收到引渡请求时，中华人民共和国的司法机关对于引渡请求所指的犯罪已经作出生效判决，或者已经终止刑事诉讼程序的”，应当拒绝引渡。我国与一些国家签订的引渡条约也体现了这一精神。例如，《中华人民共和国和俄罗斯联邦引渡条约》第 3 条第 4 项规定，“在收到引渡请求前，被请求的缔约一方主管机关已对被请求引渡人就同一犯罪行为作出发生法律效力的判决，或者已经终止有关的刑事诉讼程序”，不予引渡。

2. 相对禁止引渡的事由

相对禁止引渡的事由，又称为酌定拒绝引渡的事由，即在某些情形下，被请求国可酌情决定是否拒绝引渡。如前所述，在本国公民是否拒绝引渡问题上，《欧洲引渡条约》等国际条约将之视为被请求国有权决定的事项，因而在这些公约里，本国公民不引渡是一个相对禁止引渡事由。除此之外，作为相对禁止引渡事由的情形，一般还包括以下两种情形：

（1）被请求国对引渡请求所指犯罪具有管辖权并已准备或正在进行追诉的，可以拒绝引渡。这种情形是指发生刑事管辖权竞合时，被请求国有权拒绝引渡。该事由也是“一事不再理”精神的体现。联合国《引渡示范条约》第 4 条第 6 项规定，“按请求国的法律作为请求引渡原因的罪行被视为系全部或部分在该国境内所犯”，可拒绝引渡；“如被请求国据此拒绝引渡，应在对方提出请求的情况下将此案交由其本国主管当局审理，以便就作为请求引渡原因的罪行对该人采取适当行动”。不过，在某些具体情况下，被请求国可以允许引渡，一般包括：第一，案件的主要事实或主要侵害地发生在请求国内；第二，被请求引渡人是请求国的国民，将其引渡到请求国接受审判和执行刑罚将有助于其在熟悉的环境中接受教育和改造；[①] 第三，案件的主要证据或证人在请求国；第四，请求国曾在类似情况下向被请求国提供过引渡合作或作出承诺；第五，被请求引渡人在请求国还犯有更为严重的罪行。[②]

我国《引渡法》第 9 条第 1 项规定，“中华人民共和国对于引渡请求所指的犯罪具有刑事管辖权，并且对被请求引渡人正在进行刑事诉讼或者准备提起刑事诉讼的”，可以拒绝引渡。

（2）因人道主义考虑而拒绝引渡。在各国刑事法律中一般会规定一些基于人道主义考虑而对刑事追诉、量刑或行刑加以限制的规定。对此，在国际引渡合作中也得以体现。联合国《引渡示范条约》第 4 条第 8 项规定，“被请求国虽考虑

① 例如，《瑞士联邦国际刑事协助法》第 36 条规定：“作为一项例外，可根据特定情况的需要，特别是在有可能使被追究人更好地恢复社会生活时，对被追究人因其在瑞士范围内的犯罪予以引渡。”

② 参见黄风等著：《国际刑法学》，中国人民大学出版社 2007 年版，第 239 页。

到罪行性质和请求国的利益，但认为在该案情况下，鉴于该人的年龄、健康或其他个人具体情况，将该人引渡将不符合人道主义的考虑"，被请求国可拒绝引渡。从实践上看，基于人道主义拒绝引渡，是被请求国在引渡的所有必要条件均已具备并且不存在任何其他排除事由时而使用的拒绝理由。①

我国《引渡法》第 9 条第 2 项规定，"由于被请求引渡人的年龄、健康等原因，根据人道主义原则不宜引渡的"，可以拒绝引渡。在我国与一些国家签订的引渡条约中也体现了这一精神。例如，《中华人民共和国和俄罗斯联邦引渡条约》第 4 条第 2 项规定，"被请求的缔约一方虽然考虑到犯罪的性质和请求的缔约一方利益，但认为在该刑事案件中，由于被请求引渡人的年龄、健康或者其他个人情况，引渡不符合人道主义原则"，可以拒绝引渡。

三、引渡的种类

根据有关引渡的国际条约、国内法以及引渡理论，可以将引渡作不同区分，而不同类型的引渡对应着不同的引渡规则和程序。

（一）主动引渡和被动引渡

从引渡关系中当事国双方的地位出发，可以将引渡分为主动引渡（Active Extradition）和被动引渡（Passive Extradition）：主动引渡，又称向内引渡，是指向外国提出请求，由本国接受被引渡的犯罪人。被动引渡，又称向外引渡，是指根据外国的请求从本国移交出被引渡的犯罪人。在主动引渡的情形下，本国（请求国）根据其国内法和有关条约向外国（被请求国）提出引渡请求，在经过该外国的有关程序之后，只需接受被请求国提供的引渡，除了接受引渡所产生的法律效果外，没有其他特别的困难。② 而被动引渡则要适用一系列引渡原则，如本国公民不引渡等，因而比较复杂。各国关于引渡的国内法也主要是调整被动引渡。我国《引渡法》第 2 章"向中华人民共和国请求引渡"即为被动引渡，其内容包括引渡的条件、提出、审查、为引渡而采取的强制措施、引渡的执行、暂缓引渡和临时引渡、引渡的过境等诸多内容；第 3 章"向外国请求引渡"即为主动引渡，主要内容包括引渡的提出、请求的文书、材料、对被请求国的承诺以及被引渡人和与案件有关财物的接收等。

被动引渡又可区分为提议引渡和应允引渡：提议引渡，是指一国在没有接到

---

① 参见黄风等著：《国际刑法学》，中国人民大学出版社 2007 年版，第 242 页。例如，在皮诺切特引渡案中，皮诺切特的辩护律师提出一系列反对引渡的理由，均被英国法院一一驳回，最后，英国政府以皮诺切特的健康状况不适合引渡到西班牙审判为由而拒绝引渡请求。

② 参见［日］森下忠著，阮齐林译：《国际刑法入门》，中国人民公安大学出版社 2004 年版，第 140 页。

外国引渡请求的情况下自主地提出把逃犯引渡给对其拥有刑事司法管辖权的国家；应允引渡，是指被请求国在接到请求国的引渡请求后，经过审查同意之后进行的引渡活动。提议引渡在各国国内法中十分罕见。意大利《1930 年刑事诉讼法典》曾规定，司法部长有权向外国“提议引渡被告人或被判刑人”。但是意大利《1988 年刑事诉讼法典》则删除了该规定，并在第 700 条规定，引渡的准许只能以请求书以及支持引渡请求的材料为基础。应允引渡则是被动引渡的正常形式，其以对引渡请求依法实行审查和裁断为基本特点，使引渡成为真正的国际合作。[①] 我国《引渡法》也只承认应允引渡。

（二）诉讼引渡和执行引渡

根据被请求引渡人所处的刑事诉讼阶段不同，引渡可以分为诉讼引渡和执行引渡：诉讼引渡针对的是处于侦查、预审或审判阶段的犯罪嫌疑人或被告人；执行引渡针对的是已被判处刑罚或正在服刑的被判刑人。区分诉讼引渡和执行引渡具有重要实践意义，主要反映在对引渡审查内容的不同要求：在诉讼引渡中，被请求国着重审查的是请求国是否已经对被请求引渡人启动了刑事诉讼程序，是否作出了合法拘捕决定，乃至是否已收集一定的证据材料证明该人实施了犯罪；在执行引渡中，被请求国着重审查的是请求国是否已经对被请求引渡人进行了审判并且已判处了刑罚以及该刑罚的执行情况，请求国应提交的最重要的文件即为其主管法院针对被请求引渡人宣告的、已发生法律效力的刑事判决书，并且说明该判决书所科处刑罚的执行情况。此外，对于诉讼引渡而言，可引渡犯罪应当达到一定的严重程度，至少可判处一定期限的监禁性刑罚；对于执行引渡而言，可引渡犯罪应当符合一定的余刑标准，即对于被请求引渡人还需执行一定期限的监禁性刑罚。在实践中，诉讼引渡的情况比较常见，执行引渡的情况则相对较少。[②]

我国与一些国家签订的引渡条约一般在第 1 条明确这两种不同的引渡形式。例如，《中华人民共和国和俄罗斯联邦引渡条约》第 1 条（引渡的义务）规定：“缔约双方有义务按照本条约的规定，根据请求相互引渡在本国境内的人员，以便追究其刑事责任或者执行刑事判决。”再如，《中华人民共和国和巴西联邦共和国引渡条约》第 1 条（引渡义务）规定：“缔约一方有义务根据本条约的规定，应另一方请求，引渡在其境内发现的被另一方通缉的人员，以使对其进行刑

---

① 参见黄风等著：《国际刑法学》，中国人民大学出版社 2007 年版，第 193 页。

② 例如，2003 年 5 月 13 日，瑞士苏黎世州执法机关根据塞尔维亚和黑山共和国驻伯尔尼大使馆向瑞士联邦司法部提出的请求，将一名曾于 1999 年 9 月 30 日因多次犯有强奸罪和性强制罪被塞尔维亚最高法院判处 6 年监禁刑的塞尔维亚逃犯逮捕，瑞士联邦法院和司法部最终将其引渡给塞尔维亚。引自黄风等著：《国际刑法学》，中国人民大学出版社 2007 年版，第 194 页。

事诉讼或执行刑罚。”

（三）特殊形式的引渡

1. 简易引渡

简易引渡，是指在被请求引渡人同意自愿接受引渡的条件下，省略一般的审查程序，快速将该人移交给请求国的引渡形式。《联合国打击跨国有组织犯罪公约》第16条第8款和《联合国反腐败公约》第44条第9款都规定，缔约国应当在符合本国法律的情况下，努力加快引渡程序并简化与之有关的证据要求。

我国《引渡法》对简易引渡并没有规定，但是在一些引渡条约中对此作出了规定。例如，《中华人民共和国和秘鲁共和国引渡条约》第13条（简捷移交）规定：“如果被请求引渡人同意被移交给请求方，被请求方可以在其法律允许的范围内尽快移交该人，而无需任何后续程序。”

2. 附带引渡

附带引渡，是指当请求国所列举的数项犯罪行为中只有一项或数项犯罪行为符合可引渡犯罪的法定条件和标准，而其他次要犯罪行为未达到这些条件和标准时，被请求国在允许对主要犯罪实行引渡的同时，也允许对其他次要犯罪实行引渡。例如，《欧洲引渡公约》第2条第2款规定：“如果引渡请求包含若干不同的犯罪，而每项犯罪根据请求方和被请求方法律均可受到剥夺自由刑或羁押令的处罚，但其中一些犯罪不符合可被判处的处罚在期限方面的条件，被请求方仍有权针对这些犯罪准予引渡。”

我国《引渡法》第7条第2款规定，“对于引渡请求中符合前款第一项规定的多种犯罪，只要其中有一种犯罪符合前款第二项的规定，就可以对上述各种犯罪准予引渡。”我国与一些国家签订的引渡条约也作出了相似规定。例如，《中华人民共和国和俄罗斯联邦引渡条约》第2条第4款规定，如果引渡某人的请求涉及几个行为，每个行为根据缔约双方法律均应处以刑罚，但其中有些行为不符合该条约关于可引渡的犯罪的条件，在该人至少因一个可引渡的行为而被允许引渡时，被请求的缔约一方也可因这些犯罪行为允许引渡该人。从我国《引渡法》和有关引渡条约的规定看，附带引渡既适用于诉讼引渡，也适用于执行引渡。

3. 部分引渡和附条件引渡

部分引渡，是指被请求国只允许针对引渡请求所列举的一部分犯罪行为实行引渡，并且拒绝针对同一请求所列举的另一部分犯罪行为对同一人实行引渡。附条件引渡，是指被请求国在同意引渡的同时要求请求国保证在引渡后作出或不作出某些事项，并以此作为准予引渡的条件，附加条件既可以涉及实体问题，也可以涉及程序问题。[1] 在部分引渡和附条件引渡中，请求国应特别注意特定原则的贯彻，即只能根据引渡请求所列举的并且得到被请求国明确准许的指控对被引渡人进行刑事追诉、定罪量刑或者执行刑罚；请求国必须严格遵守自己向被请求国就对被引渡人的追诉、审判、定罪、量刑或者执行刑罚等事项所作出的承诺。[2]

我国与一些国家签订的引渡条约中有关于部分引渡的内容。例如，《中华人民共和国和南非共和国引渡条约》第 13 条规定，“对于引渡请求的任何完全或部分的拒绝均应说明理由”。该条所指“部分的拒绝”，即指部分引渡的情况。关于附条件引渡，我国《引渡法》第 50 条第 1 款规定：“被请求国就准予引渡附加条件的，对于不损害中华人民共和国主权、国家利益、公共利益的，可以由外交部代表中华人民共和国政府向被请求国作出承诺。对于限制追诉的承诺，由最高人民检察院决定；对于量刑的承诺，由最高人民法院决定。”该条规定显然适用于主动引渡的情形。对于被动引渡的情形，我国主管机关也可以对外国的引渡请求附加一定的条件。

4. 重新引渡

重新引渡，是指对引渡后又逃回被请求国境内的被引渡人，依据再次提出的相同引渡请求，重新开展引渡合作。重新引渡以针对同一人员和同一犯罪行为作为条件，既可以是诉讼引渡，也可以是执行引渡。

我国《引渡法》对重新引渡制度予以确认，其第 41 条规定：“被引渡人在请求国的刑事诉讼终结或者服刑完毕之前逃回中华人民共和国的，可以根据请求国再次提出的相同的引渡请求准予重新引渡，无需请求国提交本章第二节规定的文件和材料。”

5. 暂缓引渡

暂缓引渡，是指被请求国因需要对被请求引渡人在本国进行刑事审判或执行刑罚而推迟向请求国移交该人的制度。暂缓引渡的原因一般是被请求国需要在其境内对被引渡人所犯的其他罪行进行审判或者执行刑罚。暂缓引渡一般可以一直延续到被请求国对被请求引渡人审判或执行刑罚完毕之日。例如，《欧洲引渡公约》第 19 条第 1 款规定，“被请求方在就引渡请求作出决定后，可以暂缓移交被请求引渡人，以便该方就引渡请求所针对的犯罪以外的犯罪对该人进行诉讼，或在该人已被定罪的情况下，以便该人在其境内服刑。”

我国《引渡法》第 42 条规定：“国务院决定准予引渡时，对于中华人民共和国司法机关正在对被请求引渡人由于其他犯罪进行刑事诉讼或者执行刑罚的，可以同时决定暂缓引渡。”我国与一些国家签订的引渡条约都作出了规定。例

---

① 参见黄风等著：《国际刑法学》，中国人民大学出版社 2007 年版，第 200 页。

② 参见黄风等著：《国际刑法学》，中国人民大学出版社 2007 年版，第 200 页。

如，《中华人民共和国和俄罗斯联邦引渡条约》第 13 条第 1 款规定：“如果被请求引渡人在被请求的缔约一方境内因另一犯罪被追究刑事责任或者服刑，被请求的缔约一方可以暂缓引渡直至诉讼终结、服刑期满或者提前释放，并应将此通知请求的缔约一方。”

6. 临时引渡

临时引渡，是暂缓引渡的替代制度，是指在被请求国因引渡请求所指犯罪以外的其他罪行正在对被请求引渡人进行刑事追诉或执行刑罚的情况下，被请求国将被请求引渡人有条件地移交给请求国。例如，《欧洲引渡公约》第 19 条第 2 款规定：“作为暂缓移交的替代方法，被请求方可在与请求方商定的条件下，临时将被请求引渡人移交给请求方。”

我国《引渡法》第 43 条规定：“如果暂缓引渡可能给请求国的刑事诉讼造成严重障碍，在不妨碍中华人民共和国领域内正在进行的刑事诉讼，并且请求国保证在完成有关诉讼程序后立即无条件送回被请求引渡人的情况下，可以根据请求国的请求，临时引渡该人。临时引渡的决定，由国务院征得最高人民法院或者最高人民检察院的同意后作出。”我国与一些国家签订的引渡条约对此也作出了规定。例如，《中华人民共和国和泰王国引渡条约》第 11 条第 2 款规定：“如果认为某人可以引渡，被请求方可以在其法律允许的范围内，根据缔约双方商定的条件，将被请求引渡人临时移交给请求方以便起诉。临时移交后返回被请求方的人，可以根据本条约的规定被最终移交给请求方，以执行判决。”

7. 过境引渡

过境引渡，是一国通过第三国的领域向另一国引渡被请求引渡人的制度。过境引渡分为三种形式：（1）普通过境，即请求国向第三国提出请求，请求途经该国领域解送被引渡人且要在该国境内为引渡而逗留。（2）不经停的航空国境引渡，是指在乘坐民用航空器途经第三国解送被引渡人且无须在该国经停的过境请求。对于这种情况，适用国际法上的“无害通过”原则。被请求过境国允许快速通过，以默许的方式给予合作。（3）紧急着陆情况下的过境引渡，是指原本没有准备在第三国经停的解送被引渡人的民用航空器因意外原因需要在该国着陆停留的请求。在这种情形下，有关国家应当提交有关过境请求。联合国《引渡示范条约》第 15 条（过境）即规定：“1. 若从第三国向一缔约国通过另一缔约国领土引渡某人时，该人被引渡前往的缔约国应请求另一缔约国允许该人从其领土过境。在采用空运并且不计划在另一缔约国领土着陆时，本规定不适用。2. 被请求国一经收到这种请求及其中应载有的资料，即应按照其本国法律规定的程序处理这一请求。被请求国应迅速准许该项请求，除非其基本利益因此将受到损害。3. 过境国应确保有法律规定而可在过境该人时仍予拘押。4. 如发生计划外着陆，被请求允许过境的缔约国可根据押送人员的请求，在收到根据本条第 1 款提出的过境请求之前，将该人拘押48小时。”

我国《引渡法》第二章第7节“引渡的过境”对过境引渡作出了明确规定。第44条规定：“外国之间进行引渡需要经过中华人民共和国领域的，应当按照本法第四条和本章第二节的有关规定提出过境请求。过境采用航空运输并且在中华人民共和国领域内没有着陆计划的，不适用前款规定；但发生计划外着陆的，应当依照前款规定提出过境请求。”第45条规定：“对于外国提出的过境请求，由外交部根据本法的有关规定进行审查，作出准予过境或者拒绝过境的决定。准予过境或者拒绝过境的决定应当由外交部通过与收到请求相同的途径通知请求国。外交部作出准予过境的决定后，应当将该决定及时通知公安部。过境的时间、地点和方式等事宜由公安部决定。”第46条规定：“引渡的过境由过境地的公安机关监督或者协助执行。公安机关可以根据过境请求国的请求，提供临时羁押场所。”

四、引渡的基本原则

（一）双重犯罪原则

双重犯罪（Double Criminality）原则，又称双罚主义，是指引渡请求所指行为依照请求国和被请求国法律均构成犯罪。该原则来源于国家主权原则：一个国家有义务保护在其主权权力之下的人们的安全，只有当某人触犯其刑法时，才将其交付审判和惩罚。同时，现代国家都规定有罪刑法定原则，因而该原则也是罪刑法定原则在国际引渡合作中的具体体现。对于双重犯罪原则，一些国际条约中均予以确认。联合国《引渡示范条约》第2条第1项规定，可引渡的犯罪是指“按照缔约国双方法律规定可予监禁或以其他方式剥夺其自由最长不少于1～2年，或应受到更为严厉惩罚的任何犯罪行为”。

在适用双重犯罪原则时，被请求国进行法律审查时采取的是虚拟审查的方式：假如引渡请求所针对的行为发生在被请求国刑事司法管辖范围内，其是否构成该国法律规定的、应当受到追诉的行为。例如，英国《2003年引渡法》第64条第3款即规定，“假如该行为发生在联合王国领域内，根据联合王国有关地区的法律，该行为构成犯罪”。此外，这种审查是一种形式上的法律审，而非事实审，被请求国主管机关只是根据请求国对关于犯罪事实的书面描述作出自己的决定。①

我国《引渡法》第7条第1款第1项即规定，“引渡请求所指的行为，依照中华人民共和国法律和请求国法律均构成犯罪”才能准予引渡。我国与一些国

① 参见黄风等著：《国际刑法学》，中国人民大学出版社2007年版，第181～182页。

家签订的引渡条约也都重申了这一规定。例如,《中华人民共和国和俄罗斯联邦引渡条约》第2条(可引渡的犯罪)即规定,"可引渡的犯罪"应是"根据缔约双方法律均构成犯罪";该条第3款还规定,"在决定引渡及确定某一行为根据缔约双方法律是否均构成犯罪时,不应因缔约双方法律是否将构成该犯罪的行为归入同一犯罪种类或者使用同一罪名而产生影响。"

(二)特定原则

特定原则(Rule of Speciality),又称专一原则,是指请求国只能针对引渡请求所明确列举的并且得到被请求国引渡准予的特定犯罪对被引渡人实行追诉或者执行刑罚,不得擅自将该人再引渡给任何第三国,而且应当严格遵守其就追诉或量刑问题方面向被请求国作出的承诺。该原则是为了防止请求引渡国以引渡为借口迫害被请求国应给予保护的人。国内法上对特定原则最早作出明文规定的是《1933年比利时引渡法》。1933年《美洲国家间引渡公约》第17条第1、2项规定,引渡一经准许,请求国保证不对该人因在请求引渡以前所犯而未包括在请求书内的普通罪行进行审判或判处罪刑,但如有关方面明白表示同意者不在此限;不对该人在请求引渡以前的政治犯罪,或与政治犯罪有关的罪行进行审判或处罚。1957年《欧洲引渡公约》第14条也规定了特定原则。

我国《引渡法》第14条规定:"请求国请求引渡,应当作出如下保证:(一)请求国不对被引渡人在引渡前实施的其他未准予引渡的犯罪追究刑事责任,也不将该人再引渡给第三国。但经中华人民共和国同意,或者被引渡人在其引渡罪行诉讼终结、服刑期满或者提前释放之日起三十日内没有离开请求国,或者离开后又自愿返回的除外;(二)请求国提出请求后撤销、放弃引渡请求,或者提出引渡请求错误的,由请求国承担因请求引渡对被请求引渡人造成损害的责任。"我国与一些国家签订的引渡条约中也确认了这一原则。

(三)或引渡或起诉原则

或引渡或起诉,作为一项引渡合作原则,要求各缔约国对于国际条约所规定的犯罪在接到另一缔约国提出的关于引渡的请求时必须作出这样的抉择:或者对被请求引渡人实行引渡,或者将其移交本国司法机关进行追诉和审判。该原则为国际刑事合作所普遍认可。《联合国打击跨国有组织犯罪公约》第16条第10款规定,被指控人所在的缔约国如果仅以罪犯系本国国民为由不予引渡,则"有义务在要求引渡的缔约国提出请求时,将该案提交给其主管当局以便起诉,而不得有任何不应有的延误。这些当局应以与根据本国法律针对性质严重的其他任何犯罪所采用的方式相同的方式作出决定和进行诉讼程序。"《联合国反腐败公约》第44条第11款也作出相同内容的规定。

我国《引渡法》没有明确规定这一原则,但是在与一些国家签订的引渡条约中则体现了该原则。例如，《中华人民共和国和俄罗斯联邦引渡条约》第 5 条即规定，在根据该条约规定因本国国民不引渡的情形下，“被请求的缔约一方应根据请求的缔约一方的请求，依照本国法律对该人提起刑事诉讼。”

五、引渡的程序

和现代刑事诉讼模式相同，引渡程序也表现为三方的参加：一方为提出引渡请求的国家，即请求国；一方为被请求引渡人；而被请求国的主管机关是裁判者。引渡的程序主要包括引渡的请求、审查、上诉和申诉、移交以及强制措施程序。

（一）引渡的请求程序

引渡请求的提出途径、内容及所附文件应依照相关引渡条约和被请求国国内法规定进行。在引渡的请求程序中，主要内容是提出引渡请求的途径和引渡请求书及其支持文件。

1. 提出引渡请求的途径

提出引渡请求的途径，也就是引渡合作的联系方式。从引渡合作实践看，主要模式包括外交途径、政府法律事务部门和司法机关直接联系：（1）外交途径模式。例如，联合国《引渡示范条约》第 5 条也建议，“请求书、佐证文件和随后的函件应通过外交渠道在司法部或缔约国指定的任何其他当局之间直接传递”。（2）政府法律事务部门直接联系模式。政府法律事务部门直接联系模式，即省略了经过外交途径模式进行联系的环节，由请求国主管法律事务的政府机关直接向被请求国的相应机关提出引渡请求。在很多国家里，政府法律事务部门即为司法部，因而这种模式又称为“司法部直接通信”。这种模式主要见于欧洲国家。（3）司法机关直接联系模式。司法机关直接联系模式，即在有关国家的刑事司法机关之间相互直接提出引渡请求，而不是通过外交等其他途径。我国《引渡法》第 4 条规定：“中华人民共和国和外国之间的引渡，通过外交途径联系。中华人民共和国外交部为指定的进行引渡的联系机关。引渡条约对联系机关有特别规定的，依照条约规定。”从该条规定看，我国与外国之间的引渡原则上通过外交途径联系，但是双边引渡条约中也有变通的规定。例如，《中华人民共和国和俄罗斯联邦引渡条约》第 6 条（联系途径）即规定：“为实施本条约，缔约双方应通过其指定的主管机关进行联系。在各自指定主管机关前，缔约双方应通过外交途径进行联系。”

2. 引渡请求书及其支持文件

引渡请求书应当采取书面形式提出。联合国《引渡示范条约》第 5 条第 2 款第 1 项即规定，请求书应附有“对所有通缉者尽可能正确的描述，以及任何其他可有助于确定其身份、国籍和地点的资料”，和“确立该罪行的有关法律规定条文，或必要时关于适用于该罪行的有关法律的陈述和关于可对该罪行所施惩罚的陈述”。请求国请求引渡在出具请求书的同时，还应提供支持文件：如果提出诉讼引渡，应当附有逮捕证或相应副本；如果提出执行引渡，应当附有发生法律效力的判决书或裁定书的副本，已经执行部分刑罚的，还应当附有已经执行刑期的证明文件。联合国《引渡示范条约》第 5 条第 2 款第 2 ~ 5 项对此即作出规定。

我国《引渡法》第 11 条对引渡请求书作出规定：“请求国请求引渡应当出具请求书，请求书应当载明：（一）请求机关的名称；（二）被请求引渡人的姓名、性别、年龄、国籍、身份证件的种类及号码、职业、外表特征、住所地和居住地以及其他有助于辨别其身份和查找该人的情况；（三）犯罪事实，包括犯罪的时间、地点、行为、结果等；（四）对犯罪的定罪量刑以及追诉时效方面的法律规定。”该法第 12 条则对引渡请求书的支持文件作出规定：“请求国请求引渡，应当在出具请求书的同时，提供以下材料：（一）为了提起刑事诉讼而请求引渡的，应当附有逮捕证或者其他具有同等效力的文件的副本；为了执行刑罚而请求引渡的，应当附有发生法律效力的判决书或者裁定书的副本，对于已经执行部分刑罚的，还应当附有已经执行刑期的证明；（二）必要的犯罪证据或者证据材料。请求国掌握被请求引渡人照片、指纹以及其他可供确认被请求引渡人的材料的，应当提供。”该法第 13 条还规定：“请求国根据本节提交的引渡请求书或者其他有关文件，应当由请求国的主管机关正式签署或者盖章，并应当附有中文译本或者经中华人民共和国外交部同意使用的其他文字的译本。”

请求方应当依照何种标准向被请求方提供引渡请求的支持文件，对此，目前国际上有三种标准：(1) 表面证据标准，在一些国家也被称为“合理根据”或者“重大嫌疑标准”，即请求方所提供犯罪证据，在没有反驳的情况下，构成将有关人员提交法院审判的充足根据。这一标准多为英美法系国家所采用。① (2) 要求说明存在足够证据标准，其虽不要求提供证据，但要求提供现有证据摘要以及一项根据请求国法律足以证明有理由起诉该人的说明。(3) 零证据标准（No Evidence Standard），即只要求请求方提供对被请求引渡人签发的逮捕令以及有关的案情概要。相比较而言，第一种标准最为严格，第二种标准相对简化，而第三种标准最为简便。一些国家国内法区分不同国家采取不同标准。例如，英国《2003 年引渡法》将引渡合作伙伴分为第一类法域和第二类法域，两类不同法域享有不同待遇。对于第一类法域，只要请求方提供关于被请求引渡人身份和特征情况等信息（information）即可；对于第二类法域，请求方则应当提供有关证据

① 参见林欣、李琼英著：《国际刑法新论》，中国人民公安大学出版社 2005 年版，第 254 ~ 255 页。

(evidence)。澳大利亚、新西兰等国家也采取这种立场。我国与外国签订的引渡条约大多数采取零证据标准，少数引渡条约采取更为严格的证据标准，如我国与泰国、柬埔寨缔结的引渡条约要求诉讼引渡提供证据材料，我国与南非、巴基斯坦、莱索托、纳米比亚缔结的引渡条约则要求提供证据材料摘要或说明。[①]

（二）引渡的审查程序

在请求国提出引渡请求之后，即开始了引渡的审查程序。对引渡请求案件采取行政审查和司法审查的制度，被称为“双重审查制”。各国有关立法中对双重审查制也规定了不同模式，具体包括三种类型：一是“行政审查——司法审查——行政审查”模式，这是最为常见和典型的模式，即先由政府行政机关进行审查，在认为不存在明显的妨碍引渡合作的情形后将案件提交司法审查；司法审查对引渡的可准予性作出认定，而后将案件送回政府行政机关，最后由政府行政机关作出决定，采取这种模式的国家如法国、日本。二是“行政审查——司法审查”模式，即政府行政机关在对外国引渡请求的形式合法性作出确认后将案件移交本国司法机关审查，由后者对是否引渡作出最终决定，采取这种模式的国家如葡萄牙、巴西。三是“司法审查——行政审查”模式，即先由司法机关对外国的引渡请求进行全面审查，再由政府行政机关最后把关并就是否引渡作出最终决定，采取这种模式的国家如英国、美国。

我国《引渡法》采取的模式即为“行政审查——司法审查——行政审查”模式，该法第2章第3节“对引渡请求的审查”规定：

第一阶段行政审查。外交部收到请求国提出的引渡请求后，应当对引渡请求书及其所附文件、材料是否符合该法有关引渡请求的条件和引渡条约的规定进行审查。外交部对请求国提出的引渡请求进行审查，认为不符合该法有关引渡请求的条件和引渡条约的规定的，可以要求请求国在30日内提供补充材料。经请求国请求，这一期限可以延长15日。请求国未在上述期限内提供补充材料的，外交部应当终止该引渡案件。请求国可以对同一犯罪再次提出引渡该人的请求。外交部对请求国提出的引渡请求进行审查，认为符合该法有关引渡请求的条件和引渡条约的规定的，应当将引渡请求书及其所附文件和材料转交最高人民法院、最高人民检察院。

第二阶段司法审查。最高人民法院指定的高级人民法院对请求国提出的引渡请求是否符合该法和引渡条约关于引渡条件等规定进行审查并作出裁定。最高人民法院对高级人民法院作出的裁定进行复核。如果外国提出正式引渡请求前被请求引渡人已经被引渡拘留的，最高人民法院接到引渡请求书及其所附文件和材料

---

① 参见黄风等著：《国际刑法学》，中国人民大学出版社2007年版，第256页。

后，应当将引渡请求书及其所附文件和材料及时转交有关高级人民法院进行审查。如果外国提出正式引渡请求前被请求引渡人未被引渡拘留的，最高人民法院接到引渡请求书及其所附文件和材料后，通知公安部查找被请求引渡人。公安机关查找到被请求引渡人后，应当根据情况对被请求引渡人予以引渡拘留或者引渡监视居住，由公安部通知最高人民法院。最高人民法院接到公安部的通知后，应当及时将引渡请求书及其所附文件和材料转交有关高级人民法院进行审查。公安机关经查找后，确认被请求引渡人不在中华人民共和国境内或者查找不到被请求引渡人的，公安部应当及时通知最高人民法院。最高人民法院接到公安部的通知后，应当及时将查找情况通知外交部，由外交部通知请求国。高级人民法院根据该法和引渡条约关于引渡条件等有关规定，对请求国的引渡请求进行审查，由审判员三人组成合议庭进行。高级人民法院审查引渡案件，应当听取被请求引渡人的陈述及其委托的我国律师的意见。高级人民法院应当在收到最高人民法院转来的引渡请求书之日起 10 日内将引渡请求书副本发送被请求引渡人。被请求引渡人应当在收到之日起 30 日内提出意见。高级人民法院经审查后，应当分别作出以下裁定：“（一）认为请求国的引渡请求符合本法和引渡条约规定的，应当作出符合引渡条件的裁定。如果被请求引渡人具有本法第四十二条规定的暂缓引渡情形的，裁定中应当予以说明；（二）认为请求国的引渡请求不符合本法和引渡条约规定的，应当作出不引渡的裁定。根据请求国的请求，在不影响中华人民共和国领域内正在进行的其他诉讼，不侵害中华人民共和国领域内任何第三人的合法权益的情况下，可以在作出符合引渡条件的裁定的同时，作出移交与案件有关财物的裁定。”高级人民法院作出符合引渡条件或者不引渡的裁定后，应当向被请求引渡人宣读，并在作出裁定之日起 7 日内将裁定书连同有关材料报请最高人民法院复核。被请求引渡人对高级人民法院作出符合引渡条件的裁定不服的，被请求引渡人及其委托的我国律师可以在人民法院向被请求引渡人宣读裁定之日起 10 日内，向最高人民法院提出意见。最高人民法院复核高级人民法院的裁定，应当根据下列情形分别处理：“（一）认为高级人民法院作出的裁定符合本法和引渡条约规定的，应当对高级人民法院的裁定予以核准；（二）认为高级人民法院作出的裁定不符合本法和引渡条约规定的，可以裁定撤销，发回原审人民法院重新审查，也可以直接作出变更的裁定。”最高人民检察院经审查，认为对引渡请求所指的犯罪或者被请求引渡人的其他犯罪，应当由我国司法机关追诉，但尚未提起刑事诉讼的，应当自收到引渡请求书及其所附文件和材料之日起一个月内，将准备提起刑事诉讼的意见分别告知最高人民法院和外交部。最高人民法院作出核准或者变更的裁定后，应当在作出裁定之日起七日内将裁定书送交外交部，并同时送达被请求引渡人。最高人民法院核准或者作出不引渡裁定的，应当立即通知公安机关解除对被请求引渡人采取的强制措施。

第三阶段行政审查。外交部接到最高人民法院不引渡的裁定后，应当及时通知请求国。外交部接到最高人民法院符合引渡条件的裁定后，应当报送国务院决定是否引渡。国务院决定不引渡的，外交部应当及时通知请求国。人民法院应当立即通知公安机关解除对被请求引渡人采取的强制措施。国务院的最终行政审查决定具有最终性，一旦作出即发生法律效力，并且可立即交付执行。

（三）引渡的上诉和申诉

很多国家的引渡法允许被请求引渡人或者提出引渡请求的一方针对司法审查裁决或行政决定提出上诉或申诉。例如，美国的引渡司法审查程序是在刑事诉讼法律中加以调整的。根据美国法律规定，任何受到羁押的人均有权向联邦地区法院申请人身保护令（Writ of Habeas Corpus），而对于联邦地区法院就人身保护令作出的裁决，当事人可以向上级法院提出上诉。

我国《引渡法》并没有规定引渡的上诉和申诉问题，但是该法第28条第1款规定，最高人民法院作出核准或者变更的裁定后，应当在作出裁定之日起7日内将裁定书送交外交部，并同时送达被请求引渡人。可见，该条也从一定程度上对被请求引渡人提供了权利保障措施。

（四）引渡的移交程序

引渡的移交程序包括两个方面，即移交被引渡人和移交与案件有关的财物。

1. 移交被引渡人

当得到被请求国同意引渡的通知后，请求国应立即派人前往接收被引渡人并押解回国。我国《引渡法》第38条规定："引渡由公安机关执行。对于国务院决定准予引渡的，外交部应当及时通知公安部，并通知请求国与公安部约定移交被请求引渡人的时间、地点、方式以及执行引渡有关的其他事宜。"第40条规定："请求国自约定的移交之日起十五日内不接收被请求引渡人的，应当视为自动放弃引渡请求。公安机关应当立即释放被请求引渡人，外交部可以不再受理该国对同一犯罪再次提出的引渡该人的请求。请求国在上述期限内因无法控制的原因不能接收被请求引渡人的，可以申请延长期限，但最长不得超过三十日，也可以根据本法第三十八条的规定重新约定移交事宜。"我国与一些国家签订的引渡条约对移交被引渡人也作了规定。

2. 移交与案件有关的财物

移交与案件有关的财物，有学者也称为"对物的引渡"，[①] 即被请求国将在其国内的、与案件有关的财物移交给请求国。我国《引渡法》第39条规定，对

---

① ［日］森下忠著，阮齐林译：《国际刑法入门》，中国人民公安大学出版社2004年版，第183页。

于准予引渡的，“公安机关应当根据人民法院的裁定，向请求国移交与案件有关的财物。因被请求引渡人死亡、逃脱或者其他原因而无法执行引渡时，也可以向请求国移交上述财物。”我国与一些国家签订的引渡条约对移交与案件有关的财物也作了规定。

（五）引渡的强制措施

和普通刑事诉讼活动一样，为保障引渡的顺利进行，对被引渡人也会采取相应的强制措施。联合国《引渡示范条约》第 9 条规定了暂时逮捕：在紧急情况下，请求国可在提交引渡请求书之前申请暂时逮捕所通缉者；申请应通过国际刑事警察组织的机构以邮电或以书面记录的任何其他方式传递。该条还规定了相关的文件要求和程序。

我国《引渡法》第二章第 4 节规定了“为引渡而采取的强制措施”，具体包括引渡拘留、引渡逮捕和引渡监视居住。引渡拘留由公安机关决定，即：对于外国正式提出引渡请求前，因紧急情况申请对将被请求引渡的人采取羁押措施的，公安机关可以根据外国的申请采取引渡拘留措施。对于通过外交途径提出申请的，外交部应当及时将该申请转送公安部。对于向公安部提出申请的，公安部应当将申请的有关情况通知外交部。公安机关根据该法有关规定对被请求人采取引渡拘留措施，对于向公安部提出申请的，公安部应当将执行情况及时通知对方，对于通过外交途径提出申请的，公安部将执行情况通知外交部，外交部应当及时通知请求国。通过上述途径通知时，对于被请求人已被引渡拘留的，应当同时告知提出正式引渡请求的期限。公安机关采取引渡拘留措施后 30 日内外交部没有收到外国正式引渡请求的，应当撤销引渡拘留，经该外国请求，上述期限可以延长 15 日。引渡逮捕和引渡监视居住由有关高级人民法院决定，即：高级人民法院收到引渡请求书及其所附文件和材料后，对于不采取引渡逮捕措施可能影响引渡正常进行的，应当及时作出引渡逮捕的决定。对被请求引渡人不采取引渡逮捕措施的，应当及时作出引渡监视居住的决定。对于应当引渡逮捕的被请求引渡人，如果患有严重疾病，或者是正在怀孕、哺乳自己婴儿的妇女，可以采取引渡监视居住措施。引渡拘留、引渡逮捕、引渡监视居住均由公安机关执行。采取引渡强制措施的机关应当在采取引渡强制措施后 24 小时内对被采取引渡强制措施的人进行讯问。被采取引渡强制措施的人自被采取引渡强制措施之日起，可以聘请中国律师为其提供法律帮助。公安机关在执行引渡强制措施时，应当告知被采取引渡强制措施的人享有上述权利。国务院作出准予引渡决定后，应当及时通知最高人民法院。如果被请求引渡人尚未被引渡逮捕的，人民法院应当立即决定引渡逮捕。如果外国撤销、放弃引渡请求的，应当立即解除对被请求引渡人采取的引渡强制措施。

第二节　刑事司法协助

一、刑事司法协助的概念

刑事司法协助是在18世纪末作为引渡的附随形式发展起来的，但是大多数国家是在20世纪才开始陆续制定有关刑事司法协助国内立法的。第二次世界大战后，国际范围的刑事司法协助迅速发展，许多国家制定有关刑事司法协助的国内法，并缔结有关刑事司法协助的双边条约，各国也通过缔结包含有刑事司法协助内容的多边条约，以加强国际合作，共同惩罚和预防跨国性和国际性犯罪。联合国也制定了《刑事事件互助示范条约》，以指导国际刑事司法协助的进行。

关于刑事司法协助（Mutual Legal Assistance in Criminal Matters）的定义，有狭义、广义、最广义之分：狭义的刑事司法协助，是指各国之间在询问证人、鉴定人，移交物证，检验证件，送达文书，提供情况，以及办理有关刑事诉讼手续等方面所进行的相互帮助与合作；广义的刑事司法协助，是在狭义的刑事司法协助的基础上增加引渡犯罪人的内容；最广义的刑事司法协助，是指狭义的刑事司法协助、引渡、刑事诉讼的移管，以及外国刑事判决的承认和执行等。作出这一区分的根据在于刑事司法协助具体事项的范围。犯罪人引渡与狭义的司法协助，是最早发展出来的司法协助，因而被称为古典形态之司法互助；由于此类请求国执行侦查或审判之重要任务，被请求国仅提供协助，因而被称为第二次司法协助。外国刑事判决之执行与刑事诉讼的移管是第二次世界大战后新兴之司法协助，因而被称为新形态之司法协助，由于此类司法协助，是由被请求国担任执行或审判的重要任务，因而被称为第一次司法协助。本节采取狭义的刑事司法协助的概念。

我国与一些国家缔结的刑事司法协助条约（协定）大多也采取狭义的刑事司法协助定义。例如，《中华人民共和国政府和美利坚合众国政府关于刑事司法协助的协定》第1条第2款规定，刑事司法协助的适用范围包括：（1）送达文书；（2）获取人员的证言或陈述；（3）提供文件、记录或证据物品的原件、经证明的副本或影印件；（4）获取并提供鉴定结论；（5）安排人员作证或协助调查；（6）查找或辨别人员；（7）执行查询、搜查、冻结和扣押证据的请求；（8）在没收程序中提供协助；（9）移送在押人员以便作证或协助调查；（10）不违背被请求方境内法律的任何其他形式的协助。综合有关刑事司法协助国际条约的规定，可以将刑事司法协助的具体形式归纳为三个方面，即文书送达，调查取证和资产追缴。不过，在有的中外刑事司法协助条约中，刑事司法协助的范围超出了狭义的定义，如《中华人民共和国和希腊共和国关于民事和刑事司法协助的协定》第 28 条规定的刑事司法协助的范围中即包括刑事诉讼的转移。

根据是否允许外国司法人员在本国内进行调查取证等活动，刑事司法协助可以分为积极的刑事司法协助（Active Judicial Assistance in Criminal Matters）和消极的刑事司法协助（Passive Judicial Assistance in Criminal Matters）：前者是指被请求方以其积极的作为向请求方提供便利、帮助或合作，即本国之主管机关应请求为外国的诉讼行为提供协助而从事某种活动；后者是指被请求方以消极的不作为提供协助，即对于外国有关主管机关人员在本国进行诉讼行为的，本国不提出异议。积极的刑事司法协助为各国所认可。在美国等国家还允许消极的刑事司法协助。例如，《美国法典》第 28 编第 1696 条（涉外程序与国际程序中的送达）、第 1781 条（委托书和其他请求的送达）和第 1782 条（对外国司法机关、国际司法机关及其诉讼关系人的协助）即规定了两种司法协助方式，其中第 1782 条 b 即规定，身在美国的人可以按照他所同意的方式，并且可在法院指定以外的人面前，自愿提供证言或供述，或者提供文书以及其他物品。① 中国与一些国家缔结的刑事司法协助条约（协定）也有类似规定。例如，《中华人民共和国和俄罗斯联邦关于民事和刑事司法协助的条约》第 15 条（外交或领事代表机关送达文书和调查取证）规定："派驻在缔约另一方的任何缔约一方的外交或领事代表机关可以向其本国国民送达司法文书和司法外文书，询问当事人或证人，但不得使用强制措施，并不得违反驻在国的法律。"《中华人民共和国和加拿大关于刑事司法协助的条约》第 18 条（外交和领事官员送达文书和调查取证）规定："一方可以通过其派驻在另一方的外交或领事官员向在该另一方境内的本国国民送达文书和调查取证，但不得违反驻在国法律，并不得采取任何强制措施。"

二、刑事司法协助的法律要件

刑事司法协助作为国际刑事合作的一种重要形式，其实施具有以下基本法律要件：

（一）刑事司法协助的义务

各国在开展刑事司法协助时，一般根据相关双边条约及国内法来进行。对于缔结有刑事司法协助条约的国家，履行条约当然是缔约国的义务，并依此义务开展相互司法协助活动。但是，与引渡、刑事判决的承认与执行、刑事诉讼的移管不同，刑事司法协助还可以在没有收到有关请求的情况下由一国向另一国主动提供。例如，《联合国打击跨国有组织犯罪公约》第 18 条（司法协助）第 4 款规

① 参见［日］森下忠著，阮齐林译：《国际刑法入门》，中国人民公安大学出版社 2004 年版，第 198～199 页。

定："缔约国主管当局如认为与刑事事项有关的资料可能有助于另一国主管当局进行或顺利完成调查和刑事诉讼程序，或可促成其根据本公约提出请求，则在不影响本国法律的情况下，可无须事先请求而向该另一国主管当局提供这类资料。"

我国没有统一的规定刑事司法协助的国内法。对于这个问题，我国现行《刑事诉讼法》第 17 条规定："根据中华人民共和国缔结或者参加的国际条约，或者按照互惠原则，我国司法机关和外国司法机关可以相互请求刑事司法协助。"可见，我国在开展刑事司法协助方面仍坚持以条约或者互惠原则为前提，即根据条约或互惠原则来确定进行刑事司法协助的义务。[①]

（二）刑事司法协助的主体

刑事司法协助的主体为相关国家的司法机关。这里的司法机关，应从广义角度去理解，一般是各国在刑事诉讼中依法履行侦查、预审、批准和执行强制措施、审查起诉、审判或刑罚执行职能的机关。例如，《中华人民共和国和罗马尼亚关于民事和刑事司法协助的条约》第 1 条规定，该条约中"主管机关"系指法院、检察院和其他主管民事和刑事案件的机关。

（三）刑事司法协助所指向的犯罪

和引渡条约所规定的一样，在司法协助中可确定可协助的犯罪（即刑事司法协助所指向的犯罪）范围，而且不限于严重的犯罪。在一些国家刑法中区分重罪、轻罪和违警罪的，都可以成为刑事司法协助指向的犯罪。考虑到刑事司法协助贯彻双重犯罪原则，刑事司法协助所指向的犯罪应是协助双方国家都认为是犯罪的行为。同样，根据政治犯罪、军事犯罪不予刑事司法协助的原则，刑事司法协助所指向的犯罪应排除政治犯罪、军事犯罪。

（四）刑事司法协助的拒绝事由

1. 基于对本国国民的保护而不予协助

本国国民不引渡原则体现的精神在刑事司法协助方面也具有一定的影响。一

---

① 在有关司法解释和规范性文件中也重申了该条体现的精神。最高人民法院《关于执行〈中华人民共和国刑事诉讼法〉若干问题的解释》第 325 条第 1 款规定："根据中华人民共和国缔结或者参加的国际条约，或者按照对等互惠原则，我国法院和外国法院可以互相请求，代为一定的诉讼行为。"最高人民检察院《人民检察院刑事诉讼规则》第 437 条规定："人民检察院进行司法协助，有我国参加或者缔结的国际条约规定的，适用该条约规定，但是我国声明保留的条款除外；无相应条约规定的，按照互惠原则通过外交途径办理。"公安部《公安机关办理刑事案件程序规定》第 13 条规定："根据中华人民共和国缔结或参加的国际条约和公安部签订的双边合作协议，或者按照互惠原则，我国公安机关和外国警察机关可以相互请求刑事司法协助和警务合作。"

些国家基于对本国国民的保护而不愿意为外国追诉其国民的诉讼行为提供协助。这种拒绝事由一般需要两个条件：一是请求国的追诉活动针对的是被请求国的国民；二是受到刑事追诉的该国民并不处于请求国境内。一国以此为由拒绝刑事司法协助的目的，主要是为了防止或者限制请求国对被请求国的国民行使过分宽泛的域外刑事司法管辖，以及防止因本国国民在请求国刑事追诉活动中缺席而受到不公正的调查或审判，同时使被请求国有可能对本国国民行使自己的刑事司法管辖权，为此提供一定的法律保障和行动的可能性。[①] 不过，在联合国《刑事事件互助示范条约》以及其他一些包含刑事司法协助的多边条约中，该事由并没有作为拒绝事由而明文加以规定，可见该事由并没有得到广泛一致的认可。

我国与一些国家缔结的刑事司法协助条约（协定）中将其作为拒绝提供司法协助的事由。例如，《中华人民共和国和俄罗斯联邦关于民事和刑事司法协助的条约》第 25 条（刑事司法协助的拒绝）第 2 项规定，“该项请求涉及的嫌疑犯或罪犯是被请求的缔约一方国民，且不在提出请求的缔约一方境内”，被请求的缔约一方可以拒绝提供司法协助。《中华人民共和国和白俄罗斯共和国关于民事和刑事司法协助的条约》第 25 条（刑事司法协助的拒绝）第 2 项也规定，“该项请求涉及的嫌疑犯或被指控犯罪的人是被请求的缔约一方国民，且不在提出请求的缔约一方境内”，被请求的缔约一方可以拒绝提供司法协助。不过，这一事由并非我国与外国缔结刑事司法协助条约中普遍认可的拒绝情形。

2. 政治犯罪、军事犯罪不予协助

在刑事司法协助中，如果指向的犯罪是政治犯罪、军事犯罪，则被请求国可以对相关诉讼行为提供协助。联合国《刑事事件互助示范条约》第 4 条（拒绝协助）第 1 款第 2 项规定，被请求国认为该罪行属政治罪行，可以拒绝协助；第 6 项规定，该行为系军法范围内的罪行，而并非普通刑法范围内的罪行，被请求国可以拒绝提供协助。

我国与一些国家缔结的刑事司法协助条约（协定）中也将协助请求涉及政治犯罪、军事犯罪作为拒绝事由。例如，《中华人民共和国政府和美利坚合众国政府关于刑事司法协助的协定》第 3 条（协助的限制）第 1 款规定，请求涉及的犯罪纯属军事犯罪，涉及政治犯罪，或请求系出于政治动机，被请求方可拒绝提供协助；该条还规定，在作出拒绝协助前，被请求方中央机关应与请求方中央机关协商，考虑可否在其认为必要的条件下给予协助，“如果请求方接受附加条件的协助，则应遵守这些条件”。从该规定看出，如果是军事犯罪、政治犯罪，被请求方可以拒绝，不过被请求方可以提出条件，当请求方接受附加的条件，被请求方可以给予协助。

---

① 参见黄风等著：《国际刑法学》，中国人民大学出版社 2007 年版，第 277 页。

3. 为维护国家主权、安全、公共秩序或者其他基本公共利益而不予协助

如果被请求国认为，请求国提出的协助请求会损害被请求国的主权、安全、公共秩序或者其他基本公共利益，被请求国不予协助。联合国《刑事事件互助示范条约》第 4 条第 1 款第 1 项规定：“被请求国认为如准许该请求，会损害其主权、安全、公共秩序或其他基本的公共利益”，被请求国可以拒绝提供协助。

对于该项拒绝事由，我国也是予以确认和坚持的。最高人民法院《关于执行〈中华人民共和国刑事诉讼法〉若干问题的解释》第 325 条第 2 款规定，“外国法院请求的事项同中华人民共和国的主权、安全或者社会公共利益不相容以及违反中国法律的，应当予以驳回”。最高人民检察院《人民检察院刑事诉讼规则》第 443 条规定，“外国有关机关请求的事项有损中华人民共和国的主权、安全或者社会公共利益以及违反中国法律的，应当不予协助”。我国与一些国家缔结的刑事司法协助条约（协定）也规定了这一拒绝事由。例如，《中华人民共和国政府和法兰西共和国政府关于刑事司法协助的协定》第 3 条第 1 款第 1 项规定，“被请求方认为，执行请求会损害本国主权、安全、公共秩序或者其他根本利益，或者与国内法的基本原则相抵触”，被请求方应当拒绝提供协助。

4. 基于人权保护而不予协助

基于人权保护而不予协助，是指被请求国认为有关的协助请求是基于种族、性别、宗教、国籍或政治见解而对某人进行追诉和处罚的，被请求国不予协助。例如，联合国《刑事事件互助示范条约》第 4 条第 1 款第 3 项规定：“有充分理由相信，提出协助请求是为了某人的种族、性别、宗教、国籍、民族本源或政治见解等原因而欲对其进行起诉，或确信该人的地位会因其中任一原因而受到损害”，被请求国可以拒绝提供协助。

我国与一些国家缔结的刑事司法协助条约（协定）中确认这一不予协助的事由。例如，《中华人民共和国政府和美利坚合众国政府关于刑事司法协助的协定》第 3 条第 1 款第 4 项规定，“有充足理由认为，请求的目的是基于某人的种族、宗教、国籍或政治见解而对该人进行侦查、起诉、处罚或其他诉讼程序”，被请求方可拒绝提供协助。

5. 因一事不再理而不予协助

一事不再理，即禁止双重危险，是进行刑事司法协助的一项基本原则。联合国《刑事事件互助示范条约》第 4 条第 1 款第 4 项规定，“该项请求涉及某项须在被请求国进行侦查或起诉的罪行，或在请求国对该罪行进行起诉将不符合被请求国一事不再理的法律”，被请求国可以拒绝提供协助。

我国与一些国家缔结的刑事司法协助条约（协定）中也将这一原则作为拒绝协助的事由。例如，《中华人民共和国和巴西联邦共和国关于刑事司法协助的条约》也作如此规定，其第 3 条第 1 款第 3 项规定，“被请求方已就请求涉及的

同一犯罪对同一人员作出最终裁决”，被请求方可以拒绝协助。与中巴刑事司法协助条约不同，在《中华人民共和国和哥伦比亚共和国关于刑事司法协助的条约》中，一事不再理的范围及于正在刑事诉讼中的同一事实，该条约第 4 条第 1 款第 4 项规定，“在被请求方境内，对于请求所涉及的被告人或犯罪嫌疑人正在就同一行为进行刑事诉讼，或已作出最终裁决”，被请求方可以拒绝提供协助。《中华人民共和国和西班牙王国关于刑事司法协助的条约》也是如此规定，其第 3 条第 1 款第 5 项规定，“被请求方正在对请求所涉及的同一犯罪嫌疑人或者被告人就同一犯罪进行刑事诉讼，或者已经终止刑事诉讼，或者已经作出终审判决”，被请求方可以拒绝提供协助。

此外，对于请求提供协助的内容与案件缺乏实质性联系的事项，被请求国也可以予以拒绝。例如，《中华人民共和国政府和美利坚合众国政府关于刑事司法协助的协定》第 3 条第 1 款第 7 项规定：“请求提供的协助与案件缺乏实质性联系”，被请求方中央机关可拒绝提供协助。

对于可能适用死刑的案件，也是影响到刑事司法协助的一个问题。在刑事司法协助方面，目前还极少有国际条约或国内立法将可能适用死刑作为拒绝事由，但是从刑事司法协助的实践看，可能适用死刑逐渐成为限制刑事司法协助的一个障碍。① 就我国与一些国家进行刑事司法协助活动而言，当主要证据在国外，我国主管机关向证据所在地提出调查取证的司法协助请求时，被请求国即要求我方承诺不对犯罪嫌疑人或被告人判处死刑作为协助的条件。《中华人民共和国政府和法兰西共和国政府关于刑事司法协助的协定》第 3 条第 1 款第 1 项规定，执行请求“与国内法的基本原则相抵触”，被请求方应当拒绝提供协助。该项内容规定即隐含了对可能适用死刑案件拒绝提供司法协助的情形。②

三、刑事司法协助的原则

作为国际刑事合作的重要内容，各国长期合作实践不断积累并形成了刑事司法协助的原则。上文中已作介绍的政治犯罪、军事犯罪不予协助，为维护国家主权、安全、公共秩序或者其他基本公共利益而不予协助，基于人权保护而不予协助，因一事不再理而不予协助等刑事司法协助的拒绝事由，都被视为刑事司法协

① 例如，法籍摩洛哥人穆萨维因“9·11”恐怖主义袭击活动而在美国受审，为了确定他与参加“9·11”事件劫机者的组织联系，美国司法机关需要从德国等国家调取有关证据材料，因而向德国政府提出刑事司法协助请求。美国向德国提供了一份书面保证，承诺任何由德国提供的有关此案的文件不被用作判处他死刑的依据。2005 年 5 月 3 日，审理该案件的陪审团经过 7 天讨论后最终没有判处穆萨维死刑，而处以终身监禁。引自黄风等著：《国际刑法学》，中国人民大学出版社 2007 年版，第 284 页。

② 参见黄风等著：《国际刑法学》，中国人民大学出版社 2007 年版，第 285 页。

助的原则，在这部分介绍中不再重复。这里着重介绍双重犯罪原则、特定原则在刑事司法协助中的贯彻。

（一）双重犯罪原则

双重犯罪原则是国际刑事司法协助中一项基本原则，即刑事司法协助的请求国和被请求国都将协助所指向的行为规定为犯罪。例如，《联合国打击跨国有组织犯罪公约》第 18 条（司法协助）第 9 项即规定："缔约国可以并非双重犯罪为由拒绝提供本条所规定的司法协助。但是，被请求缔约国可在其认为适当时在其斟酌决定的范围内提供协助，而不论该行为按被请求缔约国本国法律是否构成犯罪。"

我国与一些国家缔结的刑事司法协助条约（协定）也确认了双重犯罪原则，同时也保留了一定的灵活性，即将之作为酌定的拒绝事由加以规定。例如，《中华人民共和国政府和美利坚合众国政府关于刑事司法协助的协定》第 3 条第 1 款第 1 项即规定："请求涉及的行为根据被请求方境内的法律不构成犯罪；但双方可以商定，就某一特定犯罪或特定领域的犯罪提供协助，不论该行为是否根据双方境内的法律均构成犯罪"，被请求方中央机关可拒绝提供协助。

（二）特定原则

刑事司法协助中的特定原则，或特定性原则，即通过刑事司法协助获取的文件或物品只能用于司法协助请求中明确列举的诉讼目的。[①] 例如，《联合国打击跨国有组织犯罪公约》第 18 条第 19 款规定，"未经被请求缔约国事先同意，请求缔约国不得将被请求缔约国提供的资料或证据转交或用于请求书所述以外的侦查、起诉或审判程序"。《联合国反腐败公约》第 46 条第 19 项也作了相同规定。

我国与一些国家缔结的刑事司法协助条约（协定）也规定了该项内容。例如，《中华人民共和国政府和美利坚合众国政府关于刑事司法协助的协定》第 7 条（保密和限制使用）第 3 款规定："未经被请求方中央机关同意，请求方不得为了请求所述案件之外的任何其他目的使用根据本协定提供的任何资料或证据。"同时，该条第 4 款还规定："本协定的任何条款均不妨碍请求方在其宪法或法律基本原则下的义务范围内，在刑事诉讼中使用或披露资料。请求方应将任何此种披露事先通知被请求方。"显然，该条第 4 款规定是第 3 款规定的一个例外。

四、刑事司法协助的一般程序

国际刑事司法协助是一项依照程序进行的国家间的刑事司法合作，这些程序

---

① 参见［日］森下忠著，阮齐林译：《国际刑法入门》，中国人民公安大学出版社 2004 年版，第 204 ~ 206 页。

在不同的多边国际公约和双边刑事司法协助条约（协定）的规定中有所不同。一般而言，刑事司法协助的一般程序应包括以下三个方面：

（一）刑事司法协助的联系方式

刑事司法协助的联系方式，从国际刑事司法协助合作实践看，主要包括三种模式：（1）外交途径模式。即通过请求国和被请求国的外交部或其代表机构传递司法协助请求。这种模式适用于请求国与被请求国之间没有建立司法协助条约（协定）关系的情况下，因而有关协助请求是否符合互惠原则构成被请求国行政审查的主要内容。领事途径也是外交途径的一种，表现为请求国司法机关直接通过本国驻外国的领事官员向被请求国主管机关提出司法协助的请求，这种模式主要用于那些相互之间允许实施领事裁判权制度的国家。[①]（2）中央机关（Central Authority）模式。即有关国家指定一个中央机关，由其负责和有权接收司法协助请求并执行请求或将请求转交主管机关执行。例如，《联合国打击跨国有组织犯罪公约》第 18 条第 13 款规定，“各缔约国均应指定一中心当局，使其负责和有权接收司法协助请求并执行请求或将请求转交主管当局执行。如缔约国有实行单独司法协助制度的特区或者领土，可另指定一个对该特区或者领土具有同样职能的中心当局”。《联合国反腐败公约》第 46 条第 13 项也作了相同规定。（3）直接联系模式。即请求国的司法机关与被请求国的司法机关不经任何中介相互间直接提出和接收司法协助请求。这种模式又区分为两种具体方式：一是由中央主管机关之间直接联系。例如，《打击恐怖主义、分裂主义和极端主义上海公约》第 4 条第 2 款规定：“各方中央主管机关就执行本公约规定的有关事项直接相互联系和协作。”二是由主管司法机关之间相互联系。

我国对外进行刑事司法协助，采取中央机关模式。2005 年 10 月全国人大常委会批准通过《联合国反腐败公约》时，将最高人民检察院作为该公约的刑事司法协助中央机关。[②] 我国与一些国家缔结的刑事司法协助条约（协定）中，大多将司法部规定为中央机关负责联系刑事司法协助事宜，在少数条约中还将最高人民法院、最高人民检察院指定为中央机关。截至 2006 年 6 月的统计，在与外国缔结的 49 项双边司法协助条约（协定）中，指定司法部为我国中央机关的条约（协定）有 36 项；同时指定司法部和最高人民检察院为我国中央机关的条约有 10 项；同时指定司法部和最高人民法院为我国中央机关的条约有 1 项；同时

① 参见黄风等著：《国际刑法学》，中国人民大学出版社 2007 年版，第 289 页。

② 根据香港、澳门两个特别行政区政府要求，我国加入的《联合国反腐败公约》也扩展适用于香港和澳门。香港特别行政区和澳门特别行政区分别指定香港政府律政司和澳门政府法务司为本法域的“中央机关”。

指定司法部、最高人民检察院和最高人民法院为我国中央机关的条约有 2 项。①

关于中央机关刑事司法协助的具体职责问题，我国目前尚没有统一的国内法予以规定。参照《中华人民共和国政府和美利坚合众国政府关于刑事司法协助的协定》的内容，可以大致分为两类：（1）对外联系。包括代表本国司法机关提出和接收司法协助请求；就执行司法协助请求的进度进行相互协商；向请求国通知司法协助的执行结果；就不能提供、推迟提供或者拒绝提供司法协助的理由向请求国作出说明；在特殊情况下，负责就提供司法协助的附加条件进行协商；负责就司法协助中的保密问题进行协商；负责就执行调查取证请求的时间和地点以及被调查人员的权利主张等情况向请求方进行通知或告知；负责将被要求到请求国境内作证或协助调查的人员是否接受该要求的答复通知请求国；代表本国司法机关要求请求方归还在执行司法协助请求时向其提供的任何文件、记录或物品；负责通报有关犯罪所得或犯罪工具的信息以及已采取的相关法律措施；负责为提高执行工作的效率和解决有关争议而进行磋商；负责在因于本国境内执行协助请求而产生的任何程序中为请求方提供代表并承担费用。（2）程序性确认。即中央机关以国家名义对外宣告意见或决定，无论该意见或决定依照国内法是由哪一主管机关拟定。具体包括所有形成于审查和执行活动的意见、要求和答复；在紧急情况下，被请求方中央机关可以决定同意接受特殊形式的司法协助请求；在被请求方无法执行保密要求的情况下，请求方中央机关决定是否应当执行有关的司法协助请求；双方中央机关可以就请求文件的译文问题作出特殊约定；被请求方中央机关就是否同意请求方将由被请求方提供的任何资料或证据用于其他目的作出决定；关于解送在一方被羁押的人员前往另一方作证的请求须获得双方中央机关的同意。此外，司法协助中央机关还担负着对内协调任务，如向国内各主管机关转递材料、通报情况、征询意见、督促执行等。

（二）刑事司法协助的请求

一国当局如果希望得到他国就某一刑事案件诉讼行为的司法协助，首先必须向他国提出司法协助请求。当然，在请求国提出请求前，首先必须确认本国司法当局对于所请求的案件具有刑事管辖权，然后才能提出请求。关于请求书的内容，联合国《刑事事件互助示范条约》第 5 条（请求书之内容）第 1 款规定，要求提供协助的请求书应包含下列内容：（1）请求机构的名称和进行该请求所涉侦查或起诉的主管当局的名称；（2）该项请求的目的和所需协助的简短说明；（3）除请求递送文件的情况外，应叙述据称构成犯罪的事实以及有关法律的陈述或文件；（4）必要的收件人的姓名和地址；（5）请求国希望遵循的任何特定

① 引自黄风等著：《国际刑法学》，中国人民大学出版社 2007 年版，第 293 页。

程序或要求的理由和细节，包括说明是否要求得到经宣誓或证实的证词或陈述；（6）对希望在某一期限内执行有关请求的说明；（7）妥善执行请求所必需的其他资料。关于语言问题，该条第 2 款规定，“依照本公约提出的请求书、佐证文件及其他函件均应附有以被请求国语言或该国可接受的另一种语言提出的译文”。该条第 3 款还规定，如果被请求国认为请求书中载列的资料不足以处理该项请求，它可要求提供补充资料。

我国与一些国家缔结的刑事司法协助条约（协定）对刑事司法协助请求的内容有明确规定。例如，《中华人民共和国政府和美利坚合众国政府关于刑事司法协助的协定》第 4 条“请求的形式和内容”第 1 款规定，请求应包括以下内容：（1）请求所涉及的侦查、起诉或诉讼的主管机关的名称；（2）关于侦查、起诉或诉讼的事项及其性质的说明，包括有关事实的概述、有关法律规定和该事项所涉及的具体刑事犯罪，以及就每项犯罪可能给予的任何处罚；（3）要求提供证据、资料或其他协助的目的和相关性；（4）希望请求得以执行的时限；（5）关于所要求提供的证据、资料或其他协助的说明。该条第 2 款规定，在必要和可能的范围内，请求还应包括：（1）关于任何被取证人员的姓名、性别、国籍、职业和所在地的资料；（2）关于受送达人的姓名、性别、国籍、职业和所在地的资料，以及有关该人与诉讼的关系的资料；（3）关于需要搜查的地点或人员的准确说明；（4）执行有关查询、搜查、冻结和扣押所需要的资料；（5）关于被要求前往请求方境内的人员有权得到的津贴和费用的资料；（6）保密的需要及其理由；（7）关于执行请求时应遵循的特定程序的说明；（8）询问证人的问题单；（9）关于需查找的人员的身份及其下落的资料；（10）有助于执行请求的任何其他资料。该条第 3 款还规定，如果被请求方认为，请求中包括的内容不足以使其处理该请求，被请求方可要求提供补充资料。关于协助的形式问题，该条第 4 款规定，协助请求应以书面形式提出，并由请求方中央机关签署或盖章，除非被请求方中央机关在紧急情况下接受其他形式的请求；在后一种情况后，被请求方应在随后的 15 天内以书面形式确认，但被请求方中央机关另行同意的除外。关于语言的问题，第 5 条规定，根据本协定提出的请求及其辅助文件，应附有被请求方文字的译文，但双方中央机关另有约定的除外。

（三）刑事司法协助的审查与执行

被请求国接到他国（请求国）的协助请求后，首先要就请求国对协助请求所涉及的犯罪是否具有管辖权进行审查；如果确定请求国有管辖权，交由有关主管机关进行审查，以决定提供协助还是予以拒绝。有关主管机关对协助请求进行审查，其内容主要包括三个方面：一是请求的提出是否符合据以提出请求的条约所规定的途径；二是请求事项是否属于有关条约规定的协助范围；三是协助请求中有无拒绝协助的情形，即是否存在刑事司法协助的拒绝事由。[①] 对于符合刑事司法协助条件的，则给予相关协助；对于符合协助条件，但是缺少相关材料的，应当要求请求方补充材料；如果不符合有关条约或被请求国国内法规定的，应当拒绝该协助请求或者要求请求国承诺附加条件。例如，我国最高人民检察院《人民检察院刑事诉讼规则》第 454 条即规定："最高人民检察院收到缔约的外国一方提出的司法协助请求后，应当依据我国法律和有关司法协助条约进行审查。对符合条约规定并且所附材料齐全的，交由有关省、自治区、直辖市人民检察院办理或者指定有关人民检察院办理，或者交由其他有关最高主管机关指定有关机关办理。对不符合条约或者有关法律规定的，应当通过接收请求的途径退回请求方不予执行；对所附材料不齐全的，应当要求请求方予以补充。"

经过审查认为，根据有关条约规定，刑事司法协助请求符合要求的，被请求国主管机关应按照其国内法规定及时提供协助，在某些例外的情形且不违反被请求国法律原则的情况下，也可以适用请求方所要求的形式。这些例外情形包括：（1）调整有关司法协助活动的国际条约对执行程序作出特殊规定。例如，在调取书证材料时使用缔约各方专门约定的表格，在远程视频听证中按照请求国法律规定的程序进行询问。（2）请求方要求在执行中采用该国法律规定的特殊程序，被请求方认为此要求是可以接受的并且在实践中可以操作。例如，在询问证人时要求证人对证言的真实性进行宣誓。[②] 又如，《中华人民共和国和西班牙王国关于刑事司法协助的条约》第 5 条"请求的执行"第 2 款规定："被请求方在不违背本国法律的范围内，可以按照请求方要求的方式执行协助请求。"

我国与一些国家缔结的刑事司法协助条约（协定）对刑事司法协助的执行问题有所规定。例如，《中华人民共和国政府和美利坚合众国政府关于刑事司法协助的协定》第 6 条"请求的执行和推迟执行"即规定："一、被请求方中央机关应迅速执行请求，或者安排通过适当的主管机关执行。被请求方应在其权力范围内尽最大努力执行请求。二、被请求方中央机关应作出一切必要的安排，在被请求方境内因协助请求而产生的任何程序中为请求方提供代表并承担费用。三、协助请求应按照被请求方境内的法律予以执行。在符合被请求方境内的法律的前提下，协助请求应按照请求方所要求的方式予以执行。四、如果被请求方中央机关认为，请求的执行将会影响该方正在进行的刑事侦查、起诉或诉讼，可推迟执行，或在与请求方中央机关磋商后，在认定为必要的条件下予以执行。如果请求方接受附加条件的协助，则应遵守这些条件。五、被请求方中央机关应对请求方中央机关就执行请求的进度所提出的合理要求作出回应。六、被请求方中央机关

① 参见张智辉著：《国际刑法通论》，中国政法大学出版社 1999 年版，第 364 页。

② 参见黄风等著：《国际刑法学》，中国人民大学出版社 2007 年版，第 297 页。

应将执行请求的结果迅速通知请求方中央机关。如果不能提供或推迟提供所请求的协助，被请求方中央机关应将理由通知请求方中央机关。”最高人民检察院《人民检察院刑事诉讼规则》第454～457条对人民检察院执行外国提出刑事司法协助请求问题作了规定：最高人民检察院经过审查，认为符合条约规定并且所附材料齐全的，交由有关省、自治区、直辖市人民检察院办理或者指定有关人民检察院办理，或者交由其他有关最高主管机关指定有关机关办理。有关省、自治区、直辖市人民检察院收到最高人民检察院转交的司法协助请求书和所附材料后，可以直接办理，也可以指定有关的人民检察院办理。负责执行司法协助请求的人民检察院收到司法协助请求书和所附材料后，应即安排执行，并按条约规定的格式和语言文字将执行结果及有关材料报经省、自治区、直辖市人民检察院审查后，报送最高人民检察院。对于不能执行的，应当将司法协助请求书和所附材料，连同不能执行的理由通过省、自治区、直辖市人民检察院报送最高人民检察院。人民检察院因请求书提供的地址不详或材料不齐全难以执行该项请求的，应当立即通过最高人民检察院要求请求方补充提供材料。最高人民检察院应当对执行结果进行审查。凡符合请求要求的，由最高人民检察院转递请求协助的缔约外国一方。

五、刑事司法协助的具体形式

（一）文书送达

通过刑事司法协助途径送达的文书主要包括传唤有关人员（如证人、鉴定人、诉讼当事人等）的通知，拘留或逮捕通知书，起诉书和刑事裁判书。文书送达的方式包括邮寄送达和直接送达两种。

我国与一些国家缔结的刑事司法协助条约（协定）中对送达文书问题作了明确规定。例如，《中华人民共和国政府和美利坚合众国政府关于刑事司法协助的协定》第8条“送达文书”规定：“一、根据请求方的请求，被请求方应尽最大努力送达任何文书，但是对于要求某人作为被告人出庭的文书，被请求方不负有执行送达的义务。二、要求某人在请求方的机关出庭的文书送达请求，请求方应在离预定的出庭日期至少四十五天前转交，除非被请求方同意在紧急情形下在较短期限内转交。三、被请求方在执行送达后，应向请求方出具送达证明。送达证明应包括送达日期、地点和送达方式的说明，并应由送达文书的机关签署或盖章。如果在特定案件中需要改变上述要求，请求方应在请求中予以说明。如果不能执行送达，则应通知请求方，并说明理由。”① 在国内法方面，我国尚缺少有关文书送达的刑事司法协助的规定，但是在最高人民法院、最高人民检察院的司法解释中有所涉及。例如，最高人民法院《关于执行〈中华人民共和国刑事诉讼法〉若干问题的解释》对于有关送达文书事宜作出规定，其内容包括四个方面：（1）向在中国领域外居住的当事人送达诉讼文书的途径，包括，通过外交途径送达；对中国籍当事人，可以委托我国使、领馆代为送达；当事人所在国的法律允许邮寄送达的，可以邮寄送达；当事人所在国与我国有刑事司法协助协定的，按照协定规定的方式送达；当事人是自诉案件的自诉人或者是附带民事诉讼的原告人，有诉讼代理人的，可以由诉讼代理人送达。人民法院与同我国建交国家的法院通过外交途径相互请求送达法律文书的，除该国同我国已有司法协助协定的依协定外，依据互惠原则办理。（2）外国法院通过外交途径请求我国法院向我国公民以及在华的第三国当事人送达有关刑事法律文书，除有司法协助协定以外，按照下列程序处理：“（一）由该国驻华使、领馆将法律文书交外交部领事司转递有关高级人民法院。该高级人民法院经审查后，认为可以代为送达的，应当指定有关中级人民法院送达当事人。请求方附有送达回证的，当事人应当在送达回证上签字；未附送达回证的，由负责送达的中级人民法院出具送达证明。送达回证或者送达证明由高级人民法院通过外交部领事司转递请求方；（二）受送达的当事人享有外交特权与豁免权的，不予送达；不属于人民法院职权范围或者因地址不明及其他原因不能送达的，有关高级人民法院应当注明不能送达的原因，由外交部领事司向请求方说明，予以退回。”外国驻华使、领馆通过外交途径请求我国法院向在华的该国国民送达法律文书，也应适用该程序。（3）人民法院通过外交途径向国外当事人送达法律文书，按照下列程序处理：“（一）请求送达的法律文书必须经高级人民法院审查，由高级人民法院交外交部领事司转递；（二）必须准确注明受送达当事人的外文姓名、性别、年龄、国籍及详细地址，并将该案的基本情况函告外交部领事司；（三）必须附有注明被请求方法院名称的送达请求书。被请求方法院名称不明的，可以请求该当事人所在地区主管法院送达。所送法律文书必须附有被请求方官方通用文字或者该国同意使用的第三国文字译本。如果被请求方对请求书及法律文书有公证、认证等特殊要求，由外交部领事司通知高级人民法院。”（4）人民法院委托我使、领馆向在外国的中

---

① 中国现行法律不允许采取邮寄的方式在中国境内送达外国的司法文书。全国人大常委会在 1991 年 3 月 2 日批准《关于向国外送达民事或商事司法文书和司法外文书公约》的决定中声明，反对采用该公约第 10 条所规定的方式在中国境内进行送达；而该条规定的方式包括“通过邮寄途径直接向身在国外的人交送司法文书。”该声明虽只及于民商事司法文书，但是从其体现的精神看，也当然及于刑事诉讼文书的送达。

国籍当事人送达法律文书，按照下列程序处理：“（一）委托送达的法律文书必须经高级人民法院审查，由高级人民法院交外交部领事司转递；（二）必须准确注明受送达当事人的外文姓名、性别、年龄及详细地址，并将该案的基本情况函告外交部领事司。”

（二）调查取证

国际刑事司法协助中调查取证内容一般包括以下七个方面：

1．查找或辨认有关人员

查找或辨认有关人员（Locating or Identifying of Persons），即根据请求方的请求，采取必要的调查和检测手段确定请求所列人员的行踪和停留处所，或甄别请求所列人员的真实身份，如查找有关的犯罪嫌疑人、被告人、重要证人或其他与刑事案件有关的人员，其手段包括：提供上述人员在被请求国出入境记录、住宿记录、居留处信息、就业或其他活动信息等。为查找或辨认有关人员，请求国应当向被请求国提供有关人员的基本情况、旅行证件信息、照片等一切有助于辨别其身份并且已掌握的个人资料以及关于其行踪的线索。在有些情形下，查找和辨认的对象还包括物品。例如，《中华人民共和国政府和美利坚合众国政府关于刑事司法协助的协定》第 13 条规定：“被请求方应根据请求，尽力查找或辨认请求中所指的人员或物品。为此目的，请求方应提供关于该人或物品在被请求方境内的可能所在地的资料。”《中华人民共和国和大韩民国关于刑事司法协助的条约》第 13 条规定：“被请求方应根据请求，尽力查找请求书中所指人员或物品的下落，辨认有关该人的身份。”

2．传唤证人、鉴定人出庭

传唤证人、鉴定人出庭，即被请求国接受请求国的协助，传唤有关刑事案件的证人、鉴定人到请求国出庭作证。对此，《中华人民共和国政府和法兰西共和国政府关于刑事司法协助的协定》第 10 条第 2 款规定：“请求方应当在不迟于确定的出庭日期六十天前将要求有关人员在其境内出庭的文书转交被请求方。”《中华人民共和国和泰王国关于刑事司法协助的条约》第 10 条第 2 款规定：“要求有关人员在请求方境内出庭的文书送达请求，应当在预定出庭之日前的合理期限内递交给被请求方。”

在被请求国羁押的人（可能是犯罪嫌疑人、被告人或者服刑犯）也可以作为证人到请求国出庭作证。我国与一些国家缔结的刑事司法协助条约（协定）对此也作了规定。例如，《中华人民共和国政府和美利坚合众国政府关于刑事司法协助的协定》第 12 条（移送在押人员以便作证或协助调查）规定：“一、如果为本协定规定的协助的目的而要求羁押在被请求方境内的人前往请求方，在该人及双方中央机关同意的情况下，可为此目的将该人从被请求方移送到请求方。二、如果为本协定规定的协助的目的而要求羁押在请求方境内的人前往被请求方，在该人及双方中央机关同意的情况下，可将该人从请求方移送到被请求方。三、为本条的目的：（一）接收方有义务根据本国法律继续羁押被移送人，但移送方另有授权的除外；（二）接收方应当在被移送人作证或协助调查完毕后或在双方商定的期限内，将被移送人送回移送方；（三）接收方不得要求移送方就被移送人的送回提出引渡程序；并且（四）被移送人在接收方受羁押的时间，应折抵在移送方被判处的服刑期。”

3. 调取书证等材料

调取书证等材料，即被请求方向请求方提供由本国政府机构、司法机关、金融机构以及其他法人、团体或个人保管的文件和其他材料，以此作为有关刑事案件侦查和审判之用。

我国与一些国家缔结的刑事司法协助条约（协定）对此也有规定。例如，《中华人民共和国和西班牙王国关于刑事司法协助的条约》第 8 条（调取证据）规定：“一、被请求方应当根据本国法律并依请求，调取证据并移交给请求方。二、如果请求涉及移交文件或者记录，被请求方可以移交经证明的副本或者影印件；在请求方明示要求移交原件的情况下，被请求方应当尽可能满足此项要求。三、在不违背被请求方法律的前提下，根据本条移交给请求方的文件和其他资料，应当按照请求方要求的形式予以证明，以便使其可以依请求方法律得以接受。四、被请求方在不违背本国法律的范围内，可以同意请求中指明的人员在执行请求时到场，并允许这些人员通过被请求方司法人员向被调取证据的人员提问。为此目的，被请求方应当及时将执行请求的时间和地点通知请求方。”

4. 委托询问证人、被害人或鉴定人

委托询问证人、被害人或鉴定人是一项比较传统的司法协助形式，即请求国委托被请求国对在其境内的有关案件的证人、被害人或鉴定人进行询问。在委托询问证人、被害人或鉴定人的情况下，被请求方一般只能按照请求方的明确要求提出问题和记录回答。联合国《刑事事件示范条约》第 11 条（取证）即规定：“1. 被请求国应按照其本国法律并根据请求，获取有关人员经宣誓或证实的证词或以其他方式获取的供述，或要求他们拿出证据以便转送请求国。2. 经请求国的请求，请求国内有关起诉的当事方、他们的法律代表以及请求国的代表可遵照被请求国的法律和程序，在此程序时到场。”

我国与一些国家缔结的刑事司法协助条约（协定）对此有明确规定。例如，《中华人民共和国政府和美利坚合众国政府关于刑事司法协助的协定》第 9 条（在被请求方调取证据）规定：“一、对于根据本协定要求向其取证的被请求方境内的人，应在必要时，并在符合被请求方境内法律的情况下，强制其出庭并提供证言或出具证据，包括文件、记录或物品。二、被请求方中央机关应根据请求，事先提供依本条取证的时间和地点方面的资料。三、在不违背请求方境内的法律的前提下，被请求方应允许请求中指明的人在执行请求过程中到场，并允许其按照被请求方同意的方式提出问题和进行逐字记录。四、如果第一款提及的人主张，根据请求方境内的法律属无行为能力或享有豁免或特权，仍不妨碍取证的进行，但应将该人的主张告知请求方中央机关，由请求方的机关予以解决。五、在不违背被请求方法律的前提下，根据本条提供的证据应按照请求方要求的形式或附加证明予以转递，以便使其可依请求方法律得以接受。六、如果协助请求涉及转递文件或记录，被请求方可转递经证明的副本或影印件。但在请求方明确要求转递原件的情况下，被请求方应在可能的范围内满足这一要求。”

5. 派员调查取证

派员调查取证，又称为域外取证，即请求国在被请求国的同意下，直接派员到被请求国进行调查活动。我国与外国缔结的刑事司法协助条约（协定）中也有关于这一内容的规定。例如，《中华人民共和国和加拿大关于刑事司法协助的条约》第12条（在被请求方进行的协助）第2款规定：“在被请求方法律不予禁止的范围内，被请求方应准许请求方与调查取证或诉讼有关的司法人员或其他人员在被请求方同意的主管机关根据一项请求进行调查取证或提供其他协助时到场，并按照被请求方同意的方式提问和进行逐字记录。”《中华人民共和国政府和美利坚合众国政府关于刑事司法协助的协定》第9条第3款也规定：“在不违背被请求方境内的法律的前提下，被请求方应允许请求中指明的人在执行请求过程中到场，并允许其按照被请求方的方式提出问题和进行逐字记录。”①

6. 电视电话会议方式取证

电视电话会议方式取证，即请求国司法机关在本国境内，采用现代通信技术包括卫星传送技术，连线被请求国境内的主管机关，对相关刑事案件的证人、鉴定人或有关人员进行询问并听取他们的回答。例如，《联合国打击跨国有组织犯罪公约》第18条第18款即规定：“当在某一缔约国境内的某人需作为证人或鉴定人接受另一缔约国司法当局询问，且该人不可能或不宜到请求国出庭，则前一个缔约国可应该另一缔约国的请求，在可能且符合本国法律基本原则的情况下，允许以电视会议方式进行询问，缔约国可商定由请求缔约国司法当局进行询问且询问时应有被请求缔约国司法当局在场。”《联合国反腐败公约》第46条第18项也作了相同的规定。

我国和外国缔结的刑事司法协助条约（协定）中也有关于该种取证方式的

① 例如，1993年经俄罗斯政府准许，我国派遣侦查小组到俄罗斯境内就北京至莫斯科列车上连续发生的强奸、抢劫案进行侦查，从而成功地破获了这起国际列车线上的犯罪集团案。该案是我国改革开放后第一起域外调查取证案。引自赵永琛：《涉外刑事案件侦查中的几个问题》，载《中国人民公安大学学报》1994年第3期。

规定。例如，《中华人民共和国和西班牙王国关于刑事司法协助的条约》第10条第3款规定：“在可能且不违反任何一方法律规定的情况下，双方可以根据具体情况约定通过视频会议获得证词。”

7. 搜查、扣押和冻结

搜查、扣押和冻结，即被请求国应请求国的要求对在其境内的有关证据材料和物品进行搜查、扣押和冻结，其目的既在于调查取证，同时也是了追缴犯罪所得和收益。适用这一协助方式，应遵循三项基本规则：一是应当严格遵循双重犯罪的原则。[①] 例如，英国《2003年国际刑事合作法》第16～18条即规定，在请求英国司法机关签发搜查令或扣押令的情况下，须符合下列条件：请求国所追诉的犯罪行为，假如发生在英国，构成“严重的可逮捕犯罪”或者“可判处监禁刑的犯罪”。二是请求方应当提供必要的材料以证明有必要采取有关的强制措施。例如，《联合国反腐败公约》第54条第2款规定，关于冻结或扣押的司法协助请求“须提供合理的根据，使被请求缔约国相信有充足理由采取这种行动”。三是应保护善意第三方的权利。联合国《刑事事件互助示范条约》第17条（搜查和查封）即规定：“被请求国应在其法律允许范围内，执行有关搜查和查封以及将任何材料送交请求国作为证据的请求，但需善意第三方的权利受到保护。”《中华人民共和国政府和美利坚合众国政府关于刑事司法协助的协定》第14条“查询、搜查、冻结和扣押”第4款也规定：“被请求方中央机关可要求请求方同意其为了保护第三人对于被移交物品的利益而提出的必要条件。”

我国与一些国家缔结的刑事司法协助条约（协定）中对此协助事项作出规定。例如，《中华人民共和国和加拿大关于刑事司法协助的条约》第17条（赃款赃物）第1、2款规定：“一、一方可以根据请求，尽力确定因发生在另一方境内的犯罪而产生的赃款赃物是否在其境内，并将调查结果通知该另一方。为此，请求方应向被请求方提供据以确认赃款赃物在被请求方境内的情况和资料。二、被请求方一旦发现前款所述赃款赃物，则应采取其法律所允许的措施对赃款赃物予以冻结、扣押或没收。”

（三）资产追缴与返还

资产追缴与返还，是指通过一定的民事和刑事没收措施并通过民事和刑事诉讼，将被转往他国的犯罪所得予以追回并按照一定规则予以返还和没收。根据《联合国反腐败公约》的规定，资产追缴与返还的方式主要有“直接追回财产”和“通过没收事宜的国际合作追回资产”两大途径：前者是指财产受害人依照财产所在地国法律，直接向该国司法机关提出主张和请求，追回其被侵犯的合法

① 参见黄风等著：《国际刑法学》，中国人民大学出版社2007年版，第311页。

财产，具体措施包括三种类型，即提起民事诉讼、刑事诉讼和简易返还。对于后者，通过国际合作采取刑事没收或者民事没收的方式来追缴犯罪所得及收益。

我国与一些国家缔结的刑事司法协助条约协定中有关于没收程序的协助问题的规定。例如，《中华人民共和国和西班牙王国关于刑事司法协助的条约》第15条（犯罪所得和犯罪工具的没收）规定，“一、被请求方应当根据请求，努力确定犯罪所得或者犯罪工具是否位于其境内，并且应当将调查结果通知请求方。二、如果根据本条第一款，涉嫌的犯罪所得或者犯罪工具已被找到，被请求方应当根据请求，按照本国法律采取措施冻结、扣押和没收这些财产。三、在本国法律允许的范围内及双方商定的条件下，被请求方可以根据请求方的请求，将上述的犯罪所得或者犯罪工具的全部或者部分或者出售有关资产的所得移交给请求方”。《中华人民共和国政府和美利坚合众国政府关于刑事司法协助的协定》第16条（没收程序的协助）规定：“一、如果一方中央机关获悉，犯罪所得或犯罪工具处于另一方境内，并可能是可没收的或可予以扣押，前一方应将此情况通知该另一方中央机关。如果该另一方对此有管辖权，则可将此情况通知其主管机关，以便确定采取行动是否适当。上述主管机关应根据其本国境内的法律作出决定，并通过其中央机关向前一方通报所采取的行动。二、双方在各自法律许可的范围内，应在没收犯罪所得和犯罪工具的程序中相互协助。其中可包括在等候进一步程序前为临时冻结、扣押犯罪所得或犯罪工具所采取的行动。三、收管犯罪所得或犯罪工具的一方应依其本国法律，处置这些犯罪所得或犯罪工具。在其法律允许的范围内及双方商定的条件下，一方可将上述犯罪所得或犯罪工具的全部或部分或出售有关资产的所得移交给另一方。四、在适用本条时，被请求方和任何第三人对这些财物的合法权利应依被请求方法律受到尊重。”①

第三节　被判刑人移管

一、被判刑人移管概述

被判刑人移管，又称被判刑人移交、被判刑人转移或被判刑人迁移，是指一国将在本国境内被判处自由刑的犯罪人移交其他国家执行刑罚。被判刑人移管是执行外国刑事判决中最重要的一种形式。这种国际刑事合作形式起步于国家之间被判刑人移管的双边条约，如1972年2月3日丹麦与西班牙缔结的《被判刑人

① 例如，中国银行广东省开平支行余振东等贪污案中，余振东向美国旧金山银行账户非法转移了355万美元。美国执法机关根据中方的刑事司法协助请求加以扣押后，经过民事没收程序被美国司法部予以没收，并于2003年9月返还中方。

移管公约》。1975 年联合国预防犯罪和罪犯待遇大会通过决议要求创立外国囚犯回国籍国服刑的制度。受该决议推动，一些国家之间缔结了相关的双边条约或多边条约，如 1978 年前苏联和一些东欧国家缔结了《关于以在被判刑人国籍国执行刑罚为目的的被判刑人移管公约》。欧洲共同体国家、美国和加拿大共同于 1983 年 3 月 21 日通过了欧洲《移管被判刑人公约》（1985 年 7 月 1 日生效）。[①] 1985 年第七届联合国预防犯罪和罪犯待遇大会制定了《关于移管外国囚犯的模式协定》。1990 年联合国大会第 45 次会议上通过了《有条件判刑或有条件释放罪犯转移监督示范条约》（联大 45/119 号决议）。一些国家的国内法对被判刑人移管问题也进行了具体规定，如加拿大于 1978 年 7 月 17 日生效的《囚犯移管法》。我国于 1997 年 9 月首次与乌克兰开展了被判刑人移管的个案合作，而后又与俄罗斯、喀麦隆、也门等国家开展了个案合作，而且与乌克兰、俄罗斯、西班牙、葡萄牙等国家缔结了关于移管被判刑人的双边条约。[②]

被判刑人移管作为一项国际刑事合作原则，其宗旨在于使被判刑人在其本国或经常居住国服刑，以体现人道主义，并且有利于被判刑人服刑后回归社会。《欧洲移管被判刑人公约》序言中即提到："这种合作应促进公正之目的的实现和被判刑人的社会复归"，和"给予因犯罪而被剥夺自由的外国人在他们自己社会服刑的机会"。联合国《关于移管外国囚犯的模式协定》序言中也提到："相信这种合作将增进公理正义并促进被判刑的人获得社会改造，让因刑事罪行被剥夺自由的外国人有机会在其自己的社会里服刑"。

被判刑人移管与引渡是两种不同的国际刑事合作方式。两者的区别在于：一是宗旨不同。在被判刑人移管中，判刑国将在本国受到审判的被判刑人移交给另一国（一般是该人的国籍国或居住地国），是为了使被判刑人在他熟悉的环境中服刑，是一种人道主义的表现，也有助于他接受教育改造；在引渡中，是将犯罪人移交给请求国进行审判。二是移交对象不同。在被判刑人移管中，被移交的一

---

① 例如，1990 年意大利政府要求美国政府移交被美国法院判刑的巴拉尔迪尼。巴拉尔迪尼是意大利公民，在美国常住已近 30 年，是一个犯罪集团的成员，并与一些恐怖组织有联系。她从 1976～1982 年期间曾经多次犯过抢劫武装卡车、银行，谋杀两名美国警官，绑架两名监狱看守人员，以及帮助罪犯从监狱逃跑等严重罪行。她被美国法院判处 40 年徒刑，不许假释，以及 5 万美元罚金。在 1983～1984 年，她还在大陪审团前拒绝作证，1984 年被纽约联邦东区法院以藐视法庭罪判处 3 年徒刑。1990 年 12 月 19 日，美国政府通知意大利政府，拒绝把她转移给意大利执行，理由是：（1）她的罪行严重，并且具有暴力性质；（2）她拒绝交代她所知道的恐怖组织的活动情况；（3）她对她的罪行没有悔改表现；（4）如果她被释放，将继续从事反对美国的犯罪活动。转引自林欣、李琼英著：《国际刑法新论》，中国人民公安大学出版社 2005 年版，第 275 页。

② 参见黄风等著：《国际刑法学》，中国人民大学出版社 2007 年版，第 345 页。

般是被请求国的国民或常住居民；引渡中被引渡人既可以是请求国国民，也可以是被请求国国民或第三国国民。三是移交主体不同。在被判刑人移管中，移交请求只能由判刑国或执行国提出；在引渡中，有权提出引渡请求的国家包括犯罪地国、犯罪受害国、罪犯国籍国。四是被移交人的法律地位不同。在被判刑人移管中，被移交人处于主动地位，有权对本人是否被移交回其国籍国表示意见，移交的执行须在其同意的前提下进行；在引渡中，被引渡人完全处于被动地位，其个人意志对于引渡成功与否没有直接影响。

二、被判刑人移管的基本原则

根据国际条约和国际刑事司法实践，被判刑人移管应遵循的原则主要有：

1. 相互尊重主权和管辖权原则

相互尊重主权和管辖权原则，是国际刑事合作的基本原则。与其他国际刑事合作形式相比，这一原则在被判刑人移管中表现得更为突出。被判刑人移管的实施，应按请求国和被请求国签订的有关条约或根据互惠原则，并在双方同意的基础上来进行，而且执行国虽然有权根据本国的法律对判刑国判处的刑罚作出相应的转换或变更，但是其执行刑罚应受到判决国所作判决的限制。此外，在一些情况下双方都具有对被判刑人赦免的权利，都可以对缓刑的执行提出自己的要求。联合国《关于移管外国囚犯的模式协定》第 2 条即规定：“移交囚犯应在相互尊重国家主权和管辖权的基础上进行。”第 5 条规定：“移交应由判决国和执行国之间的协定决定，并应以囚犯的同意为基础。”我国与一些国家缔结的双边移管条约中也对此作出规定。例如，《中华人民共和国和乌克兰关于移管被判刑人的条约》第 5 条（移管的拒绝）第 1 款第 1 项规定，一方认为移管有损其主权、安全、公共秩序或者违反本国法律的基本原则，可以拒绝移管。

2. 有利于被判刑人原则

被判刑人移管的目的，是为了更好地对被判刑人执行刑罚，且有利于被判刑人的改造，因而进行这种国际合作中应充分考虑，移管是否能给被判刑人带来直接的利益。

首先，移管应以被判刑人同意为基础。例如，《欧洲移管被判刑人公约》第 3 条（移管的条件）规定，“被判刑人同意移管，或鉴于其年龄或者身体或精神状况，判刑国和执行国中的任何一国认为有必要时，经该判刑人的法律代理人同意”，是被判刑人移管的条件之一。联合国《关于移管外国囚犯的模式协定》第 1 条（总则）第 5 款规定：“移交应由判决国或执行国之间协定决定，并应以囚犯的同意为基础。”第 7 款规定：“应让执行国有机会证实囚犯是否自愿同意。”第 9 款规定：“如该人不能自由决定其意愿，他的法律代表应有资格同意移交。”《中华人民共和国和俄罗斯联邦关于移管被判刑人的条约》第 5 条（移管的条件）第 1 款第 4 项规定，“被判刑人书面同意移管，或者在被判刑人行为能力受限制或者无行为能力时，经其合法代理人书面同意”，是移管该被判刑人的条件之一。《中华人民共和国和乌克兰关于移管被判刑人的条约》第 4 条第 1 款第 4 项规定，“被判刑人书面同意移管，或者任何一方鉴于该人的年龄、身体或者精神状况认为有必要时，经被判刑人的代理人书面同意移管”，是移管该被判刑人的条件之一。

其次，对被判刑人不得加重刑罚或使其遭受不公平待遇。由于各国在刑罚种类、刑期设置等方面存在着或多或少的差异，在执行外国刑事判决时，执行国往往需要根据本国法律对判刑国科处的刑罚进行必要的转换。在进行刑罚转换中，不得对被判刑人加重刑罚。其具体含义包括两个方面：一是转换后的刑罚在性质上应当尽可能与判刑国判处的刑罚相一致，且不得将剥夺自由刑转换为财产刑，更不得将财产刑转换为自由刑。二是转换后的刑期不得超过判刑国宣告的刑期，也不得超过执行国对同类犯罪规定的最高刑期。① 但是，执行国可以根据本国宪法或者法律规定，对被判刑人给予特赦、大赦或者减刑、假释。《欧洲移管被判刑人公约》第 11 条（刑罚之转换）第 1 款规定：“在转换刑罚的情况下，应适用执行国法律所规定的程序，转换刑罚时，主管当局：（一）应受判刑国所作判决中明示或默示范围内的对事实的调查结果的约束；（二）不能将涉及剥夺自由的制裁转换成金钱制裁；（三）应扣除被判刑人已服剥夺自由刑的全部期间；（四）不应使被判刑人的受刑状况更加恶化，且不应受执行国法律对所犯罪行可能规定的最低限度的约束。”第 12 条（赦免、大赦、减刑）规定：“各当事国可根据其宪法或其他法律，对刑罚给予赦免、大赦或者减刑。”联合国《关于移管外国囚犯的模式协定》第 19 条规定：“在任何情况下，囚犯的处境不得因移交而变坏。”《中华人民共和国和乌克兰关于移管被判刑人的条约》第 11 条（刑罚的执行）第 2 款规定：“如果判刑国所判处刑罚的种类或者期限不符合执行国的法律，执行国在征得判刑国同意后，可以将该刑罚转换为本国法律对同类犯罪规定的刑罚予以执行。转换刑罚时，执行国应当遵循下列条件：（一）不得改变判刑国所作判决关于事实的认定；（二）不得将剥夺自由刑转换为财产刑；（三）转换后的刑罚在性质上应当尽可能与判刑国判处的刑罚相一致；（四）转换后的刑罚不得加重判刑国所判处的刑罚，也不得超过执行国法律对同类犯罪规定的最高刑；（五）不受执行国法律对同类犯罪所规定的最低刑的约束；（六）应当扣除被判刑人在判刑国境内已经被羁押的期间。”该条第 4 款规定：“执行国有权根据本国法律对被判刑人予以减刑或者假释。”

① 参见黄风等著：《国际刑法学》，中国人民大学出版社 2007 年版，第 346 页。

3. 一事不再理原则

在被判刑人移管中，一事不再理原则对判刑国和执行国都具有约束力。对于判刑国而言，一旦执行国对被移管人执行了由判刑国判处的刑罚，判刑国就应当承认在自己国家内的执行具有同等效力，不得以任何借口重新对其执行刑罚。对于执行国而言，该原则要求其不得因同一罪行对被移管的人再次进行审判、关押或处罚。《欧洲移管被判刑人公约》第 8 条（移交对判刑国的效果）规定："一、执行国当局对被判刑人的接管应具有在判刑国中止执行刑罚的效果。二、如执行国认为刑罚已执行完毕，判刑国不再执行刑罚。"第 9 条（移交对执行国的效果）规定，根据有关刑罚转换的条件，通过司法或行政程序将该刑罚转换为该国的决定，从而用执行国法律中对同一犯罪所规定的制裁措施取代判刑国所判的制裁措施。联合国《关于移管外国囚犯的模式协定》第 13 条规定："对于为执行判决国所作出的判决而被移交的人，执行国不得对其以将予执行的判决所依据的同一行为再次审判。"我国与西班牙缔结的移管被判刑人条约也规定："对于被移管的被判刑人，执行国将根据本国法律继续执行判刑国判处的刑罚，并且不再对判刑国据以判刑的同一罪行重新进行审判。"

三、被判刑人移管的条件

被判刑人移管的实施应符合一些基本条件，对此，有关多边条约和双边条约都作出规定。例如，《欧洲移管被判刑人公约》第 3 条（移交的条件）第 1 款规定："只在下列条件下，方可按本公约移交被判刑人：（一）该人为执行国国民；（二）该判决为终审判决；（三）在收到移交请求时，该被判刑人至少仍需服刑六个月或服刑期不确定；（四）该被判刑人同意移交，或鉴于其年龄或者身体或精神状况，判刑国和执行国的任何一国认为有必要时，经该被判刑人的法律代理人同意；（五）据以科处刑罚的作为或不作为依执行国法律构成犯罪，或如在其境内实施则构成犯罪；（六）判刑国和执行国均同意移交。"联合国《关于移管外国囚犯的模式协定》第 1 条规定，让在国外被判定有罪行的人尽早返回其国籍国或居住国服刑；第 5 条规定，应以囚犯的同意为基础；第 10 条规定，移交只能根据有执行效力的最终判决作出；第 11 条规定，"在要求移交时，作为一般规则，囚犯仍必须至少服满六个月的徒刑，但是无定期徒刑情况下也应允许移交"。

我国与一些国家缔结的移管被判刑人条约中对此也作出明确规定。例如，《中华人民共和国和俄罗斯联邦关于移管被判刑人的条约》第 5 条"移管的条件"规定："一、只有符合下列条件时，方可移管被判刑人：（一）被判刑人是执行国的国民；（二）对被判刑人判处刑罚所针对的行为按照双方的法律均构成犯罪；（三）被判刑人还需服刑至少一年；（四）被判刑人书面同意移管，或者在被判刑人行为能力受限制或者无行为能力时，经其合法代理人书面同意；（五）双方的中央机关均同意移管。二、在特殊情况下，即使被判刑人尚需服刑的期限少于一年，双方中央机关亦可同意移管。”在这些条约中，还规定移管被判刑人的消极条件，当这些条件出现时，有关缔约方可拒绝对方的请求。例如，《中华人民共和国和俄罗斯联邦关于移管被判刑人的条约》第6条（移管的拒绝）规定：“一、在下列情况下，可以拒绝移管：（一）一方认为移管有损其主权、安全、公共秩序或违反本国法律的基本原则；（二）因犯危害国家安全罪对被判刑人作出判决；（三）被判刑人在判刑国境内有尚未偿清的债务或因其他刑事案件被立案而尚未作出终审判决；（四）请求被移管的人被判处死刑或者无期徒刑。二、除前款规定的情形外，任何一方对于是否同意另一方提出的移管请求可自主决定。”

四、被判刑人移管的程序

被判刑人移管的程序主要包括请求、审查和执行三个阶段，在一些国际合作中还涉及过境第三国的问题。

1. 被判刑人移管的请求

被判刑人移管的请求，既可以由判刑国提出，也可以由执行国提出。被判刑人或其近亲属、合法代理人可以首先提出移管的申请。《欧洲移管被判刑人公约》第2条规定，判刑国或执行国均可请求移交；在一当事国境内被判刑的人可被移交到另一当事国境内以便服刑，为此目的，他可向判刑国或执行国表示其按该公约得以移交的意愿。联合国《关于移管外国囚犯的模式协定》第4条规定：“移交要求可由判决国或执行国提出。囚犯及其至亲可向其中一国表示对移交事项关心。为此目的，缔约国应让各自的主管当局通知囚犯。”我国与一些国家缔结的移管被判刑人条约中也规定了这一点。例如，《中华人民共和国和乌克兰关于移管被判刑人的条约》第6条第1款规定：“判刑国和执行国均可以相互提出移管请求。被判刑人可以向任何一方提出根据本条约的规定得以移管的申请，由该一方决定是否提出移管请求。”

关于转递被判刑人移管请求的渠道，《欧洲移管被判刑人公约》第5条第2款规定，“请求应由请求国的司法部向被请求国的司法部提出。答复应通过同样的途径联系。”我国与乌克兰、俄罗斯、西班牙、葡萄牙等国缔结的移管被判刑人条约均规定，缔约各方应当通过各自指定的中央机关进行移管被判刑人合作方面的联系，并指定司法部作为中央机关。

判刑国或者执行国提出移管请求，都应提供相应的文件。例如，《中华人民共和国和俄罗斯联邦关于移管被判刑人的条约》第7条规定：“执行国提出移管请求时，应附有下列文件：（1）被判刑人的个人情况，即姓、名（名和父称）、性别和出生日期；（2）证明被判刑人是执行国国民的文件；（3）如可能，关于作出判决的日期、地点、判决理由和服刑地点的说明。”判刑国提出移管请求时，应附有下列文件：（1）被判刑人的个人情况，即姓、名（名和父称）、性别和出生日期；（2）证明被判刑人是执行国国民的文件；（3）经证明无误的判决书副本以及判决所依据的有关刑法规定；（4）被判刑人已服刑期的说明，包括判决生效前羁押和其他有关执行刑罚事项的说明；（5）经证明无误的对被判刑人或其合法代理人对同意移管的书面确认；（6）被判刑人健康情况以及其服刑期间表现的说明。该条还规定，双方中央机关应以书面形式相互提出移管请求；如有必要，双方中央机关可相互要求提供补充文件或者材料；双方相互提交的文件均应由本国中央机关确认，且这些文件不需要其他确认和认证。

2. 被判刑人移管的审查

被请求国在收到移管被判刑人的请求后，应当及时审查并决定是否接受请求国的请求。对一国移管外国被判刑人请求进行的审查，主要是依据相关条约所规定的移管被判刑人的条件和拒绝条件来进行。执行国一般不对判刑国的判决进行实质性审查。被请求国在同意移管后应当与请求国商定实施交接被判刑人的地点和日期。在审查中，应对被判刑人的同意予以确认。《欧洲移管被判刑人公约》第7条（同意及其核实）规定，判刑国应确保被移管人自愿地且在完全知悉此举的法律后果的情况下表示同意，表示此种同意的程序应依判刑国法律；判刑国应向执行国提供机会，以通过领事或与执行国商定的其他官员，来核实被判刑人已经按照判刑国所规定的程序自愿且明知地表示同意。《中华人民共和国和俄罗斯联邦关于移管被判刑人的条约》第8条（被判刑人的同意及同意条件的核实）规定：“一、判决国应确保被判刑人或其合法代理人在完全知晓移管的法律后果的情况下自愿表示同意移管，并在同意移管的声明中对此予以确认。二、如执行国请求，判刑国应提供机会，使执行国通过指定的官员核实被判刑人已按前款规定的条件表示同意。”

3. 被判刑人移管的执行

被请求国同意接受移管请求后，应根据有关条约的规定，按照执行外国刑事判决的执行程序，开始执行相关刑罚。关于被判刑人移管的执行问题，联合国《关于移管外国囚犯的模式协定》规定，执行国当局应立即或者通过法院或行政命令继续执行判决，或者改换判决，用执行国法律对相应罪行所规定的处分替代判决国所作出的判决。如果是继续执行，则执行国应受判决国所作判决的法律性质和期限的约束。但是，如果该判决的性质或期限与执行国的法律不相一致，则该国可以把判决改为本国法律对相应罪行所规定的刑罚或措施；如果是改换判决，则执行国应在适当考虑判决国所作判决的情况下根据本国的法律改变该处分的性质或期限，但是，不得将剥夺自由的处分改换成罚款的处分。执行国应受判

温馨提示

《鼎尖教案》为与本书同步配套的教师用书，也可作为家长辅导孩子作业学习的家长用书，欢迎选购。

鼎尖书城淘宝店：http://shop35615037.taobao.com

咨询电话：010-82608550

定价：8.80元

决书上所有事实结论的约束，因此，只有判决国有权复审判决。被判刑人在任一国家业已被剥夺自由的整个时间，应从最终判决中扣除。任何移交费用及有关的运输费用均由执行国负担，但判决国和执行国另有约定者除外。

我国与一些国家缔结的移管被判刑人条约中对此也有规定。《中华人民共和国和俄罗斯联邦关于移管被判刑人的条约》第 10 条（刑罚的继续执行）规定："一、在移管被判刑人后，执行国应根据本国法律，保证继续执行刑罚。二、如判刑国判处的刑罚种类或期限不符合执行国的法律，执行国法院应根据本国法律转换刑罚的种类或期限并遵循下列条件：（一）应基于判决关于案件事实情况的认定；（二）不得将刑罚转换为财产刑；（三）转换后的刑罚应尽可能与判决所判处的刑罚相一致，不得加重判刑国所判处的刑罚，也不得超过执行国法律对同类犯罪规定的最高刑；（四）不受执行国法律对同类犯罪规定的最低刑的约束；（五）应扣除被判刑人在判刑国已被羁押的期间。三、执行国根据本条第二款转换刑罚时，应将转换刑罚的法律文书副本送交判刑国。四、执行国有权根据本国法律对被判刑人免除刑罚，包括假释等其他方式。"第 11 条（对判决的复查）规定："一、只有判刑国有权对判决进行复查。二、被判刑人如在移管后向执行国提出对案件进行重新审理的申请，执行国应尽快将该申请转交判刑国。三、如移管后判刑国作出改变判决的裁决，则此裁决副本和其他必要文件应立即送交执行国中央机关。执行国应根据本条约第十条予以执行。四、如移管后判刑国作出撤销判决并不再追究刑事责任的裁决，则该裁决的副本应立即送交执行国中央机关，由其立即释放被判刑人。五、如移管后，判决在判刑国被撤销并决定重新调查或审理，则该决定副本、刑事案件材料及其他必要材料应送交执行国，以便根据该国法律作出追究被移管人责任的决定。"第 12 条（赦免）规定："任何一方均可根据本国法律，对已被移管的被判刑人给予赦免，并及时就此通知另一方。"第 13 条（关于执行刑罚的情报）规定："遇有下列情况，执行国应及时向判刑国提供有关执行刑罚的情报：（一）刑罚已执行完毕；（二）被判刑人在刑罚执行完毕前脱逃或死亡；（三）判刑国要求提供特别说明。"关于执行移管的费用，第 17 条第 1 款规定："移管之前所产生的有关移管费用，应由费用产生地的一方负担。执行移管和在移管之后继续执行刑罚所产生的费用，应由执行国负担。"

4．被判刑人移管的过境

与引渡一样，移管被判刑人时，同样可能出现过境第三国的问题。对此，《欧洲移管被判刑人公约》第 16 条规定："一、如一当事国接到另一当事国提出移交被判刑人时过境的请求，且该当事国已与该另一当事国或第三国就将被判刑人移交到其境内或由其境内移交该人达成协议，那么，该当事国应根据其法律同意该过境请求。二、当事国可拒绝同意过境：（一）如被判刑人为其国民；（二）

如按照其本国法律，据以科处刑罚的罪行并不构成犯罪。三、过境的请求和答复应按第五条第二款和第三款所提及的途径进行转递。四、如果一当事国已与另一当事国就将被判刑人移交到其境内后在其境内移交该人达成协议，该当事国可同意第三国提出的使该被判刑人通过其境内的请求。五、只在通过其境内所需时间内，被请求同意过境的当事国才可关押被判刑人。六、被请求同意过境的当事国可被要求作出保证，不对被判刑人离开判刑国领土之前所犯的任何罪行或被判处的刑罚而对之进行起诉，或拘禁，或以其他方式在过境国内限制其自由。七、如押送被判刑人的方式是通过飞机飞越一当事国领空，而且该国不打算着陆，则无需提出过境请求，但各国可在签署本公约或交存批准书、接受书、核准书或加入书时向欧洲理事会秘书长提交声明，要求任何此类过境也应通知该国。”

我国与一些国家缔结的移管被判刑人条约中对此也有规定。《中华人民共和国和俄罗斯联邦关于移管被判刑人的条约》第 15 条（过境）中规定：“一、任何一方如为履行与第三国达成的移管被判刑人协议需从另一方领土过境，应向该另一方提出过境的请求。二、前款规定不适用于使用航空运输且未计划在另一方领土降落的情形。三、被请求方在不违反本国法律的情形下，应同意请求方提出的过境请求。”